释迦牟尼佛传

中国佛学经典宝藏

107

星云大师 著

星云大师总监修

人民东方出版传媒
東方出版社

《中国佛学经典宝藏》
大陆简体字版编审委员会

总序

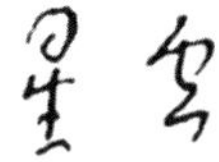

自读首楞严，从此不尝人间糟糠味；

认识华严经，方知已是佛法富贵人。

诚然，佛教三藏十二部经有如暗夜之灯炬、苦海之宝筏，为人生带来光明与幸福，古德这首诗偈可说一语道尽行者阅藏慕道、顶戴感恩的心情！可惜佛教经典因为卷帙浩瀚、古文艰涩，常使忙碌的现代人有义理远隔、望而生畏之憾，因此多少年来，我一直想编纂一套白话佛典，以使法雨均沾，普利十方。

一九九一年，这个心愿总算有了眉目。是年，佛光山在中国大陆广州市召开“白话佛经编纂会议”，将该套丛书定名为《中国佛教经典宝藏》[1]。后来几经集思广

① 编者注:《中国佛教经典宝藏》丛书，大陆出版时改为《中国佛学经典宝藏》丛书。

益，大家决定其所呈现的风格应该具备下列四项要点：

一、启发思想：全套《中国佛教经典宝藏》共计百余册，依大乘、小乘、禅、净、密等性质编号排序，所选经典均具三点特色：

1. 历史意义的深远性

2. 中国文化的影响性

3. 人间佛教的理念性

二、通顺易懂：每册书均设有原典、注释、译文等单元，其中文句铺排力求流畅通顺，遣词用字力求深入浅出，期使读者能一目了然，契入妙谛。

三、文简意赅：以专章解析每部经的全貌，并且搜罗重要的章句，介绍该经的精神所在，俾使读者对每部经义都能透彻了解，并且免于以偏概全之谬误。

四、雅俗共赏：《中国佛教经典宝藏》虽是白话佛典，但亦兼具通俗文艺与学术价值，以达到雅俗共赏、三根普被的效果，所以每册书均以题解、源流、解说等章节，阐述经文的时代背景、影响价值及在佛教历史和思想演变上的地位角色。

兹值佛光山开山三十周年，诸方贤圣齐来庆祝，历经五载、集二百余人心血结晶的百余册《中国佛教经典宝藏》也于此时隆重推出，可谓意义非凡，论其成就，则有四点可与大家共同分享：

一、佛教史上的开创之举：民国以来的白话佛经翻译虽然很多，但都是法师或居士个人的开示讲稿或零星的研究心得，由于缺乏整体性的计划，读者也不易窥探佛法之堂奥。有鉴于此，《中国佛教经典宝藏》丛书突破窠臼，将古来经律论中之重要著作，做有系统的整理，为佛典翻译史写下新页！

二、杰出学者的集体创作：《中国佛教经典宝藏》丛书结合中国大陆北京、南京各地名校的百位教授、学者通力撰稿，其中博士学位者占百分之八十，其他均拥有硕士学位，在当今出版界各种读物中难得一见。

三、两岸佛学的交流互动：《中国佛教经典宝藏》撰述大部分由大陆饱学能文之教授负责，并搜录台湾教界大德和居士们的论著，借此衔接两岸佛学，使有互动的因缘。编审部分则由台湾和大陆学有专精之学者从事，不仅对中国大陆研究佛学风气具有带动启发之作用，对于台海两岸佛学交流更是帮助良多。

四、白话佛典的精华集萃：《中国佛教经典宝藏》将佛典里具有思想性、启发性、教育性、人间性的章节做重点式的集萃整理，有别于坊间一般“照本翻译”的白话佛典，使读者能充分享受“深入经藏，智慧如海”的法喜。

今《中国佛教经典宝藏》付梓在即，吾欣然为之作序，并借此感谢慈惠、依空等人百忙之中，指导编修；吉广舆等人奔走两岸，穿针引线；以及王志远、赖永海等大陆教授的辛勤撰述；刘国香、陈慧剑等台湾学者的周详审核；满济、永应等“宝藏小组”人员的汇编印行。由于他们的同心协力，使得这项伟大的事业得以不负众望，功竟圆成！

《中国佛教经典宝藏》虽说是大家精心擘划、全力以赴的巨作，但经义深邈，实难尽备；法海浩瀚，亦恐有遗珠之憾；加以时代之动乱，文化之激荡，学者教授于契合佛心，或有差距之处。凡此失漏必然甚多，星云谨以愚诚，祈求诸方大德不吝指正，是所至祷。

一九九六年五月十六日于佛光山

原版序
敲门处处有人应

慈惠

《中国佛教经典宝藏》是佛光山继《佛光大藏经》之后，推展人间佛教的百册丛书，以将传统《大藏经》精华化、白话化、现代化为宗旨，力求佛经宝藏再现今世，以通俗亲切的面貌，温渥现代人的心灵。

佛光山开山三十年以来，家师星云上人致力推展人间佛教，不遗余力，各种文化、教育事业蓬勃创办，全世界弘法度化之道场应机兴建，蔚为中国现代佛教之新气象。这一套白话精华大藏经，亦是大师弘教传法的深心悲愿之一。从开始构想、擘划到广州会议落实，无不出自大师高瞻远瞩之眼光，从逐年组稿到编辑出版，幸赖大师无限关注支持，乃有这一套现代白话之大藏经问世。

这是一套多层次、多角度、全方位反映传统佛教文化的丛书，取其精华，舍其艰涩，希望既能将《大藏经》

深睿的奥义妙法再现今世，也能为现代人提供学佛求法的方便舟筏。我们祈望《中国佛教经典宝藏》具有四种功用：

一、是传统佛典的精华书

中国佛教典籍汗牛充栋，一套《大藏经》就有九千余卷，穷年皓首都研读不完，无从赈济现代人的枯槁心灵。《宝藏》希望是一滴浓缩的法水，既不失《大藏经》的法味，又能有稍浸即润的方便，所以选择了取精用弘的摘引方式，以舍弃庞杂的枝节。由于执笔学者各有不同的取舍角度，其间难免有所缺失，谨请十方仁者鉴谅。

二、是深入浅出的工具书

现代人离古愈远，愈缺乏解读古籍的能力，往往视《大藏经》为艰涩难懂之天书，明知其中有汪洋浩瀚之生命智慧，亦只能望洋兴叹，欲渡无舟。《宝藏》希望是一艘现代化的舟筏，以通俗浅显的白话文字，提供读者遨游佛法义海的工具。应邀执笔的学者虽然多具佛学素养，但大陆对白话写作之领会角度不同，表达方式与台湾有相当差距，造成编写过程中对深厚佛学素养与流畅白话语言不易兼顾的困扰，两全为难。

三、是学佛入门的指引书

佛教经典有八万四千法门，门门可以深入，门门是无限宽广的证悟途径，可惜缺乏大众化的入门导览，不易寻觅捷径。《宝藏》希望是一支指引方向的路标，协助十方大众深入经藏，从先贤的智慧中汲取养分，成就无上的人生福泽。

四、是解深入密的参考书

佛陀遗教不仅是亚洲人民的精神归依，也是世界众生的心灵宝藏。可惜经文古奥，缺乏现代化传播，一旦庞大经藏沦为学术研究之训诂工具，佛教如何能扎根于民间？如何普济僧俗两众？我们希望《宝藏》是百粒芥子，稍稍显现一些须弥山的法相，使读者由浅入深，略窥三昧法要。各书对经藏之解读诠释角度或有不足，我们开拓白话经藏的心意却是虔诚的，若能引领读者进一步深研三藏教理，则是我们的衷心微愿。

大陆版序一

《中国佛教经典宝藏》是一套对主要佛教经典进行精选、注译、经义阐释、源流梳理、学术价值分析，并把它们翻译成现代白话文的大型佛学丛书，成书于二十世纪九十年代，由台湾佛光文化事业有限公司出版，星云大师担任总监修，由大陆的杜继文、方立天以及台湾的星云大师、圣严法师等两岸百余位知名学者、法师共同编撰完成。十几年来，这套丛书在两岸的学术界和佛教界产生了巨大的影响，对研究、弘扬作为中国传统文化重要组成部分的佛教文化，推动两岸的文化学术交流发挥了十分重要的作用。

《中国佛学经典宝藏》则是《中国佛教经典宝藏》的简体字修订版。之所以要出版这套丛书，主要基于以下的考虑：

首先，佛教有三藏十二部经、八万四千法门，典籍浩瀚，博大精深，即便是专业研究者，穷其一生之精力，恐也难阅尽所有经典，因此之故，有“精选”之举。

其次，佛教源于印度，汉传佛教的经论多译自梵语；加之，代有译人，版本众多，或随音，或意译，同一经文，往往表述各异。究竟哪一种版本更契合读者根机？哪一个注疏对读者理解经论大意更有助益？编撰者除了标明所依据版本外，对各部经论之版本和注疏源流也进行了系统的梳理。

再次，佛典名相繁复，义理艰深，即便识得其文其字，文字背后的义理，诚非一望便知。为此，注译者特地对诸多冷僻文字和艰涩名相，进行了力所能及的注解和阐析，并把所选经文全部翻译成现代汉语。希望这些注译，能成为修习者得月之手指、渡河之舟楫。

最后，研习经论，旨在借教悟宗、识义得意。为了将其思想义理和现当代价值揭示出来，编撰者对各部经论的篇章品目、思想脉络、义理蕴涵、学术价值等所做的发掘和剖析，真可谓殚精竭虑、苦心孤诣！当然，佛理幽深，欲入其堂奥、得其真义，诚非易事！我们不敢奢求对于各部经论的解读都能鞭辟入里，字字珠玑，但希望能对读者的理解经义有所启迪！

习近平主席最近指出：“佛教产生于古代印度，但传入中国后，经过长期演化，佛教同中国儒家文化和道家文化融合发展，最终形成了具有中国特色的佛教文化，给中国人的宗教信仰、哲学观念、文学艺术、礼仪习俗等留下了深刻影响。”如何去研究、传承和弘扬优秀佛教文化，是摆在我们面前的一个重要课题，人民东方出版传媒有限公司拟对繁体字版的《中国佛教经典宝藏》进行修订，并出版简体字版的《中国佛学经典宝藏》，随喜赞叹，寥寄数语，以叙因缘，是为序。

二〇一六年春于南京大学

大陆版序二

依空

身材高大、肤色白皙、擅长军事的亚利安人，在公元前四千五百多年从中亚攻入西北印度，把当地土著征服之后，为了彻底统治这里的人民，建立了牢不可破的种姓制度，创造了无数的神祇，主要有创造神梵天、破坏神湿婆、保护神毗婆奴。人们的祸福由梵天决定，为了取悦梵天大神，需要透过婆罗门来沟通，因为他们是从梵天的口舌之中生出，懂得梵天的语言——繁复深奥的梵文，婆罗门阶级是宗教祭祀师，负责教育，更掌控了神与人之间往来的话语权。四种姓中最重要的是刹帝利，举凡国家的政治、经济、军事、文化等等都由他们实际操作，属贵族阶级，由梵天的胸部生出。吠舍则是士农工商的平民百姓，由梵天的膝盖以上生出。首陀罗则是被踩在梵天脚下的土著。前三者可以轮回，纵然几世轮转都无法脱离原来种姓，称为再生族；首陀罗则连轮回的因缘都没有，为不生族，生生世世为首陀罗，子孙也倒霉跟着宿命，无法改变身份。相对于此，贱民比首陀罗更为卑微、低贱，连四种姓都无法跻身其中，只能从事挑粪、焚化尸体等最卑贱、龌龊的工作。

出身于高贵种姓释迦族的悉达多太子，为了打破种姓制度的桎梏，舍弃既有的优越族姓，主张一切众生皆平等，成正等觉，创立了佛教僧团。为了贯彻佛教的平等思想，佛陀不仅先度首陀罗身份的优婆离出家，后度释迦族的七王子，先入山门为师兄，树立僧团伦理制度。佛陀更严禁弟子们用贵族的语言——梵文宣讲佛法，而以人民容易理解的地方口语来演说法义，这就是巴利文经典的滥觞。佛陀认为真理不应该是属于少数贵族、知识分子的专利或装饰，而应该更贴近普罗大众，属于平民百姓共有共知。原来佛陀早就在推动佛法的普遍化、大众化、白话化的伟大工作。

佛教从西汉哀帝末年传入中国，历经东汉、魏晋南北朝、隋唐的漫长艰巨的译经过程，加上历代各宗派祖师的著作，积累了庞博浩瀚的汉传佛教典籍。这些经论义理深奥隐晦，加以书写的语言文字为千年以前的古汉文，增加现代人阅读的困难，只能望着汗牛充栋的三藏十二部扼腕慨叹，裹足不前。

如何让大众轻松深入佛法大海，直探佛陀本怀？佛光山开山宗长星云大师乃发起编纂《中国佛教经典宝藏》。一九九一年，先在大陆广州召开“白话佛经编纂会议”，订定一百本的经论种类、编写体例、字数等事项，礼聘中国社科院的王志远教授、南京大学的赖永海教授分别为中国大陆北方与南方的总联络人，邀请大陆各大学的佛教学者撰文，后来增加台湾部分的三十二本，是为一百三十二册的《中国佛教经典宝藏精选白话版》，于一九九七年，作为佛光山开山三十周年的献礼，隆重出版。

六七年间我个人参与最初的筹划，多次奔波往来于大陆与台湾，小心谨慎带回作者原稿，印刷出版、营销推广。看到它成为佛教徒家中的传家宝藏，有心了解佛学的莘莘学子的入门指南书，为星云大师监修此部宝藏的愿心深感赞叹，既上契佛陀“佛法不舍一众”的慈悲本怀，更下启人间佛教“普世益人”的平等精神。尤其可喜者，欣闻现大陆出版方东方出版社潘少平总裁、彭明哲副总编亲自担纲筹划，组织资深编辑精校精勘；更有旅美企业家鲁彼德先生事业有成之际，秉“十方来，十方去，共成十方事”之襟怀，促成简体字版《中国佛学经典宝藏》的刊行。今付梓在即，是为序，以表随喜祝贺之忱！

二〇一六年元月

目 录

十版缘起

星云

这部《释迦牟尼佛传》是一九五五年完成的。在二十三年后的今天，这本书居然能够不断地再版，对我个人而言，这不能不算是一件既感动又惭愧的事。

二十几年以来，学术界对于佛陀传记的重新撰述，不下上百种。翻译成中文的也有好几部。譬如美国高乐斯的《佛陀的纶音》，日本中村元的《瞿昙佛陀传》，副岛正光的《释迦其人及其思想》，都是各擅特色的作品，都值得读者参阅。

在佛陀传记如雨后春笋的今天，拙作之所以愿意重新印行，是有原因的。我是一个弘法工作者，我写这本书时，并不是把佛陀当作一个普通历史人物来描写；在我心目中，他是我所信仰的教主，是娑婆世界众生最值得皈依的导师。因此，在撰写时我的心态是虔敬的、严肃的，我不唯自己亲切地感受到佛陀深邃的智慧与无比的慈悲，更亟于把这种感受传达给这一时代的国人。以这种心态所写出的佛陀传记，我相信与坊间那些学术式或历史式的佛传有所不同。所以，在众多信徒的建议之下，我终于答应再度印行这本书。

一九六四年，本书印行第五版时，曾改用字体较大的新四号字重新排印，近十余年所重印的都依据该版照相付梓，而部分错字则未及校订。此次则由依光同学发心校正一过，并增加若干幅图片，对读者当稍有裨益。

一九七八年七月于佛光山

初版自序

我带着感恩的心情，以一年又六个月的时间，写完这部佛陀圣传。

我常常行脚在各地，有时甚至一个多月不能有时间给我动笔写一个字，但因圣传初脱稿的几章在《人生杂志》连载，在民本等四家电台的“佛教之声”广播，他们催着续稿，我不得不加速完成。

我很惭愧，我还是凡夫的初学沙门，用凡夫的心情和知识本不能来叙述佛陀的生涯，因为凡夫写佛陀，佛陀也要成为凡夫。我希望读者了解：佛陀的伟大崇高，我实在不能写出万分之一。因此，我不得不向佛陀和读者忏悔！

佛陀是三界的导师、四生的慈父，一年多来，我没有一天不祷告佛陀赐我智慧，让我尽可能地把这部圣传写得尽善尽美。在我这段生命过程中，能完成这宇宙第一人的传记，我引为无上的荣幸！

我在写作中，写到佛陀为我们众生用心良苦的地方，眼眶中不自觉地就常常含着泪水，我为佛陀深厚的同情心、慈悲心、智慧心所感动。我的拙笔，不能赞美到佛陀！

在我们中国，能代表救世主佛陀的圣格，及深邃的思想智慧，和救人救世的慈心悲愿，未曾出版一本比较像样的白话文的佛陀传记。五六年前，我就有撰写佛陀圣传的愿心，总因参考的资料不够而中止。写佛陀圣传，不是用想象力来写的，不能说一句没有根据的话。

等到我搜集中外佛陀圣传达十数种之多的时候，再加之我身边有一部《频伽藏经》，我感谢佛陀的慈光庇佑到我，写作实在是很顺利的事。如马鸣菩萨的《佛所行赞》、池田卓然的《新译佛所行赞》、武者小路的《释迦》、常盘大定的《佛传集成》、高楠顺次郎的《释尊的生涯》等，给我写作带来不少方便，我想集合他们的大作，重新改写一次，决不敢说是我的创作。

不过，每当我执笔的时候，有些地方，是佛陀的境界而不是凡夫的境界，我就觉得应该不要给读者有不自然的感觉，我只想说这也是人，不过这是成了佛陀的人。就因为这样，我想我对不起佛陀！

但是，如何让那些自以为是知识分子，而却是凡夫心的人，能来接触到佛陀的心？我又不能不这样写。佛教中印刷流通的经书单行本很多，但读者读后除了能知道一部分佛理以外，他并不能认识佛教的全貌。在我想，知道佛陀，才能认识佛教！

佛教是什么？从救世主佛陀的言行中才可以大概地知道。

我更祈祷佛陀：愿您的慈光庇照到阅读您伟大佛陀圣传的人，愿您赐福慧给他们，不要把这部圣传当为文艺小说来读，让他们深深地思惟您的言教，踏着您走过的步伐迈向光明解脱的世界！

南无本师释迦牟尼佛！

世界佛教纪元二四九九年八月

星云写于宜兰念佛会

伟大的佛陀（献诗）

一

钟声伴着晨熹，
黎明把我从梦中招回。
揭开我心地的朦胧，
又开始我虔诚的敬礼：
　　我所敬仰的佛陀呀！
　　愿你的慈光，
　　庇佑着大地，
　　庇佑着众生，
　　庇佑着我。
我再五体投地地叩首，
仰望莲座上的佛陀，

好像

　　猎者洗去手上的秽血；

好像

　　诗人抛掉胸中的思潮；

好像

　　神女希冀着黎明。

我，

　　双膝贴住了蒲团，

　　头顶亲吻着佛陀脚下的荷莲，

这一瞬，

　　是重罪独释，

　　是涛涌避去了风神，

　　是枷锁得到了解脱。

向你：

　　伟大的佛陀！

　　倾诉心曲；

向你：

　　伟大的佛陀！

　　承受清凉的法水。

虽然喉咙嘶哑，

但从我心里却迸出一句：

伟大的佛陀！我敬爱你！

二

槽声和着梵音响起，
五浊的世界在眼前消灭。
万念都荡涤灰烬，
又开始我虔诚的赞礼：
　　我所皈依的佛陀呀！
　　自你降诞在娑婆，
　　苦海中才有了舟航，
　　火宅里才有了甘霖，
　　迷途上才有了指南，
　　黑暗中才有了光明。
人间有了你：
才能
　　虚假的转为诚实；
才能
　　悭吝的变为喜舍；
才能
　　罪恶的化为善美。
我，
　　再向你叩首，

伟大的佛陀！
这一瞬，
把贪爱抛向海洋，
把瞋恚扫得精光，
把一切的罪恶，
深深地埋葬。
向你：
伟大的佛陀！
倾诉心曲；
向你：
伟大的佛陀！
承受清凉的法水。
虽然喉咙嘶哑，
从我心里却迸出一句：
伟大的佛陀！我敬爱你！

三

这一座庄严的殿宇，
令我流连不忍离去；
无边的业海呵！
一不小心即将灭顶。

世事沧桑，
人情的冷风没有温暖。
舍利弗、目犍连……
　　我所敬仰的佛陀呀！
　　迦毗罗卫国的皇宫降诞了你，
从此
　　众生的精神有了寄托；
从此
　　众生的心灵有了皈依；
从此
　　众生的生命有了光热。
伟大的佛陀！
我自从把一切献于你，
梦魂就常依绕在，
　　菩提树下，
　　祇陀园中，
　　灵鹫山尾。
阿难念余年亲承法乳，
摩诃迦叶微笑而得衣钵，
我又暗暗默祷：
这些幸福的宠儿，
令人无比地羡慕。

你，

伟大的佛陀！

金刚座上一声狮吼；

百万邪魔，

乖乖地俯伏低头；

无数外道，

依顺的都来皈投。

四十九年的教法：

从天竺起，

跨过高山，

渡过重洋，

今日已遍于五大洲。

多少众生学着你：

离开了生死的苦海，

解脱了烦恼的无明，

为你德慧的感召，

从我的心里却迸出一句：

伟大的佛陀！我敬爱你！

四

殿外落着疏疏的细雨，

人间没有几块干净土，
我回视我四周，
为庄严肃穆的气氛围绕。
我感动得又再顶礼：
　　我所敬仰的佛陀呀！
　　你的圣教流入东土，
　　我们老大的中国，
　　历史上增添了记载，
　　文化上增添了光彩，
　　我不但敬仰你的智慧与圣格，
　　我更深深地爱着，
　　你给我国光荣的文化与历史。
藏经楼上，
　　有三藏十二部教典；
秀丽的山顶上的石佛，
　　雕刻之工是罕世的艺术。
深山、都市、乡村、
　　巍峨堂皇的寺院，
　　放出万道金光，
　　温暖了无数人的心房。
你
　　伟大的佛陀！

你是

　　永远高照的太阳；

你是

　　长久不灭的慧光。

虽然

　　末法的时代圣教多难，

　　教团中有着不少瑕疵；

但是

　　有“过去”的火光照耀，

　　有“未来”的希望憧憬，

不管群魔的乱舞，

不论世界的末日来到，

我还是要说：

伟大的佛陀！

我敬爱你！

1 序说

我们要想了解一个宗教的内容，以及一个宗教是否为我们人生所需要，则我们一定要先了解一个宗教的教主。他的人格、智慧，是否值得我们崇拜信奉？以及我们崇拜信奉了他，他是否真能指示我们解脱人生的烦恼痛苦？我想：这是我们信仰宗教首先需要知道的课题。

因为我们信仰宗教，不单是暂时求得精神上的寄托，心灵上的安慰，而最高的目的是了脱生死，离苦得乐。所以，当我们信仰宗教的时候，就要首先知道：他的教主是否有历史可考？人格是否已臻完美之境？自性是否已经清净？本身是否已经解脱？这些问题，都不容许我们忽视的。

佛教教主释迦牟尼佛，出生在纪元前四六四年的四月八日，降诞的地点就是被称为世界四大文明古国之一的印度，这是在中外历史上均有记载的。所以，我们决不可以把佛陀看作是来去无影无踪的神仙，也不可以把他视为是玄想出来的上帝。他有出生的时间、地点，更有生养他的父母，他经过了多年含辛茹苦的修行终究完成一位大智大觉的完人！这是中外的学者、宗教家，所一致公认的。

释迦牟尼佛出生在人间，生长在人间，成佛亦在人间。他是我们长夜漫漫的人间慧灯，他是我们苦海茫茫的人间舟航。他的人格已经到达最完美的境地，他的自性已是清净不染，他解脱了世间上一切束缚烦恼，他已经远离了人生的生死痛苦。他住世说法四十余年，告诉我们求得解脱的方法，指示我们应行的大道。他所留在这人间的佛法，无一不是从他大智觉海中流露出来的，无一不是我们离苦得乐的方法。

我们皈投在佛教的怀抱之中，既可以把佛教当一种宗教来信仰，也可以把佛教当一种学术来研究。同时，创立佛教的教主释迦牟尼佛，更可以作为我们每一个人做人的最高模范。

救世主释迦牟尼佛是世间上最崇高伟大的圣者，佛教是世界上最博大精深的宗教。佛教流传至今日，虽然已遍及全球，但遗憾的是宣扬圣教的教徒，都重在玄谈，而忽略了佛陀应化在世间上的精神。理论超过现实，都没有体会到佛陀住世的本怀。唯有发扬佛陀觉人救世的精神，佛教才能更令人有所敬仰，有所效法。

2 佛陀住世时的印度社会

很多人都以为今日学佛的人，是逃避现实，消极厌世，这实在是误解了学佛的本义。佛陀所以出家修道成佛，一方面当然是为了解救自己生死苦恼的问题，但另一方面是为了救济被压迫的人民。我们如果知道救主释迦牟尼佛住世奋斗的经过，一定就会明白他实在是一位伟大的慈悲的革命者。

他革命的对象：一是阶级森严的印度社会，二是没有究竟真理的神权宗教，三是生死循环不已的自私小我。

讲到革命问题，世界上伟大的革命者其数虽多，但那些革命与佛陀的革命精神，实有天地的悬殊。

一般的革命家，虽然标榜着为民的口号，但人民并不因此而得到幸福，因为他们革命是源于嗔恨敌人，所以用出的革命手段都很残忍。唯有佛陀的革命，完全是由于慈悲心肠的激发，他的革命是用慈悲覆护一切、感化一切，他不用暴力，行的是不流血的革命，这才是真正的革命。

一般的革命家，大都是由下而上的。他因为感到自身的不自由、不安乐，进而才联想到别人的不自由、不安乐，所以就起来推翻不合理的势力。唯有我们的教主佛陀，他的革命是由上而下的，他本是贵为王子之尊，过着优裕的生活，照理他是用不着什么革命的，但他看到很多遭受压迫的民众，为了公理与正义，他不能不摆脱王子的虚荣，用一切众生平等的真理来为那些被压迫的可怜的人们打抱不平。

一般的革命者，都是向外革命而没有向内革命，说明白一点就是向别人革命而没有向自己革命。唯有我们的教主佛陀，他知道每个人都有一个自私的小我，都有生死之源的烦恼无明，为了求得真正自由自在的解脱，他不得不向五欲荣华富贵革命，舍离一切的爱染，去过平实的生活，这才是究竟的革命。

讲到佛陀革命的对象，第一就得先要了解当时印度社会的组织，第二要了解当时印度的宗教和思想界，第三要了解自私小我的可怖。关于当时印度的宗教和思想界，在次章会说明；向自私小我革命，这在本传里处处都会说到，现在先来叙述当时印度社会的组织。

原来，在三千年前的印度社会，因为职业的分化和种族尊卑的观念，形成了征服者与被征服者的关系。虽然同是征服者，却又有贵族与平民的划分；被征服者，那就是被公认的贱族，他们就是遭受歧视和压迫的所谓奴隶。

征服者的第一阶级是婆罗门，这就是古印度的宗教徒，他们为了维持自身的权利和巩固在社会上的崇高地位，把印度的社会分成四个阶级，他们自己列在第一。他们的权威、横暴，都靠了一卷《摩奴法典》，其他阶级的种族，要无条件地信奉和接受。

由于印度当时产生了这一种特殊的阶级，素来游牧人民那悠悠春梦似的生活，像在碧绿海水上漂浮的小船被击沉了。婆罗门用卑下的仪式、祭礼、梵咒，像枷锁似的束缚了五印的人民。

第二阶级是刹帝利，这就是与婆罗门同样被尊敬着的王族。这些王族，就和我国当初封建制度下群雄割据的时代类似。

自古的国王，都是世袭家的天下，国家的土地、财宝，都好像是王族的私有品，别的人民都好像为他们服劳役而生的，印度当然也不会例外。

第三阶级是吠舍，这在我国就是所谓农工商的阶级，他们受婆罗门和刹帝利权势所压迫，连受普通教育的资格都没有，那是多么可怜！

第四阶级是首陀罗，他们是被征服者，他们被公认是为了使役奴隶而生到这世间来的。婆罗门说他们是初到人间来受生，是一种最下贱的人。在婆罗门金科玉律的《摩奴法典》里，第八章第二百七十节及二百七十二节就有这样的记载："初生的人就是首陀罗，假若他们以骂詈的语言侮辱再生的人，那就要断他们的舌头；假若他们举再生人的名或姓出来侮辱，那就要用烧红的铁针插进他的口中。假若婆罗门的指示他们不接受，那王者就可以命令用热油灌入他们的耳里或口中。"从这里就可以看出首陀罗地位的低下和生活的悲惨！

这以上就是印度当时的社会状态。农工商以及当地的土人，在婆罗门和刹帝利的支配压制之下，心中的恨是不难想象的。

教主释迦牟尼佛，就是出生在这样一个阶级悬殊的社会里，他自己虽是刹帝利的王族，但他并不想用刹帝利的权威去统治人民、压迫人民。相反地，他用慈悲平等的真理，毅然地向阶级森严的社会宣战。关于这个事实，后来到他成道时就有证明，他在菩提树下初成正觉的时候，就发出了"大地众生皆有如来智慧德相"的平等主张，后来又有"四姓出家，同为释氏"的四海皆兄弟的宣言，佛陀慈悲平等的主义，终于给数千年来被奴役的印度人民带来了光明。

优波离本是一个首陀罗族中的剃头匠，后来在佛陀的弟子中被奉为是十大弟子之一；摩登伽女是首陀罗族中的一名贱女，她为了爱恋阿难的美貌，受佛陀的感化而即刻证得阿罗汉果。这些事实证明，旧有的阶级社会，不得不在佛陀大慈悲真平等的主义下失去统治者的力量！

3　佛陀住世时的印度思想界

印度是一个文化古国，因为群雄拥兵自重，在思想界方面是极其发达，要知三千年前印度的思想界，正有如我国春秋战国时代。

三千年前的印度思想界，虽是非常发达，但又陷入十分混乱的状态。因为，婆罗门教把传习赞颂和仪式，认作是一种专有的东西，把文句定得十分详密，义理说得十分幽玄，形成一种繁琐的神秘作风。他们处处称天意做事，任何事件都含着秘密。人民的智识总是要发展的，所以很容易引起脱离神话，走向理智去探索。后来有自然派的哲学兴起，就宇宙物质方面加以说明的，如地论、水论、火论等；另有一派，就宇宙抽象观念方面加以说明的，如时论、方论、虚空论等。从此各种思潮纷纷起来，复杂到极顶，一般人民，更是给搞得混淆不清。在这个时候，很需要宇宙的究竟真理指出人生应行的大道；在这个时候，很需要有一种圆满的革新宗教。佛陀生在这个时候，像一粒定水珠一样，把一塘混浊之水的印度思想界澄清，指示徘徊在歧途上的人们一条应行的大道。

因为那时的阶级制度不平，人的思想和生活极端不自由，意志薄弱的人，在这阶级制度之下，感叹身世的不幸，多倾向消极方面；意志坚强的人，就对古宗教起了疑惑，暗地里发生了反动的思想。加之婆罗门教徒，专横暴戾，处处丧失人心。因此人们大都走上了两个极端的思想，一个是顺世享乐，一个是遁世苦行。顺世享乐的物质乐观主义，偏入于有；遁世苦行的精神厌世主义，倾向于空。这是当时思想界的矛盾，佛陀生当在这个时候，眼看着这思想界不正常的发展，他就尽力地排斥这两种偏左偏右的思想。佛陀成道后对人生的说法，不偏于物质，也不偏于精神，而是发自一种缘起中道的思想。这种思想演为教说，救了当时的印度，也救了千万年后的我们。

4　佛陀的家谱

说起佛陀的家谱，先要知道释迦族的由来。那还是在佛纪前两三千年的时候，居住在中亚细亚的雅利安民族，发起了一次移民运动，开始往印度和波斯移民。起初印度当地其他的种族也曾作强烈的抵抗，因为雅利安人的体质强壮，皮肤白皙，终于征服了其中最有势力而又体质矮小皮肤黝黑的达罗毗荼族。雅利安族因此控制了印度，在那里建立许多国家，奠定了印度民族的基础。其中有名为释迦族的征服者，就是这雅利安族的一派。

释迦族的远祖，其最初的王名叫众所许，同姓相承到大善生王，这就是释迦牟尼佛的七世祖。大善生王有子名师摩懿，师摩懿有子忧陀罗，忧陀罗有子瞿罗，瞿罗生有一男一女，男名师子颊，女名耶输陀罗。师子颊王生有四子，长子净饭大王，就是后来释迦牟尼佛的父王。

净饭大王在他亲族中迎娶了拘利族王国天臂城阿拏释迦王的公主摩耶和其妹摩诃波阇波提为妻，摩耶夫人就是后来出家修行成道的佛陀的母后。

现在，把佛陀的家谱分别用父系与母系列表说明，以便读到本传时，对于释迦牟尼佛有关的亲族可以一目了然。

释迦牟尼佛的父系

- 迦毗罗卫国主 师子颊王 建遮那（阿拏释迦王之妹）
  - 净饭大王
    - 悉达多（即佛陀）
    - 难陀
  - 白饭王
    - 提婆达多
    - 阿难
  - 甘露饭王
    - 摩诃男
    - 阿那律
  - 斛饭王
    - 婆娑
    - 跋提

释迦牟尼佛的母系

- 拘利族天臂城主阿拏释迦王 耶输陀罗（师子颊王之妹）
  - 善觉大王
    - 提婆
    - 耶输陀罗（罗睺罗生母）
  - 摩耶夫人（净饭王妃，悉达多母）
  - 摩诃波阇波提夫人（悉达多养母）

5　净饭大王与摩耶夫人

在靠近雪山南麓森林繁茂的地方，有一个很富裕的国家建立在此，这就是有名的迦毗罗卫国。国主净饭大王是释迦族中的族长。他英勇能干，智胜德高，自从做了国王以后，把一个迦毗罗卫国治理得真是风调雨顺、国泰民安。因为他是一位威爱兼备的大王，所以很受臣民的拥戴。全国的人民，在他英明的领导之下，都丰衣足食，和平安乐地度过着宝贵的岁月。

年轻的净饭王，少年得志，在家中是一族的首长，在政治上是一国的领袖，因此，各国的公主，名门的千金，都在暗自为自己的终身大事祝祷，都希望能嫁给这位年轻威武的国王。

终于，拘利族的天臂城主善觉大王，有一胞妹摩耶，长得端庄秀丽，仪态大方，加之她温和贤淑的德行，更是远近闻名。年轻的国王，美貌的公主，就这样结了美满的姻缘。

净饭大王自从结婚以后，夫妇的感情，如鱼得水，真似人间天上。

暑往寒来，秋去春至，日子像流水似的流着，净饭大王和摩耶夫人，青春的年华，也随着匆匆的岁月逝去。一向陶醉在欢乐里的国王夫妇，在他们生活圈子里，终于投进了一团暗淡的烦闷的阴影。

因为净饭大王和摩耶夫人结婚以来，一日复一日，一年复一年，他们膝下还没有生养一个嗣位的王子。

净饭大王在处理国政之暇，回到宫中的时候，看看温和贤惠的夫人，望望宫中寂寞的陈设，总是愁眉苦脸，唉声叹气。

聪明的摩耶夫人，早就看出国王的心事。一天，贤惠的夫人就轻声向净饭大王说道：

“王呀！我们的年龄都渐渐地老了，至今膝下犹虚，而且你是一国之王，怎么能少了一位王太子呢？”

“唉！……”净饭大王皱起他的眉毛。

“王呀！我说，”摩耶夫人靠近净饭大王的身边坐下，“你不要老是像往日固执，我望你能接受一次我的意见。自古以来，王者的宫廷之中，都有很多的妃子，你为什么要废弃这个惯例呢？你看，宫中除了我以外，妃子就没有一个。你赶快再多寻几个如花的美人，她们说不定会为你生下一个可爱的王子。”

“不!”净饭大王坚决地回答，“命运如果注定我没有王嗣的话，就算我得到天下所有的女人，也是一样。”

净饭大王口头是这样说了，但心中的忧虑却与日俱增。

摩耶夫人，她是迦毗罗卫国的国母，她的相貌如同秋天圆满的月亮，她的心灵如同池塘中清净的莲花。然而她不能为迦毗罗卫国生下王子，她不能为净饭大王生下一位国家未来的主人，心中更是常常地感到烦闷与不安。

那是在摩耶夫人四十岁的时候，在一个万籁俱寂的夜里，夫人舒适平和地睡在床上，她蒙眬的睡梦之中，忽然见到一位长得堂堂一表的人物，乘坐一头白色大象，从虚空中慢慢走来，当走近夫人的时候，就从她的右胁而进入了腹中，夫人一惊，从梦中醒来，方才知道刚才是做了南柯一梦。

夫人醒来以后，把这个梦告诉睡在身旁的净饭大王，净饭大王听后，和夫人一样，他们都感到这是一个不可思议的梦。

夫人自从做了这个梦之后，就和通常的女人两样。她每天幸福安乐地过着日子，没有忧患，没有苦恼，更没有嗔怒、贪欲和虚伪的心生起来。她不喜欢喧闹的地方，每天只喜欢在空闲幽静的林旁或水边游乐。

没有过多久，夫人把怀妊的喜讯告诉国王，净饭大王这一听之下，喜得真是心花怒放，他得悉了这个期待了二十余年的喜讯，把往日积郁在心中的忧闷，完全扫除。

6　蓝毗尼园中太子降诞

日子在欢乐中过去，王妃摩耶夫人十月怀胎渐渐地满足，但她还是照样喜欢到寂静的郊野去散步。青枝绿叶的草木，潺潺有声的流泉，夫人认为这都有助于人生的修养。一天，正在春末夏初的月圆之日，这是一个风和日暖天朗气清的好日子，夫人向净饭大王说明要到迦毗罗卫国的国都郊外的蓝毗尼花园中去郊游，并且也打算游园后依着风俗回母家去生产，净饭大王听后，想到夫人怀妊已经足月，回到母家生育，这是不可违背的风俗，但夫人为什么还有这游园的奇特的兴趣和请求，他考虑一会儿，即刻命令更多的侍女，并亲自护送夫人经过蓝毗尼花园到她母家天臂城去。

国王和夫人到达蓝毗尼花园后不久，夫人在一棵正长得蓊郁葱茏的无忧树下诞生了王子。刚生产的夫人，没有感到一点痛苦；初降诞的太子也非常安详。

这时，天空的太阳分外光明，万花绽放着分外美丽，百鸟唱着欢乐的歌声。这一切都是在庆贺太子诞生于人间。

实在说来，太子的降诞，是有着种种殊胜稀有的瑞相。他在诞生后不久时，自动地行走七步，举目眺望着四方，口中呱呱似的说道："这是我在人间最后的受生，我是为了成佛，才生在人间。我是人中最伟大尊贵的觉者，我要广度救济一切众生。"太子说后，天空直泻下两条银链似的净水，一是温暖的，一是清凉的，太子沐浴以后，身心感到加倍的爽快。

空中来了很多的天王和梵神，天王举起琉璃床的四足，梵神恭敬地捧着珍贵的伞盖，无数的天人都出现在空中，他们都来赞美这位现在的太子，未来的佛陀的降诞。

太子和夫人舒服地卧在床上，净饭大王欢喜惊奇地站立在旁边。就在这当儿，天衣从空中飘覆在太子的身上，世间上燃尽了的薪又炽盛起来，混浊的流水都变得清净可爱，各色的花儿开得比以前更美妙芬芳，凶恶的人一时也生起慈悲的心来，呻吟着的病者不要医药就自然痊愈，很多乱鸣着的禽兽都忽然静止下来，虐待国民的暴君都转为贤明，世间上的一切都得到了安稳。即使深居在幽静偏僻地方的人民，都知道这稀有的瑞相，成千上万的人民，都争先恐后地聚集到蓝毗尼花园来。

7　相者的预言

净饭大王在夫人与太子的身旁，见到世间上都在变动的情形，一面欢喜，一面又在忧惧。

这时有一位在蓝毗尼花园左近的婆罗门相者，博学多闻，高才善辩，他带着欢喜踊跃的心情跑来，口口声声说要为太子相命，而净饭大王正在惊疑不决的时候，就允许了他的请求。他先看看安详而卧的太子，然后又望望且惊且怖的净饭大王。他开始滔滔不绝地说道：

“大王！人生在世上，第一是希望生一个出类拔萃的儿子，大王今天生下这一位像满月似的太子，真是可庆贺得很！这位王子的长成，必定是释迦族的光荣。王呀！你心中不要惊疑，我告诉你，实在没有一点挂念的必要。”

“学者！你说得不错，我心中真是惊疑忧惧得很！”

“大王！你不但不要忧惧，并且你此刻就可以下令，让全国的臣民都来庆祝。从现在起，将是我们全国的殊荣。我们国家出生这么一位贤明的王子，必定能成为世间上的救世主。我拜望王子的尊容，决不是世间上那些智者或学者可以比拟，他将来定可以开启众生解脱的大道。他若继承王嗣，不但可以做我国的君主，而且他将是统领四天下的一位稀有的圣君，广布善政，广行王法，使五印的诸王，都望风屈膝地乞盟于他。他能够赐给世界之光！”

“是真的吗？学者！他能够统领四天下，那真是太好了。”净饭大王露出欢喜的笑容。

“不过，”学者庄重地说道，“假若他厌恶这尘世的喧嚣，爱居在寂静的山林，必定能求得最高的解脱大道，必能成就真实的智慧，成为一最尊最贵的佛陀。佛陀，是世间上最伟大最尊贵的觉者，佛陀在人间，好比须弥山是山中之王，一切众宝中是以黄金第一，万川是以海洋最为阔大，无数的星宿中是以月亮最为光明，一切光明中又以太阳为最胜，佛陀是人天的导师，没有一样可以和他比拟。”

“学者！你又怎么知道他将来会喜爱寂静而且会出家呢？”净饭大王怀疑地问。

学者指着太子说道：

“你看，王子的尊颜，明净的眼睛广而又整，上下的睫毛长而又匀；绀青色的眼珠，高修而直的鼻梁，像这样的相貌，绝非和寻常的人一样，他一定能成就佛陀的功行，愿大王速离惊怖赶快庆贺吧！”

婆罗门的相者说到这里，净饭大王不免又惊又怪起来，他就向这位婆罗门的相者问道：

“我最敬重的学者！假若你所说的都是真实的话，可是像如此奇特的相，为什么不生给我贤明的先王做嗣子，却生给我这个不肖的做嗣子呢？”

“大王！不是像你这样说法哩！”婆罗门相者摇了摇头，“凡是世上的人，即使是同一个家族同一个父母所生的兄弟，都有各个不同的命运。有智慧超胜的、声誉远播的、博学多能的、事业隆盛的；也就有浅知浅识的、愚昧笨拙的、恶名四传的、事业无成的。这些贤与不肖，决不可以看作与父子生养的前后有关。你现在应该见到如此奇特的相后，生起欢喜的心，永离这些多余的疑惑！”

净饭大王听后非常欢喜地说道：

“我今世得生这么一位殊胜的王子，真是幸运得很！我的年龄已经一天一天走向衰老，希望他早日长成，继承我的王位，那时我愿到深山中去出家，积聚一些静寂的梵行，以便得到后世的安乐，决不能让我这位太子舍俗出家，断绝我的王嗣。”

净饭大王说后，随即赏赐婆罗门相者很多的财宝，等到他告辞去后，净饭大王就命令侍从小心慎重地护送夫人和太子一同回宫。

当大王命令宫女们把夫人和太子在王宫里安置好了以后，大王的侍卫官又跑来禀告说宫门外有一位苦行仙人求见。这位苦行仙人名叫阿私陀仙，在婆罗门苦行的学者中，是一位最具有权威的智者，远离爱着，常入禅定。净饭大王是一位礼贤下士的君主，听说来者是有名的阿私陀仙，就赶快命令侍卫官请他进来。

阿私陀仙人进宫后，净饭大王对他非常恭敬，当即向阿私陀仙请教道：

“我最敬畏的大仙！我现在是人间最幸福最美满的国王，我得到无价的宝贝，我生下奇特的太子，唯愿你为我占个吉凶吧！”

阿私陀仙人听后，非常高兴地说：

“真实慈和的大王，你仁智兼备，国运昌隆，你广布王法，抚爱人民。昔日种下好的种子，现在才能结出好的果实来。王呀！我此刻前来王宫拜见，也就是为着这个重大的原因，请你听取我的说话。我今天入在禅定中，见到天人对我说：‘净饭大王降诞了一位太子，实在是未来的佛陀；他将来能宣说和过去诸佛一样的大法，教化人间最高的真理。’大王，幸运的大王！我今日前来王宫，非为别事，我是来拜谒这位未来宇宙的大觉者！”

净饭大王听完阿私陀仙的话，急忙命令宫女抱出太子来给阿私陀仙看。

阿私陀仙恭敬虔诚地端详着相好圆满的太子，这是具有三十二相八十种好的佛陀之相，一点缺点也没有。阿私陀仙从未看到过如此殊胜的相好。他看得只是吐舌翻眼，晶莹的泪珠不觉一滴一滴地从他眼眶中掉下来，他老是不停地唏嘘叹息。

净饭大王见到阿私陀仙，起初是带着欢喜的心情走来，此刻转而变为如此悲哀的样子。他以为爱子将有什么不幸，忽然战栗起来！胸口郁积，几乎透不上气来。他惊悸不安，即刻从座位上站起，向阿私陀仙说道：

“大仙！你为什么要这样呢？你起初来时不是说我的太子有种种奇特的相好，是人中最尊最胜的吗？怎么你现在亲自见到太子之后又这么忧愁悲哀呢？难道我的太子是短命之相惹起你的悲哀吗？还是你以为我是久渴的人得到甘露而又将失去吗？抑或这位王子的降生将要亡国丧家失去财宝吗？我现在可以告诉大仙，我的太子假若能够长成，即使我的国家成为别人的属国，我的财宝散失得精光，我也都是心甘情愿。大仙！请你说，你究竟为什么要落泪呢？为什么要叹息呢？请你赶快教示，让我心中能够安定吧！”

净饭大王老年得子，这种至情的流露是难免的。阿私陀仙见到净饭大王如此忧惧就向他诚恳恭敬地说道：

“大王！请你心中不要如此伤感，我此刻拜见太子的尊相，与我当初说的没有丝毫的差异。我今天能亲自见到太子的相好，真是我莫大的幸运。但想到我现在已是风中残烛的年华，留在世间的生命不久，不能得受太子将来成为佛陀的教化，所以我就不觉叹息和流泪了。”

“太子真的会出家成为佛陀吗？”净饭大王有些放心不下了。

“大王！这位太子的降诞，是人间最后的受生，人间生有这样的人，好比世上出现稀有的优昙钵罗华。大王得生如此太子，不但是大王的幸福，也将是全人类的幸福；不但是大王获得无价的至宝，也将是全人类获得的救星！他一定会出家成就佛陀功行的！”阿私陀仙肯定地回答。

“那怎么可以呢？我的王位交由何人继承呢？”

“大王！你的太子是不会执着眼前五欲的境界的，他会舍王位而去修行，去求真实的觉悟。世间上唯有他，才能使愚痴的众生消除烦恼和业障，他实在是世间上长久不灭的智慧之光！大王！可怜我的年龄衰老了，不能亲耳听闻佛陀的大道，我现在虽得到禅定，但未闻佛陀的正法，毕竟不知道真正解脱的大道。我一旦身坏命终，必定要堕入三难天，唉！”

阿私陀仙说到最后，又深深地叹息一口长气，净饭大王和王亲国戚以及宫中的宫女，听了仙人叹息流泪的原委，一方面增加了忧虑，另一方面又感到安心。

在净饭大王的内心之中，想到阿私陀仙说的话，太子不能继承王位而要去出家学道的事，感到大为苦恼，脸上现出满面的忧愁，阿私陀仙见了又继续说道：

“大王！我真实地告诉你，正是和你心中忧虑的一样，太子是会出家成就佛陀正觉之道的！”

阿私陀仙说后，对太子恭敬作礼就告辞而去。

净饭大王此时心中虽然生起失望空虚的感觉，但他对太子却更生有一种敬重之心。他即刻命令全国，把牢狱开放，大赦所有的囚犯；劳动的苦役，也特别给假休息；供养婆罗门上等的食品，祭祀一切祠宇里的善神，赏赐大臣们珍贵的物品，国中贫乏乞食的丐者都施以饮食，侍从宫女都分有牛马象等金银财物，整个迦毗罗卫国中的上上下下的人民，都狂欢鼓舞起来，全国的人民都为国家降诞了太子而庆祝欢呼！

8　太子少年时的教育

迦毗罗卫国中净饭大王生下稀有的太子，宗族王亲，都呈献无数的象马宝车；邻国的国王，也赠送很多七宝的器具，这表示祝贺王家及太子万岁之忱。

这时，迦毗罗卫国的都城中，地下自然涌出无量的宝物，喜马拉雅山中的巨象群一呼而来，难以驯服的马此刻也驯若羔羊，杂色微妙的禽鸟从野外飞来城中鸣叫，天空白色的瑞云轻轻地飘游，地上烂漫的百花在微笑着开放。

惯于怨憎的人，心中忽而转为平和；知心的好友，加多深厚的情感；笃实的益友，更有亲密的交往；叛逆者的心，顿时消灭；阴险者的恶念，立即驱除；风，微微地吹，雨，及时地洒；雷霆没有灾害，五谷丰收如山；饭食容易消化，怀胎的身体平安；这都是因为太子的诞生，一切世人才得见这吉祥的瑞相。

神宇园林，都增加庄严美观；井泉池沼，都澄清得有如明镜；各国免除了饥馑，世界停止了战乱，天下没有横生恶疾之难，世间没有诉讼不平之争，各国亲如近邻，人人均如兄弟，这世间上一时吉祥的现象，都是为了庆贺太子的诞生。

那是太子降诞的第五天，命名典礼很隆重地举行，全印度所有权威的婆罗门学者，受了国王的恭请，为要选择最最好的名字而商量着。商量的结果，因为太子降诞时具备一切祥瑞之相，所以就命名悉达多。悉达多，那是“一切义成”的意思，是再好没有的名字。

迦毗罗卫国中，像这样一日复一日的欢乐，持续到第七天，不幸的变故发生了，那便是圣母摩耶夫人的辞世。

在不幸之中，所好的是夫人有一个最小的胞妹名叫摩诃波阇波提，姐姐去世以后，她就自愿代姐姐抚养年幼的太子。她的容貌端丽，性情慈和，后来，她虽然生了难陀，但对姐姐生下的东宫太子，照样是慈爱地抚育。

太子虽然有了姨母摩诃波阇波提夫人的抚育，但是，净饭大王还是很不放心，他又选取三十二名宫女相助，八名宫女抱持，八名宫女洗浴，八名宫女喂乳，八名宫女陪着游戏。太子的婴儿期，仍然是再安乐不过的。

光阴似箭，太子已长得是一个聪明伶俐活泼可爱的幼童了。

这时在太子的周围，堆积了很多儿童的玩具，但太子的秉性高超，虽是幼童，其态度却非常庄重，尤其性情，更是异乎寻常地安静。

太子的心，寄托在另外一个高胜的境地，再玲珑巧妙的儿童玩具，也丝毫不能勾起他的兴趣和欢乐。

太子从七岁的时候起，就被延请名师课读，当时印度最高的学术是五明和四吠陀。

五明即是：

一、语文学的声明。

二、工艺学的工巧明。

三、医药学的医方明。

四、论理学的因明。

五、宗教学的内明。

四吠陀即是：

一、养生之法的梨俱吠陀。

二、祭祀祝词的傞马吠陀。

三、兵法研究的夜柔吠陀。

四、咒术文献的阿闼婆吠陀。

太子从七岁到十二岁的这几年间，在文事方面，把这科学知识的五明，哲学知识的四吠陀，都学得精通烂熟。

假若说，世界上有闻一而知百的人，那便是唯有这位悉达多太子。

净饭大王见到太子的颖悟，心中非常欢喜，他把国中有名的权威学者，都请来教授，不上几天，他们就为太子的智慧所折服，都是自动地辞职。

太子在文事方面打好基础后，从十二岁的那一年起，他又开始练习武术。

太子生来就有很大的膂力，一切兵戎法式，百般武器，在很短的时间之内，太子很快地都一一纯熟通达。

净饭大王一心一意地要让太子学成文武双全的英明君主，因为他很了解当时印度的国情，五天竺中的诸国分立争霸，迦毗罗卫国的释迦族，在国际上的地位虽然很高，但在他们的南方，出现了憍萨弥罗与摩竭陀两大强国，迦毗罗卫国常受到他们的威胁，所以他无时不在盼望着，盼望未来全印度民族理想中统一的圣君，乃是属于自己贤明无比的太子。

有一次，净饭大王为了提倡武术，下令诸释种童子，举办一次武艺竞赛大会。在竞赛的时候，太子的堂弟提婆达多一箭射穿三鼓，太子的亲弟难陀也是一箭射穿三鼓，赢得观众无数的掌声。轮到太子的时候，他嫌弓力太弱，令到武库里取来祖用的良弓，牵挽平胸，一箭射去，穿过七个铁鼓，四周的观众，欢呼喝彩，鼓掌若雷，他们看到太子的武艺，大家共庆未来的国主一定能统一印度。

净饭大王看看太子，望望观众，骄傲地微笑了。

9 美丽的耶输陀罗妃

年轻的太子，长得是仪表堂堂，因此，常有很多贵门的少女、王族的千金，想博得他的宠爱。豪华的宴会，欢狂的歌舞，一日都不停息地烦扰着太子。

净饭大王的心中也是这样的打算，他以为唯有这样才可以使太子不致生起出家的念头，使阿私陀仙的预言不至于成为事实。

然而太子为这些歌舞宴会，反而增添不少的忧郁与厌恶。

净饭大王见到如此情形，更是忧愁万分！

他想：太子的品性，高尚忠厚，是国民崇拜敬仰的；太子的武艺，超群英勇，是邻国闻名而畏惧的。想不到这么一位贤德的太子，竟把荣华富贵看得那么没有价值。

净饭大王想改变太子这郁郁不乐的性情，除了用财宝女色之外，又想不出其他的办法。

他命令集合全国有名的建筑工程专家营造四时宫殿，让太子没有春去秋来的感觉，里面终日不是管弦乐声，就是豪华歌舞，但是，这一切的一切，仍然不能增加太子的欢心！

这不是没有原因，聪明的太子，虽然深居在内宫之中，但他已体察到当时的印度社会阶级悬殊的情形。他怀疑：人与人之间为什么会那样不平等？劳苦的大众为什么不能获得美满的生活和自由？如何改造这不平等的社会？这个问题早已盘旋在悉达多太子的心中。

而且，他犹记得幼年时被父王带去视察农村社会的情形。在农村里，见到人人都是流着汗水在辛勤地劳动，烈日当空，也得不到休息。而父王和自己却伞盖车马，任意地逍遥，这是多么不公平！

还有，他见到那些农田被掘翻的土内，有许多大大小小的昆虫，正当它们要往土里钻的时候，却被群鸟飞来争先恐后地啄食。弱肉强食，这是多么残酷和无情！这是多么恐怖和痛苦！

在这时候的太子，他并不是厌恶这世间，也不是忧愁自己没有快乐，而是目睹社会的不平，众生的痛苦，所以郁积在心头的愁思，始终不能释去。

净饭大王见到他钟爱的太子沉思默想，心中增加无限的忧愁。所以，在太子十七岁的时候，他就替他选了美丽的耶输陀罗为妃。他以为太子若有一位美丽的妻子，可能使他转忧为喜。耶输陀罗公主，是迦毗罗卫国邻国天臂城主善觉王的长女，窈窕的姿态，像仲春季节的柳絮；美好的娇容，像初降人间的仙子。净饭大王以为用女人、醇酒、音乐三者，总可以缚住太子出尘的心。

然而，太子难免这种人性的要求，但他认为这种快乐总不是令人长久满足的人生，表面上看来，太子有时候也会浮现出微笑，而他的内心深处却是益感空虚和孤独。

净饭大王看到太子间或露出笑容，他心中是异常高兴。他发愿从此要静修德行，垂布仁慈，广行德政，亲近圣贤，远离恶友，对臣民要慈颜爱语；日常的生活，要戒除轻举妄动。他不但自己一人如此，他更命令大臣及全国的婆罗门，废弃谋权术数，学习治国济世之法，祭祀一切诸天善神，祈祷万民平和安乐，以这一切，来至诚地为太子祝福。净饭大王此时的心，和原始纯朴的人心一样。

就这样，聪明的悉达多和美丽的耶输陀罗妃，在幸福欢乐的王宫之中，生下一个王孙罗睺罗。

净饭大王心中高兴地想着："我爱我的太子悉达多，悉达多一定爱子如我爱他，那么他当然不会生起出家的思想，这是我唯一的希望。"

世间上无论哪一个国王对他的太子，都怕将来生性流于放纵，沉迷情欲，容易染着声色的快乐。可是净饭大王却和这种念头相反，自从悉达多太子长成之后，他的心中就无时不在希望太子能恣情纵欲，爱名好利，千万不能在年轻的时候就有悠闲的思想。其他的圣者修行得到金刚的大道，都是他们享尽现实世间的快乐以后才去修行。现在应该让位给太子而自己去山林深处修行，因为这是太子正该享受人间福乐的时候。太子的一切，一定要特别地注意与关怀。

10　太子出城去郊游

王城的欢乐，一日复一日，然而太子却又渐渐地厌烦起喧骚的烦嚣来了。那些芸芸受苦的众生，他们的影子清楚地印在太子的心中。美丽的耶输陀罗，初生的罗睺罗，在太子的心中，实在没有占到重要的地位。因为除了这些，他心中还有一个更高的理想，还有更多的众生。

太子虽住在声色俱娱的宫中，但他却欢喜散步在幽静的地方，或者是在寂静的环境中沉思默想。好比一头大象，虽然给人系缚在美好的房中，但是它的心还是回忆着在青草繁茂的旷野遨游。

一天，太子忽然向父王禀白，他要到城外的园林中去畅游。净饭大王听后，即刻命令臣下预备美观的马车，打扫街道的左右，除去垃圾，在路的两边，净饭大王严命不准有龙钟的老者、呻吟的病人、死亡的尸骸、贫苦的穷人，以及饥寒的丐者，因为怕这些给太子看到以后，难免会让太子生起厌恶的心来。

净饭大王又命令很多的大臣，侍从太子去游玩，并且暗暗地观察太子的脸色，无论是一喜一悲，回来都要报告。

就是在这一天，迦毗罗卫国都城的街心，用绸缎宝缦装饰起来，驾车的御者车匿，驾着乘载太子的马车，迅速地行走在路上，路旁站立着城中的老少男女，大家都向经过在路上的太子挥手敬礼，并口中高呼太子万岁。

且说太子出了都城，举目远眺，忽见路旁有一个异样的老人，形相非常衰弱，太子看了很恐怖又很奇怪，他就向驾车的御者车匿问道：

“车匿！那是一个老人吧！你看他头白背偻，目瞑身栗，为什么他要拄杖走路呢？车匿！他是此刻变成这样的现相呢，还是命运生来就是如此呢？”

驾车的御者车匿，给太子这一问，实在感到回答的困难，假若照事实的话来回答，必定引起太子的悲哀；如果不照事实来回答，又不敢欺骗贤明的太子。

车匿踌躇着没有办法。

“车匿！他为什么会这样呢？是现在忽然转变的呢，还是他生来的命运就是如此呢？”太子知道衰老是人生的过程，但他仍然感慨地发问。

太子又催促着车匿，车匿只得忠实地答道：

“太子！我想你知道他是一位老人！请你看看他的面相，到了老来的时候，颜色就衰退了，记忆力也缺乏了，忧愁增多而快乐减少。眼耳鼻舌都不复再有年轻时候的活力。这个衰老之相，不是生下来就会如此，当他初生下来的时候，一样是吃乳的婴儿，然后他懂得童子的嬉戏，再然后长成，做着欲望的仆役，现在，他因为强壮的年华消逝，所以才渐渐地变成老人，再不久，他就会为老毁灭他的身体。”

太子听了车匿的话后，叹息了一口气，又像考试似的问车匿道：

“车匿！世界上的人很多，你说，是他一个人会衰老呢，还是连我们也要经过这个老患呢？”

车匿很恭敬地回答道：

“太子！人生在世，老，是谁也不能免的。这个老患，不分贫富贵贱，不论国王长者，必定都要有这个结果。我们此时，都是一刻一刻地逐渐走近老的阶段。太子！少年人也好，壮年人也好，陷于衰老，毕竟不是人间任何一人可以免的！”

太子听完车匿的这些话，想到一个御者还懂得这样的道理，所谓无常之理，好像雷霆霹雳一声响起，不觉身体也战栗颤抖起来！

太子长吁短叹着，心下想道："这个老患，能坏我们这色相的身体，一切众生，健壮的身体，雄厚的力量，好比是一瞬的梦境而已。世间上什么都是在变迁着，别人是如此，我也是如此，眼看如此的老患，怎不使我生起悲伤厌惧的心呢？"

太子在一声长叹后，就向车匿命令道：

"车匿！回车归城吧！我现在想起人生的衰老即将来到，哪有闲情去游玩园林寻求欢乐呢？"

太子心中存着老之将至的念头，深深地感觉到人生的寂寞空虚与苦恼。虽然是居住在王城里，但好像走进了坟墓一样。没有欢喜，没有快乐，他的心，简直一刻也不能安定。整洁、雄伟的宫殿，在太子看来，就好比是一个牢笼关闭着他，使他苦闷。

太子回宫的原因，除了御者车匿以外，没有第三者可以知道。

净饭大王见太子终日沉于忧愁之中，心里很感到不安。因此，他就劝太子再到城外去郊游，更命令随从的车马行列要胜过前次，必经的道路要铺得平坦，街道要打扫清净。

太子出得城来，行走不远，忽见路旁有一个垂死的病者，睡倒在那里，身瘦腹大，呼吸急促，手足如枯木，眼里流着泪水，口里不住地呻吟。太子生起同情的心，就问车匿，他为什么会变成这样呢？车匿思索了一下，不敢隐瞒地回答道：

“太子！这是一个病人，身体里各部机构，如果缺乏调和，就会生起这病难的痛苦。”太子感触很深，像是自语，又像是问人：

“世间上的病人，就是他一个人呢，还是人人都不免要生病呢？”

“太子！这一个世间上，有身体就会有疾病的。”听到太子的自语，车匿小心地这么说。

太子想到人生的病苦，不觉恐怖战栗起来，好似一叶扁舟，航行在惊涛骇浪中，他的心，时刻都感到忐忑不安，他不觉悲叹道：

“哎哟！人生实在是个苦的东西啊！怎样才能安然地过去呢？唉！世间上的一切众生，都被愚痴暗惑障住了，大家不知道疾病随时都会降临，反而颠倒地追寻那不实的五欲之乐。”

太子在城外转了一个圈子，就命令车匿驾车回城。他一想起病苦之情，就会感觉好像被人捆缚起来，任意打掷一样痛苦。

净饭大王见到太子急忙回城，不知为了什么，他就再三地诘问跟随太子左右的人。问到车匿，车匿老实地以见到老人病人禀告。净饭大王听了非常震惊，严厉地谴责护卫，他又在王宫中更增添美女音乐，极尽人间欢乐之情，希望能以此令太子离开忧愁的深渊。可是，这并不能收到一点效果。

因此，净饭大王这一次亲自出城去巡查了一趟，寻找一个繁茂的园林，重修街路，扫除不净，派了更多的姿颜秀丽的侍女，和更多拥有才智计谋的随从，催促太子再去出游。

太子见父王一番苦心，不忍过拂慈意，也就出游了。车马尚未行至父王为他选择游乐的园林，太子忽然看见四个人抬着一个棺材迎面走来，棺材的上面蒙覆着幡盖，跟随着的人都忧愁满面，头发散乱，更有的号啕大哭。太子看后，知道这又是谁家的生命死亡了，太子摇头叹息着，车匿从旁禀告道：

"太子！这里面是一个死人！"

"人为什么要死呢？"太子不禁感慨万千。

车匿好像对于死亡，也有很大的感触，就殷勤地解释道：

"死人就是人的身体机构坏了，一切感觉意识都没有了，魂魄离开身体，筋肉也都干燥，失去在世时活着的屈曲自在，像一段枯木似的，六亲眷属不能代替，朋友知交不能调换，再有恩爱情感的夫妻，也唯有把死者孤独地放在荒郊野外的坟墓间而不能不分别。太子！死后的形骸埋进土里的日子一久，尸骸也都要毁灭的！”

太子知道死亡是凄惨的，所以悲痛欲绝地向车匿道：

“车匿！死是人生的结局，人凡是有生，最终必定有死，男女老少，这是谁也不能免的！”

太子过去感触到衰老的痛苦，疾病的痛苦，已经惊怖不已，现在再看到死亡的悲惨，不觉伏在车上不绝地悲叹起来：“唉！世人的确误会了，死亡是靠近了我们，我们怎能放逸地生活着呢？人非草木，亦非土石，怎么都不忧虑世间的无常，还在那里天天纵欲和游戏呢？我想到死是人生不能免除的，我怎能放逸地目送着生命悄悄地逝去呢？”

太子即刻命令御者车匿返城。车匿这次是奉王命不能早归的，他很畏怖地不敢转车，马奔走得很快，太子的马车终于到达游玩的园林。

马车走进园林，太子注意一看，这里是水清树茂，灵禽飞鸣，其幽美好似那天上的乐园。

11　最大的诱惑

悉达多太子走进园林，许多被国王选派来的宫女，都出来迎接。她们竞向太子献媚，极尽妖艳之姿，努力想要博得太子的欢心。

原来，净饭大王事先派了一个谋臣名叫优陀夷的，他怂恿和鼓励那些宫女说道：

“美丽聪明技艺佳胜的宫女们，你们的才艺容色是世间稀有的，你们真是一点缺陷都没有，就算什么天人见了你们，他也要和他的妃后离婚而来讨娶你们为妻；无论什么神仙见到你们的容貌，他也不能不动心。因此，人间最宝贵的是什么东西呢？那就是被人一见会生起欢喜感情的姿容。宫女们！我告诉你们，我们太子现在的心，实在是很清净的，像金刚似的坚固，不会为女色所动。可是不管怎样，以你们娇美的身体，艳丽的容貌，一定非得要打动太子的心不可。凭你们的凤眼含情，蛾眉带秀，腰如弱柳临风，面似娇花拂水，一定能征服太子的心！往昔有一个美人孙陀利，她依靠她的容貌之美，言词似蜜，终于惑动那通力自在大仙人，通力自在大仙人从此为色欲所囚，孙陀利的足放在他的头顶上，他也认为最美最快乐不过。还有一个长年累月的瞿昙仙人，只为一个美女对他的一笑，弄得他梦魂颠倒，废弃长年累月的苦行之功。

“更有一个胜渠仙人子，为了女人，也陷进无底的爱欲深渊。毗尸婆仙人积有一万年的苦行之功，为一个天女，只在一天的时间之内，就完全丧失他的定力。宫女们！这样看起来，女人的力量，实在是要胜过梵行！像你们有天仙似的美丽，以这样优胜的条件，一定能够导致太子爱执的心。假若你们不能惑动太子，那你们也要设法努力寻求方便，不要使太子厌离豪华的王宫，断绝继位的王嗣！”

优陀夷的一席话，说得一些宫女的心跃跃欲试，她们都想在太子的面前，尽量博取他的欢心。

充满喜悦和自信的宫女，此时见到太子一来，很快就像蜜蜂见到芬芳的花朵一样，飞也似的一拥向前。妖艳媚态，或歌或舞，微笑似的斜着眼睛送媚，扬着眉露出白齿来撒娇，穿着薄薄的衣衫现出白净的皮肉靠近太子，甜蜜的言词，迷人的娇态，她们为了努力引起太子喜好爱欲的心，简直忘记了人间的惭愧与羞耻！

虽然这些宫女是竭尽最大的努力，但太子如金刚似的心还是一点没被动摇。太子的心，一丝杂念妄想都没有，他虽被这一群莺啼燕语的女人所包围，但他还是逍遥在寂静的境界里一样。好比帝释天，在他的四周，终日都有环绕如云的美女，而帝释天并未因贪爱而为那些天女所动心。

太子走进园林，这些宫女仍不断地诱惑着他，有的牵着他的手，有的为他洗足，有的以香华涂在他的身上，有的用璎珞装饰在他的头顶，有的和他细语，有的横卧在他的腿上，有的和他作世俗的调戏，有的说些风流的话，想打动他的爱情，有的做着爱欲的淫态。总之，这些宫女，为了要引动太子爱情的欲念，不论什么再可耻的方法，她们也都搬演出来。

但是，太子的心，好像一朵清净的白莲花，虽然有很多的污泥，怎样也不能染污他。

太子为这些宫女所包围，她们诱惑的百态，撒娇的情话，他好像完全没有看到也没有听到，他的心里还是想着别的问题，面对这些美丽的宫女，他竟一点没有幽怨也没有欢喜！

过了一会儿，太子的心思注意到这眼前的境界，他才对这些宫女生起厌恶之心和怜悯之念。他不觉出声自言自语地叹息道：

“唉！到今天才知道女子爱欲的心是这么强烈，她们没有想到短暂的青春，不久就会面对衰老与死亡。她们只知道眼前不实的快乐，给愚痴迷覆了她们的心。她们应该想到老死的悲哀，好像锐利的宝剑架在颈上，应该刻不容缓地去寻求解救才对。世人为什么好像在睡觉一样，见到别人的老病死，仍不知道自己的老病死也将来到。她们与泥土木石又有什么差别呢？好似旷野里生长了两棵青枝绿叶而又茂盛的大树，有一棵已被人砍倒，但第二棵还不知道恐怖。呵！多么可怜的世人！

“我再仔细地思惟，我们这个世界上，有着芸芸无数的劳苦众生，他们在物质上和精神上，都受着很大的痛苦。再加之政治上和宗教上种种的压迫，唉！他们太苦了，我怎能不设法去解救他们呢？我还有什么闲情去享受那些不真实的、短暂的、庸俗的、自私的快乐呢？”

太子这样一声一声的叹息，给站在很远地方的优陀夷听到了，他想到净饭大王交给他的任务，即刻很恭敬地走上前来对太子说道：

“太子！我奉了大王的圣旨，叫我做你的一个良友，我现在以你良友的资格，向你讲几句话。太子！凡是称作朋友有三个条件：第一不做与朋友没有利益的事，第二做与朋友有利益的事，第三要与朋友同甘共苦，不论遭遇如何艰难困苦的事，都不遗弃朋友。太子！我现在既是你的良友，我当然应该尽我的朋友之情，我现在诉说不尽我的衷怀，唯有诚恳地请你来听取我的话。

“太子！人生在青年的时代，最重要的就是有异性之爱，如果男子不懂得女性的情爱，实在是极大的耻辱。太子！世间上第一的欢乐，无论什么再没有超过女子的爱情。现在，即使喜爱女性，是违背你的心愿，但为了你现在的地位，为了你更高贵的名誉，你也应方便顺从地去做。你能方便顺从接近女子，一定能增加你的快乐。方便顺从，这才是世间上为人处世的根本之道。假使有人要否定这些快乐，就好像这棵树上虽然开满了花朵，但它没有果实，这人生有什么意味和情趣呢？

“我最敬爱的太子！你现在正是青年的时候，你是迦毗罗卫国未来的国王，你已具备一切众德，所以一切福乐才会往你的身上集聚而来。世间上很多人，想尽种种的方法，要求获得女子的欢心和爱情，都不容易得到，而你为什么无缘无故地要远离这些呢？太子！在这个世间上，是没有什么再超过爱情能令人幸福和陶醉的，就算是天人，他们也不过都是为求得这些果报。请你看！太子！帝释天尚且私通女人，阿私陀仙人所以长年苦行，也是为了想求得天女的爱情，但结果并未能满足他的愿望。此外还有婆罗堕仙人、月天子、加宾阇罗等，他们都集聚修行的功德，可是还不免为求女人之爱而亡身。人若想占有女性的爱情，说来真是非常困难。因此，在人间的世界，想要得到女人的娱乐，实在是很不容易，这都要前世积聚很多的功德，今生才能感有这样的果报。说到女人的情爱，这是世人共同争逐追求的对象，而你现在要舍弃爱情，真是十分不合情理！太子！我希望你不要失去这些难有的珍宝吧！”

优陀夷这番论调，真是说尽世间人情之理，太子听他说完这番话以后，也就很庄重慈和地说道：

“优陀夷！谢谢你！你说你是我的好友，你诚心诚意的话，我已完全地了解。但是，我再三思考的结果，心中自有我的看法，请你也就留心地听我说吧：

“你说人生在世，爱欲是最大的快乐，可是，优陀夷！你知道我的苦闷正是因为人生是无常之相吗？你知道我心中的不安是因为受苦的众生都还在无法求得解脱吗？你所说的女色之乐，我也不必来为你否认，不过，假若在这些快乐之中，没有老病死的痛苦，不是无常短暂而是永恒不变的，我也就愿意去追求这种快乐而不求厌离了。

“那涂着香粉穿着丽服的宫女，假若她们不会衰老，爱欲虽是过失，但在人情上尚可说得过去。但是她们此刻还在一步一步地接近衰老和死亡！

“实在说来，人间就是老病死积聚起来，她们假若自己都能懂得这个道理，对于自己尚要厌恶恐怖，何况对别人的老相、病苦、死患的身体，怎能生起爱着的心呢？反过来说，只知道自己的健康，忘记死亡的可怕，终日沉迷在五欲的境界里追求爱欲之乐，这样不懂事的人，与无知的禽兽又有什么不同呢？优陀夷！你刚才所举出的那些仙人，就是不知道五欲的可厌和危险，所以被五欲的洪流冲没了。五欲实在是灭身的根源啊！

“比方说，那些强壮的青年，青春的少女，假若他们执着五欲的境界，不体会行将衰老死亡的身体，自以为自己是胜利者，可是，优陀夷！胜利者毕竟是老病死与无常哩！

“假若方便顺从女子的爱情，而来接受五欲的快乐，这是叫作执着，不叫作方便。顺从、习近，这都是虚伪欺骗的，我一定不愿这样做！凡是世间上的事情，你对他太热心了，你就会对他生起执着来，太执着了，就会产生出过犹不及的后果。你现在要我接受那些我所不爱的欲乐，而叫我来方便顺从，这岂不是很大的虚伪吗？违背我的心而去从事女人之爱，还要说，这就是‘人间根本的道理’，我实在不懂这样的道理和见解！

“世间是老病死的大苦海，是一切众苦的积聚地，若有人要我堕落到里面去，这决不是我的良友给我的忠告！唉！优陀夷！生老病死的大患，实在是可怖可畏！你看，一切都在无常变化，我们一天一天地走向坟墓，谁还有心去追求暂时的爱乐呢？

“优陀夷！这是我需要解决的大问题，我的心，一刻都不停地战栗着，我想到我的身体在不久的未来要毁灭，我夜间睡觉都不能入眠，谁还忍心闭着眼睛去沉溺在五欲之乐的苦海之中呢？优陀夷！无常之火已经烧近我们的身体，这是不能否认的事实！假若有人叫我对这些虚假的爱情，不要生起忧戚的心来，那不是要我做一个木石的人吗？”

太子为优陀夷用种种的方便说了五欲是可厌之法，听得这专爱寻花问柳的大臣优陀夷都羞惭地低下头来。

太子和优陀夷的这一席长谈，不觉已到了将近黄昏的时候，太阳渐渐地往西山下落去，飞鸟也在忙着寻找它们的归巢，这些众多的宫女，悦耳的乐器，终于没有用武之地，她们只得带着乐器很惭愧地回城。

人去园静，静静的树林，静静的花草，静静的远山，静静的池水。太子独自一人静静地在园中徘徊了一会，又坐在阎浮树下沉思宇宙和人生种种的问题以后，他才孤单地返回城中的宫殿。

优陀夷把今日的情形照实地禀告净饭大王。净饭大王听后，知道太子决心不染五欲，认清世间的无常，心中生起极大的忧愁和悲苦，像一把利刃插进他的心房，他感觉伤心到极点！他立刻召集一个紧急的群臣会议，大家商讨计划应该用什么方法才能使太子改变他的厌世之心。

诸大臣都异口同声地回答：

“除了增加五欲之乐能改变太子的心外，再也找不出其他更好的方法！”

12 太子立志去出家

从此，净饭大王又在太子的宫中，增添更多的财宝、美女，他想用这些来不分昼夜地娱乐太子的心。但是，太子对这些一点留恋的心情都没有，每天他都为老病死而忧患而烦恼！他好像是锐箭射中的狮子，在高山茂密的林中着急。

净饭大王除此以外，又选择很多年龄很轻、容貌端正，聪明伶俐的贵族少年，日夜地侍候在太子之侧，进退都有一定的礼仪。净饭大王真是费尽苦心，他想以这样来使太子感到王者的权威。可是，在太子的心中，对这一切人为的排场，一点荣耀骄傲的念头都没有。

有一次，太子又启禀父王，他要和贵族子弟们到城外的园林中去玩，只要他高兴去玩的，父王从来没有不准许。当太子在园林中玩的时候，他总欢喜一个人独坐在树下思索冥想，他叫那些贵族的青年，各人自由地去游乐，只要不惊扰到他。

他静静地端坐在阎浮树下，生死、起灭、无常转变的道理，像海潮一样地在太子的心中起伏，他想："世间实在是一个苦的地方，人之一生是有限的时间，可是一般人都不明白这无常转变的道理，终日拼着命来营求生活，这真是最大的悲哀！见到别人的老病死也知道可怖，但不了知自己生命的短暂而惊惧。呵！这就是人生的大患！我不能像世间的常人一样，我要战胜这骗人的青春健壮，我要征服恐怖的老病死，我更不让世间上的人，永远这样受苦，现在我急需要的是求得解脱这些的道理。"

太子正在思惟的时候，忽见前面有一个沙门向他走来，太子赶快地站起来迎接，并很恭敬地问道：

"请问你，你是什么人？你为什么要穿与众不同的服装呢？"

"呵！你要问我这个吗？我告诉你，我是离开家庭束缚的沙门。我厌离老病死的苦恼，我为了要求得自由解脱的大道。众生，没有人能免除老病死，没有人能逃脱瞬息万变的无常，因此，我才出家来做沙门。我没有什么可以忧愁，也没有什么可以欢喜。我的希望只是能够获得不生也不灭，达到冤亲平等的境地！

"我，没有财欲也没有色欲，终日隐居在山林寂静的地方，断绝世间名利的关系，没有‘我’的观念，也没有‘我所有’的东西，没有净秽的选择，也没有好丑的分别，在市镇或村庄上乞食，滋养这假合的色身。

“遇到别人有苦难的时候，我就设法为他解救，我没有希望别人报酬的心理，更没有求功德的念头。我只觉得众生的苦恼都应该让我一个人承受，我不努力去解救生死大海中的众生还有谁呢？”

太子听沙门的话后，满心欢喜地说道：

“我也是和你一样的思想，远离一切欲念，寻求解脱的境界；同时，我也有救度众生的愿力。只是我还没有懂得怎样去做，今天幸而遇到你，我仿佛见到黑暗的世间上一盏明亮的灯光！”

太子说罢，再看沙门，沙门忽然不知跑到哪儿去了！

太子以为这是过去诸佛来点化他的，他即刻立定坚决的志愿，非要去出家不可！他收敛起一切恩爱之情，和那些贵族子弟，默默地回城。

太子入城进得宫来，先向父王问安，然后说明生死的可畏，恳求父王允许他出家。太子鼓着勇气说道：

“父王！在这个世间上，不论男女，不分贵贱，有会合的欢喜就有别离的悲哀！所以，我现在就要去出家，求得真正的解脱之道，希望慈爱的父王允许我的祈求！”

净饭大王一向所忧虑的问题终于听进他的耳朵，像霹雳一声，惊得净饭大王战栗颤抖起来。他向前一步，抚摸着太子的手，泪流满面地说道：

“悉达多！请你中止你的这种思想，你是无论如何不能这样想的，你的年纪很轻，青年人的思想是会变动的，也是最容易招致错误的！世间不是如你想的那样可怕，人生也不是像你想的那样可厌，你要出家修行，一定不会达到究竟的境界。

“学道的人，都欢喜到寂静旷野的森林里去居住，但他们的心，并不能完全寂灭。悉达多！你要去出家学道，至少你到我这样的年龄才可以，不然，你是绝难如愿，甚至会懊悔。

“你，现在将要统领这个国家，继我来管理国家的政务，让我先去出家，你是绝对不能的。你舍了父亲，忘记了嗣国的重任，这是很不合理的。你赶快打消这个念头，顺从世间之法，继承王位，等到你治理国家数十年后，你对国家尽过义务，那时候你才可以去出家。”

太子听了父王的话后，很恭敬地向父王禀白道：

“父王！你说的这些话，早就在我的心中想过，如果现在父王能保证满足我的四个愿望，我也可以考虑不去出家。这四个愿望就是：第一，没有衰老的现象；第二，没有疾病的痛苦；第三，没有死亡的恐怖；第四，所有的东西不损不灭！”

净饭大王连连地摇头道：

“悉达多！你决不可以说这样的话，这四个愿望，谁也不能保证的。悉达多！如果你要求别人保证你这四个愿望，给人知道了，一定要嘲笑你这无智的要求。你现在立刻停止要求出家的心，我在最近要你继承我的王位！”

太子很有礼貌而又沉重地说道：

“这四点愿望如果没有人保证，请父王还是听许我出家吧！让我自己去成就这四点愿望。

“我此刻，好像住在一个被火烧起来的房子里，我必须要走出这个房子，寻求一个安稳的地方。聚必有散，会必有离，这是最普通的道理。世界上无论什么人，用合理的方法生活也得要死，用不合理的方法生活也是要死。死，人生毕竟是不能免的。那又为什么不在合理的生活中去寻求解脱呢？”

净饭大王已经知道太子的心是不可回转，他只有尽力地想出种种的方法来留他。他想，这个时候跟他讲话是无益的，只有再增加更多娇美的宫女，添置更多悦耳的乐器，引诱太子情欲的心。除此，他又令人日夜防卫，阻止太子出家。国中诸大臣，也常到太子的宫中，劝他接受父王之命，预备嗣位的大典。

太子在宫中辟了一间静室，很少去看望耶输陀罗和罗睺罗，而耶输陀罗也因为初生爱子，所以她的时间和乐趣，大都集中在罗睺罗的身上，总以为夫君忙着国事，无暇进入她的宫门。

太子每次见到父王的时候，都看到他在愁眉苦脸，太子心中更觉得王宫像鸟笼一样关闭着他，使他苦恼！

宫中的宫女，奉国王的命令，一时一刻都不肯离开太子的周围，一颦一笑，都竭尽媚力要去拉转太子的心，像深秋森林里的鹿，猎夫的一举手一投足，她们都丝毫不敢懈怠地在细心注意。

然而，太子并不要猎取这些自作多情的鹿，他并未把她们看在眼中。她们穿着盛装，鼓着精神，在深夜里，还奏着美妙的音乐。音乐是令人陶醉的，但太子的心，却是远远的，远远的，空无一物。

宫女们长时间的演奏，终于是疲倦了。有一天夜中，她们因为整日辛劳，不觉都昏迷地睡去，容颜上的脂粉涂得已不均匀，身体上呈现出种种的丑态，有的是仰天而卧，有的是蜷曲睡眠，乐器散乱在她们的身旁，璎珞像锁链似的掉了下来，和着装饰的衣裳像捆缚在她们身体上的绳索，抱着琴瑟而卧的像刚被处决的囚犯，有的依着墙睡去的像杀人的弓箭挂在墙上，有的伏在桌上而眠的像是上了绞刑，有的流着涕涎，有的发出鼾鼻，有的合眼开口，有的磨着牙齿，千姿万态，实在是极尽了丑陋！

太子本来是睡在床上，听到烦扰的音乐和歌声停止下来，窗外照进银辉似的明月，太子此刻再也不能入眠，他即披衣而起，看看睡在床上披头散发的耶输陀罗，怀中抱着罗睺罗，他没有惊动他们就走出来。当他经过宫女们歌舞的地方，太子举目一看，不禁惊讶万分！这些宫女起初都是很妖艳的姿容，而此刻都变成如此的丑态，太子沉默地看了一会儿，只是感叹不置！他的心中不觉油然地生起一个念头：

“这一切世事是这样的虚假，我不能再有一刻的踌躇，我要赶快离开这里去寻求解脱的地方！”

太子实时下了坚定的决心，他望了睡着的耶输陀罗及罗睺罗最后的一眼，就经过沉睡着的宫女身旁，轻轻地走向车匿住的地方。

“车匿！把白马犍陟带来！”

“这样的深夜，你要到什么地方去呢？”车匿低声地问。

“我要出城饮甘露的泉水，你快点把马牵来，那个泉水的地方有不死之乡！”

车匿已经知道太子的本意，嗫嚅着说：

“太子！夜深了，这时候出城，对于贵体是有妨碍的，还是恳求你明天的早晨再去吧！”

“车匿！你没有听到我叫你把犍陟带来！”

这样低低而又有权威的声音，使车匿感到非常的畏缩而惊怖。车匿以为太子深夜出城，应该要禀告大王，得到大王的旨意才行。然而威严的太子看着他，使他不得不把太子爱用的白净的骏马犍陟牵出，太子抚摸着马的头，好像对人讲话似的对犍陟说道：

“犍陟！父王当初骑了你，往来在千军万马之中，终能获得胜利。我现在也要仗你往昔的英勇，带我到有甘露的不死之乡！战斗的时候，有众多的军旅；游乐的时候，有很多的人陪伴；商人去求宝，乐从的人也很多。但是，苦乐相共的难友，真实为道的良朋，那就很稀少了！这二者如果都能获得，实是人生极大的幸福。犍陟！我现在出城，为了解脱生死的大事，为了传播救世的圣音，为了救拔苦海中的众生，你！犍陟！假若你要救济你自己的将来，那你就要应该先分一点幸福给其他的众生，竭尽你的力量，走在漫长的旅途之中，万万不可疲倦!”

太子说罢，跨上了马，马鞭一扬，命令车匿一同出城了。

人，像天上静静满轮的明月；马，像上空迅速飘浮的白云，没有喘息，没有嘶声。城内的万象都寂寂地在睡眠，唯有太子和马的心很锐，奔驰如流星一般，东方还未白，已经行程数十里了。

13 车匿和犍陟

黑黝黝的夜，终于过去了，光明的世界，又出现在眼前。

太子走到一座大山之下，他打听到山麓森林之中，有一个跋伽仙人在修苦行。

这一座高大的山上，树林间有很多鸣禽在啉啉地歌唱；山涧的溪水，在潺潺地流动；人一进此山，嗔恚的心就会平和，疲劳的身体就会恢复轻松。太子一见，心中大悦，他想："这是很吉利的瑞相，这里可能让我获得未曾有的东西。"

太子被这仙境似的高山丛林深深感动，他举目向山林深处看去，见到那边有一个相好殊胜的仙人："这是一个修行的人，我应该对他表示恭敬。"

太子这样想着，即刻从马上跳了下来：

“犍陟！你已经载我到了我所要到的地方。”

太子对着所乘的白马说后，又再掉转头来很慈悲和蔼地向车匿说道：

“车匿！你对我已经尽了忠勤，我无论怎样也不会忘记你。我到哪里，你都跟随着我，没有表示一点怠惰或疲倦，这都是你一片真诚之心的发动。

“车匿！心中诚实与恭敬，身体上又是很勤劳，这二者我在你身上都看得出来。人间有些人心里诚实而身体上丝毫不能表现出来，而有的人是身体勤劳地做着，但心里并没有至诚高兴。车匿！我看你已具备了恭敬与勤劳，你舍弃一切荣利，跟随着我，我真感激你。车匿！世间上哪一个不向有利益的方向去走？没有利益，亲戚朋友都要离开。你现在毫无所求地跟我来，不求现实的快乐，不为眼前的利益所迷，你真是一位难得的好人。

“父母生育孩子，是为了要继承他们的家的宗嗣；臣民对国王恭敬，是为了要邀得国王的恩宠；世间上的一切，无一不是以利益为前提。你现在能忘记这些，从真实心中流露出忠勤，真使我非常感动。

“这些话说得多并没有用，现在我只简单地告诉你：车匿！这是你最后一次为我辛苦，请你此刻就乘这匹马回城去吧！我现在要从长夜漫漫的睡梦之中，独自向真实光明的大道迈进！”

太子说到这里，车匿已渐渐地泣不成声。太子看了看，随即把穿在身上的璎珞宝裳脱下来交给车匿道：

“这是我常常缠在身上的，现在送给你做纪念，以它来安慰你对我的怀念！”

太子又再从头上把宝冠与宝珠拿下来：

“这个请你呈奉给我的父王，并且请你代我向我的父王讲：

‘我为了解脱世间上苦的根本——生老病死，我为了要救拔一切苦恼的众生，所以，才要舍弃个己的恩爱之情，来到这苦行林。我不是为求生天的快乐，我也不是不怀念父王的大恩，我更不是为怀恨什么而出城，我只是为了要断除人世之中忧与悲的根本！

‘例如，睡在长夜恩爱的床上，终是免不了别离的寂寞，因为人生都要别离，所以才要求解脱，如果得到解脱，才能永久地没有别离。我是为了断除忧悲苦恼才来出家，希望父王千万不要为我出家的别离而悲伤！

‘父王若说我不懂得享受人间五欲的快乐，其实，五欲实在没有什么值得贪恋，因为一切苦都渊源于这五欲之中。我们的祖先，用尽苦心，就是为要求享受这五欲，然而，他们所获得的是什么呢？我现在即使接受父王的嗣位，享受这五欲的快乐，但是，将来这些还是要离开我的。这五欲不能永久地跟随我们，所以，五欲的本身仍然是没有快乐可言。世间是一个循环的矛盾，当一些做父母的人们，在世的时候，努力争取财产，一旦撒手辞世，自己又不能带走，把财产留下给儿女，儿女为贪爱这些财产终于又陷进堕落的深渊。

‘我决定离开这可厌的世俗之欲，我要求的是千劫万劫用之不竭取之不尽的真理法财！

‘假若说少壮的时候不应该出家，可是，追求真理正法，是没有什么是时候，什么不是时候的分别，无常是没有时候没有定期的。死的可怕，在我们生的一刹那，就已经跟随而来。所以趁这短暂的强壮的时候，我决定来探求真理，这就是我出家的原因和出家的时候。’”

太子命令车匿代向父王禀白的话说完后，他又望望车匿，加重口气说道：

“车匿！请你不要忘记我对父王所讲的话呀！你替我说，我现在已没有一点恩爱之情，我已经忘记父王的一切事情，请他也忘记我吧！”

太子的这些话，听得车匿胸塞眼昏，合掌作揖，哭泣长跪在太子的面前说道：

“太子！请你不要这样说好吗？你应该知道，这将更增加大王的悲哀，好比，你说你决定断离恩爱之情，这话给大王听到，心中怎不悲伤呢？金石尚且容易摧碎，你的心，怎么就这样硬呢？而且，你过去是生长在王宫之中，像金枝玉叶一样贵重的身体，现在要在这荆棘丛林中起卧，这样的苦，你想，怎么能忍耐呢？

“起初，你令我牵出马来的时候，我心中就感到非常的不安，但不知怎么的，好像另外有一种什么力量，使我感到你的威严，我不敢违逆你迦毗罗卫国太子的命令。然而现在你要出家了，你应该想想迦毗罗卫国人民的悲哀，以及大王到了垂老的年龄，他挂念爱子的深情，我心中实在已经不忍再想。你现在是绝对不可以出家，忘却父母的大恩，所做的一切，这决不是道理，而是邪见！

“摩诃波阇波提夫人，她代王后抚育你，她为你，烦得身形枯干，你怎么能舍弃这样的大恩于不顾呢？不想到养育的恩德，不省察国民仰望的殷情，一旦长大起来，把所有的一切都要舍弃，这决不是圣人所行的大法！而且，你有年轻的妃子，你有年幼的罗睺罗，你怎么能完全舍弃而不问呢？唉！太子！你既舍弃父王，又舍弃了全家全族，你现在更要舍弃我！太子！我无论如何是不愿离开你，我为你，无论什么赴汤蹈火，都不会推辞！

“现在你要留在这里，叫我单独回城，我有什么颜面向大王讲你说的那些话呢？摩诃波阇波提夫人，耶输陀罗公主，她们责问起我来，我将如何回答呢？我深深地感到惭愧，我回城也讲不出话来；就算是讲得出，天下还有谁相信我的话呢？设若有人说：太阳是冷的，月光是热的，世间上可能还有人相信，我若是说你贤明的太子而行如此非法的事，这是绝对没有人相信！

“太子！你过去的心地，是非常慈悲、柔软的，你见了一个老者，曾深深地叹息；看到一个病人，曾无限地悲哀。他们与你都没有关系，你尚且这样同情怜悯，现在你把深深爱你的一切人，都毫不留恋地抛弃，这是叫人难以置信的矛盾！无论怎么样，请你要和我一同回城！”

车匿虽然是一个御者，可是他很善于言词，太子听他挥着眼泪沉痛的苦谏以后，志愿更加坚固，就再告诉车匿道：

“车匿！你现在为我，感到这么深切的痛苦，然而，这个痛苦，正是我今日所要舍离的。一切众生，虽然各有各的环境，但合必有离，这是最平常而又最真实的道理。例如，我们现在只晓得和很多亲族快乐地生活在一起，当死亡到来的时候，哪一个人能跟着同去呢？我的慈母怀妊我的时候，忍受种种痛苦，把我生下来以后，她就去世，她哪里会想到竟然得不到她爱子的孝养呢？

“你看，那树林中有一群飞鸣着的禽鸟，每当到了黄昏夕阳西下的时候，它们聚集在林间，一到晨光升起，它们又各自飞散；暮集晨散，人生的别离，哪里又不是这样呢？你再看，那边远远的高山上飘浮着白云，看去好像是白云与高山不能别离，但是白云终是要飘离高山。会而又离，人生的聚散，哪里又不是这样呢？世间是暂时聚合的假相，所以，聚合就是人生悲哀之本，众苦之源。暂时会合的恩爱之情，虽然也缠绵得叫人难以分舍，但是，如一场大梦，不久终要醒来，这不一定只是我和我的亲人！好比说，暖气洋洋的春天，那树木的幼苗，渐次地经过夏天而生长得枝盛叶茂，但一遇到秋霜的侵袭，繁茂的枝叶就会凋落，严寒的到来，它又会变为枯木，一棵树上的枝与叶本来是同体的，尚且不免聚散离合，何况亲族都是暂时的会合呢？唉！人生实在靠不住的啊！实在是没有依赖的啊！

"车匿！你再不要悲哀，你可以把心静下来，恢复到人生的本源，听顺我的话赶快回城去吧！

"假若，迦毗罗卫国有关怀我的人民，那就请你对他们说：

'我为了超越度脱生死的大海，为了解救众生的烦恼痛苦，所以到这里来出家学道，等我将来达到目的的时候，我必当回城。假若不能成就这个愿望的话，我的身体，就终老在山林之间。'"

太子发出如此金刚似的决心和宏愿，白马犍陟忽然一声高嘶，随又屈膝舐足，俯首吐息，两眼泪水，不住地潸潸而下。

太子看见白马如此的悲痛，不觉也落下几滴眼泪，他即刻用柔软的手抚摸着白马说道：

“犍陟！请你不要悲伤，我非常感谢你，到现在，你已为我竭尽良马的劳苦，已为我服务终了。犍陟！你从此将会免除恶道轮回，将来你必定有好的果报。”

太子说后，随即拔出配在车匿身上的宝剑，把自己头上的头发切断下来，穿上用华丽的王服在途中换来的袈裟，安慰悲痛着的车匿，劝车匿即刻回去，他就随后掉头转身，安详徐步地向苦行林跋伽仙人的山窟中走去。

车匿望着太子的背影，知道已经是没有办法，他仰首恨天，随又闷绝倒地，等他清醒的时候，起身抱着白马的颈项，绝望地叹息道：

“唉！太子啊！你舍弃大王和一切眷属，现在你又舍弃了我！”

车匿拖着两条沉重的腿，只得悲悲切切地叹息流泪着回城，走到途中，他老是回身反顾着枝叶婆娑的苦行林。

14　苦行林中劝谏仙人

太子走到远远的地方，迅速地回过头来一看，见到悲啼着的车匿牵着白马向王城的路上走去，他这才毫无挂碍地进入跋伽仙人的苦行林。

原来这苦行林中有很多的苦行仙人，他们见到太子一表超群的相貌，知道这定是不平凡的人物光临，他们都争相前来作礼。太子也恭敬诚恳地答谢，然后，太子就问其中的一位长老道：

“我是为求真实的觉道而来到这里，我什么都不懂，请你们告诉我，如何才能求得真实的觉悟和解脱？”

其中有一位苦行长老，听到太子的问话，他就详细地回答道：

“你说要来求什么真实的觉悟，我们从来没有这样想过，因我们所希望的只是能得生天界。要想进入天界，这一定要积聚人间难以想象的苦行，现在，我和你讲一点这苦行的种类：

“修习苦行的人，决不住在有人烟聚落的地方，吃的东西也要与人间不同，为了维持生命，只取那清净水中的绿苔而食，或者取草根树皮花果之类的东西聊以充饥。在吃东西的时候，有的学习鸟类的生活用两足挟食物进口，有的与蟒蛇食风相同，绝对不准许用木石舂成的食物。我们把乞来的好食转施给人，自己只吃一点残余的食物维持生命。我们修苦行的道者，有的从朝至暮在头上浇灌着凉水，有的二六时中捧冰而立，有的成天地睡在火旁，让身体熏得通红，有的像鱼一样地终日游在水中生活，我们礼赞滔滔的流水，拜祷光明的日月……修习这种种苦行，不久的未来，就能招致安乐的结果。”

聪明的太子，从苦行长老的口中，知道有这种种不同的苦行，他把这些话放在心中思惟以后，就对这一群苦行的修道者说道：

“这决不是离苦得乐的真实觉道，即使如你们所说，修习这些苦行，也只能仅仅得到生天的希望，这是很可悲哀的事！为什么呢？因为天界还是不能解脱生死轮回！像你们这样精勤地苦行，而只希望求得这么小小的结果，这实在没有远离恩爱和舍弃世间的必要，这是在什么地方都可以求得的。求生天界，仅仅能免除人间界的苦，可是，眼看着又招来更大的痛苦的束缚！

“把现在的这个身体受苦，希望求得死后身体的快乐，这是增长五欲的因，与解脱生死痛苦一点关系也没有，其最后还是免不了以苦招苦！

“世界上的一切人，他们心里虽然常常畏惧死，而希望求生，可是，结果他们还是免不了要死。同时每一个人都是厌恶痛苦，而祈求快乐，但他们最后还是沉湎于苦海之中。

“厌离这世间上的欲乐，而用种种的苦行预想将来天上的欲乐，这都是苦乐的执着，用这样的心来学道，是卑而不足道的。你们不懈地努力精进修行，虽然是可尊可贵，但如没有智慧，那也不能走上解脱大道。把苦与乐这两个东西能够永久地舍去，这才是真理的世界。

“假若说苦行是合理的，安乐行是不合理的，苦行的结果能得到生天的快乐，那么，修的苦行是法的因，而希望得到非法的乐果，这岂不是很矛盾吗？

“身体上所有的动作，都是由心意生出的力量，假若离开心意，这身体就等于枯木一样。所以无论是智是迷，都是以心意为主的。修习苦行，反而使心恼乱；希求快乐，心便会偏着于情。无论是苦是乐，这都不是成就大道的方法。

“照你们刚才讲的苦行，若以为树叶花果食了就可以求得福乐，那么贫人和禽兽，他们的食物有的也以树叶花果为主，他们未来，能不能得到第一等的福乐呢？再说，如果终日游泳在水中就是最妥善的修行，那么水生动物的鱼虫之类，它们即是第一等的大修行者了。”

太子举出很多的例子，向这些苦行者开导苦行不是究竟的修行之道，不觉已说到黄昏日暮。太子此刻见到很多事火的苦行者，有的从火里窜来窜去，有的跪在火旁向火吹嘘，有的用酥油在火上浇洒，有的举声咒愿。太子看了这些苦行，只觉得除给身体受苦以外，绝对不能到达真理的领域，因此，他决心要告辞苦行林而去。

这时，很多的苦行者，都用诚恳的赞词来挽留太子，要求他同住在苦行林：

“你从非法的地方，很难得走来我们这满是正法的苦行林，你现在又要立刻离开，我们不希望你再回到那非法的世界里去，请你留在这苦行林中，和我们共同地修这净行！”

很多年长的苦行者都走向前来，恳请太子留在苦行林中，他们都知道太子是一位不平凡的人物，但并不知道这是迦毗罗卫国净饭大王的太子。说话时，他们蓬首垢面，身着草衣，积年累月的苦行，使每个人都疲乏不堪。他们都围绕着太子，向太子请求道：

“当我们初见你来的时候，苦行林中顿时增加了欢喜与希望，你现在如果仅仅逗留一日的时间，就要舍此他去，则此林将要成为最寂寞的世界。这一个苦行林，没有一个大仙人不在这里修行，这里和雪山近邻，说到增长人的苦行，没有比这里更好的地方。因为这是一个美好吉祥的地方，一定要住你这样祥瑞的人才好。如果你能不舍弃此林，肯让我们和你同伴修行，则我们可以把你当为最高的长老侍奉，或者我们可以把你当帝释天一样尊敬。”

这一群苦行者，虽然向太子表白这最真诚的慰留，但太子为了要达到真实第一义的信念，他是不会就这样满足他们的要求的，他向他们说：

“你们有这么真实的心，对来宾是这样厚待，我将永远难以忘记。你们文雅的言词，实在是叫人耐听；如此的好心和美意，非常叫人欢喜与感谢。不过，我为了求真实的觉道，为了断除一切诸有痛苦的根本，仍然是不能不离开你们。会合是欢乐的，别离是悲哀的，这是彼此都有相同的感觉，因为有会合的欢乐，所以就有别离的悲哀，这并不是谁的罪过，这是世间的真理！我现在要去别处，并不是不懂你们的盛情，实在因为你们所修的苦行，只是为了要得到生天的快乐，我看天上的快乐也不是究竟，不是常住，不久还要堕落到这世间上来。而我的希望，根本就是要脱离欲界、色界、无色界的虚安的生活，所以，我们所求的是两个世界，我们所要修的方法也将不同。老实说，你们所修的方法，一切都是前人所尝过的糟粕，而我要重新寻找真实究竟的正法，所以我不能不告辞你们，也不能不告辞你们住的这个苦行林！”

众多的苦行者，围绕在太子的身旁，听到太子有那么高深远大的理想，心中都生起大欢喜，对太子恭敬的心更加增强。

这时，在太子身旁睡卧在尘土之中的一个鬈曲着发、披着树皮的苦行者，向太子说道：

“志愿坚固而又聪明的沙门！照你的理想看来，你一定能解脱生老病死的痛苦，你一定能出离三界，成为一个真实大道的导师。

“祭祀天上的神，积有多年的苦行，这不过是为了求天上的快乐，你说得不错，这还是有贪欲，并不能解脱。谁能向贪欲挑战，谁能求得真的解脱，谁就是决定成等正觉的大丈夫！

“这个苦行林，不是你应居住的处所，你赶快到频陀山去，那个地方有一位大圣者，名阿罗蓝的修道者，你如果去的话，必定能听到真实的大道。但是我看你的志向，或者那里也不能令你满足，那时，你可以舍弃他去另求大道！”

太子听了这位苦行者的话，心中既感激又欢喜，他在苦行林住了一宿，第二天就和那些苦行者一一辞行，太子就在这些苦行者的叹息声中告别苦行林。

15 都城中的悲哀

现在再说离开太子的车匿，他不断地流着眼泪，心里充满了绝望与悲哀，一边走，一边不住地叹息道：

“昨天夜里我跟随太子一同出城，想不到今天只剩下我一个人回去。”

他拖着沉重的脚步，牵着那匹疲乏的白马，走了好多天，方才回到迦毗罗卫国的都城。

白马犍陟，一向是国中最有名的骏马，日行千里都不会觉得疲倦。但是现在它因为见不到主人，所以没精打采地踯躅着，显得十分疲乏和憔悴。口渴的时候它不想喝水，饥饿的时候它不想吃草，跟随在车匿的后面，不是悲嘶，就是流泪。

迦毗罗卫国中，清洌的泉水像是干涸了，稠密的花果像是凋落了，大街小巷里居住的男女，道路上奔走的行人，往日流露在他们脸上的欢容都消逝了。整个迦毗罗卫国，已被罩上一重寂寞悲哀的气氛。

国中的居民，看到车匿牵着白马，独自地像具僵尸似的走进城来，大家一拥上前围绕着他，探询太子的去处，问他是否平安无事：

“太子是国家的宝物，是我们生命的保障者，你盗窃国宝和危害到我们生命的安全，你把他藏匿到哪里去了？”

人们争着询问太子的去向，车匿压抑着自己心里的悲哀，回答他们道：

“我一直追随在太子的身后，并不是我舍弃他，而是他舍弃我。太子不但舍弃我，而且也舍弃了世界。

“诸位！太子现在已经除下宝石的王冠，脱去华美的服饰，剃落须发，穿上袈裟，出家做了沙门，头也不回，一直走入苦行林中去了。”

人们听到太子出家的消息，一个个都大为惊慌，哭哭啼啼地互相说道：

“我们怎么办才好呢？”

太子离弃迦毗罗卫国，国中已经失去它的威德和光辉，阴森森的如同一座坟墓！

正当国民在悲泣的时候，有人误传一个消息到王城里去，说是太子回来了。许多大臣听到以后，发狂似的奔到城外来看，他们只见到车匿和白马犍陟，却不见太子的踪影，他们也都惊慌不已，大家责备车匿不该放走太子，随即把他拉进宫里见净饭大王。

车匿走进宫里，触景生情，想到太子永远不会回来，不觉仰天悲恸起来！

白马犍陟也发出一声悲切的长嘶，宫中饲养的鸟兽，也都跟着鸣叫，那叫声好像都在说："太子啊！你回来吧！"

后宫的宫女们，听到马嘶鸟鸣，又听到太子没有回宫的消息，都伏在地上悲呼痛哭，像失去慈母的孩子一样伤心！

自从太子离开王宫以后，她们都伸长着颈项，盼望太子早日回来。身上积了污垢，她们也都懒得去沐浴；衣服肮脏，也没有心情去换洗；头发散乱，也不想去整理，娇容也多日不施脂粉了。为了太子，青春的色相、人格的尊严，都已经忘记了。此刻她们知道太子没有回宫，怎不悲痛欲绝呢？

王后摩诃波阇波提夫人，知道自己代姐姐抚养长大的太子，竟舍俗出家，不再回来，顷刻翻身倒地，把手足抓伤，满面流着血泪，想到太子舍弃一切，进入苦行林去过沙门的生活，就不禁哀伤着自言自语地哭道：

"那世间稀有的王子，为什么要到苦行林去修行呢？

这世界太冷酷太无情了，为什么要夺去我的孩子呢？他那柔软的双脚，怎么能在荆棘的林中行走呢？他那娇弱的身体，又怎能耐得住在石头上睡卧呢？他本是金枝玉叶似的身体，穿惯了温暖的衣着，洗惯了香汤的沐浴，现在风餐露宿，忍暑受寒，又怎么能禁得起呢？他过去吃的都是珍肴美味，睡的都是舒适大床，听的是悠扬悦耳的音乐，侍奉在身旁的都是娇美的宫女，现在舍弃这些，在苦行林中的生活怎么能过呢？"

夫人爱子心切，悲痛得几乎要昏晕过去。

另一个伤心的是耶输陀罗妃，她见到车匿，忍不住就哭着责骂他道：

"车匿！你把我所有的快乐夺去，你真是罪大恶极的人！你不要隐瞒我，你到底把他送到哪里去了？起初，你和主人一同出去，现在你却把他舍弃而独自回来，你真是个不忠不义的人。你把太子诱惑出去，使他从此不再回来，免得你以后再为他辛劳是不是？现在你应该快活啊，为什么还要假装着哭泣呢？你夺去迦毗罗卫国的欢乐，这里已充满了忧愁和苦恼。你不把我的丈夫寻找回来，我也不愿意再活下去。你没有听到宫中这许多哭泣的声音吗？你舍弃了太子，你的心怎么如此狠毒啊！"

耶输陀罗妃哭着骂着，一转身又看到车匿身后的白马犍陟，说道：

“马啊！你那忠义的心呢？你把我的丈夫载到那遥远的地方，你就像一个强盗，抢去别人的珍宝。在以前，当你随着主人上战场的时候，刀戟弓箭，都不能使你畏惧，你对主人的忠心赤胆，没有一个人不知道。现在又为什么忽然变得这样不忠义，把我们国家的至宝，我的丈夫抢走了呢？可恶的犍陟！你刚才进宫的时候，叫出一声悲鸣，我丈夫骑着你离开王宫的时候，你为什么一声也不响呢？那时如果你高呼一声，宫中的人自然都会惊醒，而阻止他不让他出去，那么我就不会受到今天的痛苦了！”

车匿听罢耶输陀罗妃哭诉的言语，就像一万把利剑刺在心上，他合掌匍匐在地上回答她道：

“公主！请你听我的陈述：这不能责怪犍陟，也不能责怪我。我们没有罪过，是真理使太子生起坚决出家的心念，我们只是遵奉他的命令。

“我告诉你那一夜太子出城的情形，太子骑着白马，像是有天神在催赶似的，坐骑不用鞭策，走得比飞还快。我也莫名其妙地紧紧跟随在后面，马脚和我的两只脚，好像都不曾着地。出城的时候，城门自然地打开。那一夜，夜色光明得像白天一样，四围一点声息也没有，只有我们在凌空飞行。

“公主！这不是人力所可以做得到的，一定是天神的力量啊！”

耶输陀罗听到车匿报告当时的情形之后，心里也想这是天神接引太子出家学道，不能责怪车匿和白马。但这样想仍不能减少她的悲痛。车匿和白马辞去以后，她自己还在梦呓似的自言自语道：

“我失去了丈夫，等于失去了所有的快乐，他为求真理，竟把我舍弃。从今以后，谁又是我所可以依赖的人呢？这孤单寂寞的生活，又如何能打发过去呢？

“过去很多圣人和修行的仙人，都是夫妻一同到山林里去修行，我的丈夫如果一心要去修道，我可以伴着他同去，他为什么一定舍下我独自出去呢？

“古代的吠陀记载说，一切梵行和祭祀，都要夫妇同时奉行，这样我们种下相同的因，才能同样得到升天享乐的果报，但是现在我的丈夫却不肯带我同去，这又是为什么呢？

“难道他所要修的道和以前修道的人不一样吗？

“难道他嫌我嫉妒，想要另外找一个不嫉妒的？或许嫌我的容貌丑陋，想另外找一个美丽的女子和他结伴修行？

“我真是个苦命的人，被丈夫遗弃了！但是罗睺罗又有什么罪过呢？可怜他入世不久，就得不到父亲的爱抚。

“唉！我的丈夫实在是个无情无义的人，他外表倒是很慈和庄严，谁知他的心比铁还要硬，比冰还要冷。他不可怜儿子的幼小，又不了解我爱他的心，他的心真和木石一样！”

年轻貌美的耶输陀罗妃，正像一朵盛放着的莲花，太子的出走，就像狂风暴雨摧残了她，这不能怪她要万分地悲痛！

现在不谈耶输陀罗的悲痛，再说净饭大王。自从爱子离宫以后，他日夜不停地悲叹愁苦，每天沐浴斋戒，祈祷上天，使太子早日回宫。这样过了七八天，在他真可说是度日如年。现在听到宫内到处是悲泣号哭的声音，心中不觉大为惊恐。接着侍卫来报告说，大臣们拉着车匿和白马，要求见大王，净饭大王立刻传令接见。

车匿惶恐地向大王诉说太子出家的经过，净饭大王听了之后，立刻昏倒过去，好久才苏醒过来，对着车匿骂道：

“车匿！你怎么一个人回来呢？你虽然服务的功劳很大，但你是一个功不抵过、忘恩负义的奴才！你怎能把太子遗落在山林里，一个人回来呢？你赶快和犍陟送我到太子隐藏的山林里去，否则你就即刻去把太子追寻回来！失去太子，我像是患重病而垂死的人，这病除非太子回来，是无法能够治好的。如果他从此不回来，我只有以自杀来解除痛苦。我等待太子的回来，就像饿鬼在等待饮食！

“车匿！你为什么不告诉我爱子的住处呢？赶快告诉我啊！”

净饭大王悲痛的语言，深深地感动左右的大臣们，其中有两位聪明的大臣，安慰他说道：

“大王！请你不要伤心，伤心没有用，只会有害你的贵体。过去很多的圣君，他们弃国出家，心上是一点痛苦没有；太子现在为了学道去出家，他的心里一定也很平静，不会忧伤悲苦。大王！请你回想阿私陀仙当年的预言，可知这件事是无法挽回的了。可是，大王！我们不能眼看你整天悲痛，我们此时立刻出发到太子那里去，一定要想尽方法劝他回来，请相信我们的忠诚，不要徒自忧急！”

净饭大王听这二位大臣的话，转悲为喜地说道：

“好！好！你们赶快去，我的心早已飞到太子那里去了！”

这两位大臣奉命之后，即刻准备出发。

16　王师追至苦行林

净饭大王正在悲痛而又没有办法的时候，听到两位大臣自告奋勇，愿意去把太子追回来，心里才稍稍感到安慰，他选派不少王族中的子弟，另外派遣一队勇猛的兵士，跟随那两位大臣，浩浩荡荡地向着苦行林进发。

两位大臣率领着王师，终于到达苦行林，他们走到那些远离尘俗的苦行修士隐居的山窟，修士们迎上前来，施礼问讯，两位大臣就向他们探问太子的住处道：

“请问诸位大仙！我们是甘蔗王的后裔，迦毗罗卫国净饭大王的臣下，因为他的太子悉达多，为要解脱人生的苦恼，竟舍弃国家出走，不知道太子曾到过这里没有？我们是奉大王的旨意，前来寻访他的。”

苦行修士们回答道：

“你们说的那个人确曾来过这里，看他那稀有的相貌，一定就是你们的太子。但是他看到我们的修行之后，说这是徒然在生死海里漂浮的方法，他所要求的乃是不生不灭的方法，是真正解脱的大道。所以他就离开这里，又往阿罗蓝仙人那里去了。”

两位大臣从苦行修士的回答里，知道太子确实的去向，因为王命在身，也就顾不得来时长途跋涉的辛劳和疲倦，一刻也不多停留，马上率领侍从和兵士继续往阿罗蓝仙人的道场行进。

他们浩浩荡荡地行在路上，有一天，他们终于在途中追上了太子。那时他虽然已经除去华丽的服饰，可是面容的慈祥庄严，仍然像天空照耀的太阳一般。大臣和侍从及军士们都下了马，恭顺地行礼，两位大臣，一边说话，一边呈上了净饭大王颁给的王命道：

“聪明孝顺的太子！自从你突然离开王宫以后，大王的心就像被一柄利刃割伤，他已经悲痛到快要发狂。一天到晚，悲啼号哭，眼泪没有干的时候。我们做臣下的人，实在没有办法劝慰他，除非你回去，否则他的悲痛是不会休止的，也许会夺去他的生命。

“我们两人奉命来宣读他的旨意，请你留神听着：‘悉达多！我了解你求道的愿望，这是出于你的真心，想寻求生死苦痛的解脱，你这善良仁慈的心念，我不但没有疑惑，而且还十分嘉许。可是，即使是割断恩爱，隐居山林里去修行的人，难道他对那朝夕悲切的父亲都没有一点关怀吗？再说，孝顺父母也是修行呀！假如你说你的目标是这广大的世间，你要救度一切的人，可是你父亲此刻正陷在极大的苦痛中，你为什么不先设法救度你的父亲呢？你毅然出家的举动，就像忧患的洪水泛滥，冲没我那心的堤防，它已经崩溃粉碎不可收拾了！

‘你出家修行，居住在人迹不到的深山丛林里，那里野兽毒蛇，狂风暴雨，雷电冰雹，这许多不是人所能忍受的灾难，这一切无时无刻不在撕裂着我的心脏！

‘悉达多！如果你想到父王现在的心境，就应该赶紧回到王城来，继承父王的王位，等你年老退休的时候，再去出家修行。假如你不遵从我的劝告，遗弃父亲和母亲，又怎能算是心地慈悲呢？怎能算是立志要去救度一切众生和用你无比的慈悲心肠去荫庇他们呢？

‘悉达多！真正的大法，并不一定要到深山丛林中去寻求才能得到。在城市或王宫中要找寻一个幽静的地方，并不困难。真正的大道，无论在什么地方都可以求得。如果光是剃去胡须和头发，穿上袈裟，就算修行，我想那也不一定能得到真正的解脱。要在心里没有任何值得逃避畏惧的东西，这才是真正能修行的人。

‘悉达多！你应该赶快回来，继承王位，这样你可以一面在地上做最高的主宰，一面在心上求无上的大法，

这才是解脱，才是真正无碍的解脱！’

“太子！上面这些话，是大王流着眼泪所颁的圣旨，他命令我们转告你，这就是大王的敕命，父王的敕命是不能违背的。太子！请你遵从大王的敕命，同我们一起回去吧！大王所说的话，没有一句没有道理，你是应该遵从的。

“我们更要报告太子，大王为你，此刻已经沉溺在忧愁的苦海里，快要灭顶，我们是无法援救的，只有你是救生船上的船师，除你能把他从忧愁的大海里救出来以外，世界上再没有第二个人。

“还有，你的姨母，她从小把你抚养长大，你还没有尽孝养的责任。夫人此刻正像母牛失去幼犊，不但疯狂地闹着，并且哭着叫喊说：‘悉达多！请你赶快回来，拯救我的生命吧！你现在正像一只离群的孤鸟，不知道已孤独地飞到哪里去了。你从未离开过王宫，也从来不曾缺乏过照顾，现在独自一个人要住在荒野的山林里，受冻受饿，受风霜雨露的打击，受毒蛇猛兽的侵害，像你金枝玉叶般的身体，怎能忍受得了那样的苦楚呢？如果你遭受到什么灾难，又有谁来告诉我呢？孩子啊！如果你再不赶快回来，我是永远不会安心的，而且也对不住我那姐姐，你那去世的母亲。’

“太子！王城中自从你出走之后，已到处是叹息和哭泣，唯有等你回去，才能恢复平静。”

太子从这两位大臣的口中，知道父王和姨母的悲伤，他端坐得很庄严，并且一丝不乱地对两位大臣回答道：

“两位大臣！我也了解到父王心中过度的悲哀，但是，比这更可怖畏的是生老病死的大患。为了解决这个刻不容缓的大问题，所以我不得不舍弃恩爱！

“两位大臣！世间上的人，不论谁都是执着‘现在’的，为什么呢？这就是厌死之情。因为人们眼看‘死’的来临，所以不觉对‘生’生出留恋。可是，尽管你如何执着‘生’，但‘死’毕竟谁都免不了。我知道了这个重大的问题，因此，我出家了，我要寻求一个解脱的方法。

“我现在从你们的口中，知道父王的伤心，真是痛彻我的肝肠。但是，静静地平息下来省察思惟一下实相，这个现实，也不过是一瞬间相会的梦缘而已，无常最后还是会逼着我们分离。

“两位大臣！你们如果彻底了解到这个道理，就懂得有情的命运本来是不同的，虽然是亲如子，但对于忧患也是有不同的感觉。生是喜，灭是悲；会是乐，离是恼。这个‘生’不外是根本之苦，这个‘生’不外是从愚痴的迷惑而生。好像，有人从甲乙两个地方走来，他们在中途暂时相会，但是，他们立刻又要各自往着各自的方向走去。现在辞别父王的膝下，本是很自然的理则，因为亲族既然是暂时的会合，那就随缘地任它去，这个道理就很明白地分出来。

“假若，能够完全了解到这都是暂时虚假和合之理，则世间上就没有什么可忧悲的事。

“所以，人如果能体会到这个道理，则明白离开暂时的亲族，他一样有更多的亲族；暂时的亲族不能离，想得到未来的亲族也不可能。因为会合分离，分离会合，这不过都是些连续的悲哀！

“生生死死，死死生生，经过这分分段段的生死，在生死的路上来来去去，这不光是人类如此，一切山川草木也都是无常之相。生下来就做五欲的使役，假使不生，就可以不死，看起来，人好像是为死而生，为死而服劳役！

“两位大臣！你们说，父王要我嗣位的敕命是不能违的，但法性也是不能违的啊！父王有慈爱的敕命，但这好像是医师看病人，不了解病情，不是对症下药，这个药我也是不能服啊！

“所以，两位大臣！我不要那些愚昧的名誉高位，被放逸爱憎所囚，因为那样要终生畏怖死神的到来，身心时刻都充满思虑忧患的苦恼，现在若是随顺世俗的习惯，众人的心理，则就和真理相违，这决不是智者所为。譬如人的身体虽然好似七宝的宫殿，但那里常常有着无常之火在炽盛地燃烧，口里虽然吃着百味的佳肴，但其中却藏满五欲的毒药，这样的宝殿与佳肴靠得住吗？

“清净的莲池中有很多的毒虫在喷散着毒气；威势的高名，都是用别人的痛苦建筑起来；这一切都如即将要遭灾难的住宅，聪明的人一刻也不愿在里面停留。所以，往昔的圣君，每见到国家的危难和人民痛苦的时候，他就厌恶世间，怜悯世间而去修行，希望能从根本来改造世间。由此可知，为王治国安民之苦，实在不如修行之乐。

“照这些道理看来，宁可以同禽兽一同在山林中为伍，也不能片刻居住在王者的宫中。好啦！我愿意同黑蛇共居在一个洞穴里，也不能回去接受不安的王位。从五欲的生活中解放出来，去过清净的山林生活，这才是顺真理的生活。假若现在和你们返国，放弃修行，再为爱执的生活驯服，增我日夜的愁苦，这决不是顺合觉道的行为。缅怀往昔贤人圣者的事迹，他们都曾为了正法而舍俗出家，把名闻利养看得不在眼中，以金刚的信念，以百折不挠的勇气，建立大丈夫的理想，所以才都脱去装饰身体的宝衣而换上法衣去过山林的生活。

“对这些先圣的所为，我怎么能再返国去过无惭无愧的生活呢？我对于修行而想过着天上福乐的生活都已否定，那人间劣等的爱染怎么能驯服得了我呢？既然从贪欲、嗔恚、愚痴的生活中逃脱出来，我怎么再有勇气回到那个壳巢里去呢？两位大臣！你们一度吐出来的食物，你有勇气再把它吃入口中吗？我的苦衷完全是这样。

“好比，我已经从焚烧得危险万状的火宅中用种种的方法逃奔出来，你叫我立刻又再进入那焚烧的房子里去，我怎么能那样愚昧呢？眼看到生老病死的忧患，我厌弃五欲的王宫，现在又再回去，进入那迷妄之家，这种愚痴，与往火宅里跑又有什么不同呢？

“你们说，回王宫也可以修行，我现在告诉你们，在迷妄与愚痴之中，寻求解脱之行，这决不是相应的法理。解脱，是生在寂静的地方！王者的生活，是疏动的而不是寂静的，寂静的世界是在王者的生活以外。动与静是水火不能兼容，这二者怎么能相应呢？

“所以，如果决定希求解脱，则非离开王者的生活不可，假若有王者的权势之欲，那就不能希求到解脱的妙境。一面做王，一面求解脱，这不合道理；既要出家，又要还俗，这也不合道理。既然不合道理，想要希求解脱的境界怎么能呢？两位大臣！我有决定的精神，寻求解脱正当的方法就是出家，我决定的心是再也不能动摇！”

这两位大臣听完太子这识见卓越的宏论，一字一句，都括尽因缘的至理，心中深深地佩服。但想到此来的王命，以及高龄大王的悲哀，和全国人民的忧愁，想不说也不能够，只得又向太子说道：

“对啦，太子！站在求道的立场，你的话都有理。但是，凡做一件事情，有在时候与不在时候的分别。你是聪明的人，你应该想想，你说这些话现在并不是时候。

“你也知道，大王现在已经到风中残烛的老年，你若不顾他对你的出走而悲痛，不生起一丝孝顺之心，虽你希望学道，这也是非法的！你的聪明，还未能见到更深的理，你是见到原因，而没有衡量结果，你不过是徒然地否定现在而已。世界上有人说有未来，有人说没有未来，‘有’‘无’并没有一定的标准，你为什么一定要否定现在快乐的必要呢？如果真有后世和未来的话，甘心享受未来的果倒也罢了，假若没有未来，‘无’，不就是解脱了吗？即使如那些人说，未来是有的，但他们并没有明示规定出一个求得的方法！

“大地的性是坚的，火是热的，水是湿的，风是飘动的，这些，都是现在和未来不会变动的，因为这就是物性的自然。既然如此，你今生享乐，未来不也是享乐吗？穷富苦乐也是不变的了！

“一切物体有净的分别，那个净与不净，都是从身体的本性而自然地生起，假若说是方便流转的，那个全是愚痴！世界及世界上一切的东西，都是决定守着它本来的性质，爱与不爱，也是自性使然。

“现在你恐怖老病死的痛苦，一心想要求得解脱，如果说这是人为的，那简直是开玩笑！水能够消灭火，火能够煮水到消散的程度，这个一方胜一方亡互相增坏是它们的自性，把这个调和起来，就能促成万物的生存。好像人在胎内，起初是先有手足，然后再有各种身体的机构，接着精神知觉自性自然地调和合成就能够成人，这决不是谁故意的造作，这是物性的自然所成。假如说另外能生出一种什么力量，那个力量也是可以灭的力量。仔细地想来，自己的力量实在是不能依赖的。为什么要说用自己的力量可以启开解脱的大道呢？一个人若能做到，一不违背祖宗之教，二要学习摩奴宝典，三要奉祀天神，如果不负这三者，这就名为解脱。古今圣贤所传承下来的解脱之法，除这个以外，再求什么其他的方法解脱，那不过枉然徒劳而不能得到什么结果的了。

“假使说到出家再回家，这也没有什么罪过，太子！你是知道的，过去庵婆梨王舍弃妻子眷属，在苦行林中修行很长的时间，然后又再回国执政；罗摩王子去国在山林里修苦行，一听到自己国家乱起来的时候，他又再下山施行王化；像这例子真多得不胜枚举。从古以来，很多国王，一时入山修行学道，一时又返国教施善法王政，到后世的我们，皆称他们为圣王。王是长夜明灯的光辉，是世间一时一刻所不能少的宝贝。

“在这个时候，在这种情形之下，太子！请你赶快回国继承王位吧！这决不会有过失！”

两位大臣举出世间上种种道理，有头有尾的，像滔滔不绝的流水，但是太子金刚的信念，一点没有为他们的言词所动摇，他很安详慈和地答道：

“对未来有无的犹豫不定，这是增长疑惑的心。若是说到未来的有无，这些细小的问题，与我没有关系。在我觉得只要有清净之智修行，自己必定能够明白。

“世间上黑白一切都有理，像这样传承学习，那是绝对不能达到真实义的。

“我老实告诉你们，我对那些迂远之论是不能够满足。圣贤决定自有他的真伪，我决定不要靠他们来建筑自己的信念！因为那如同盲人问道于盲人！

“在黑黝黝的深夜之中，假若以盲人来导路，他说明道路前面将是怎样情形，这是智者所决不能相信的。说净说不净，世间上究竟什么是净，什么是不净，到今天仍然是个谜！如果说这个将是世间上所不许可的，我仍然愿意很艰苦地努力修学这清净之行。

“听那些婆罗门所说，没有一个能说出绝对不变的真理。真实的话，在我现时就觉得以平等的心，就可以离开这些过患，智者不说过言和谎言的。至于说到庵婆梨王、罗摩王子等，他们当初舍国修行，后来终于返国又再沉没于五欲的生活里，这实在是极卑劣的行为，那决不是学习的正法。

“我现在告诉你们关于我的决心，日月可以堕在地上，雪山的顶上可以成海，而我金刚的信念，到永劫都不变易！假若我要退堕道心，还不如把身子投入烈火里化为灰烬，我决不会做出这反复不定的事来！”

太子说出求道的理由和志愿，二位大臣见太子如此坚决，没有话可再回答，他俩和王师在如日月之相的太子前伏倒顶礼起来，他们计已穷尽，只得辞退而返，但又不敢疾速地归去，徘徊在途中，真是万分狼狈！他们深深为太子感动，恭敬佩服到五体投地，因此就在王师中选出憍陈如、阿舍婆誓、摩男跋提、十力迦叶、摩男俱利等五人，伴随侍奉太子去学道。

17　频婆娑罗王俗利劝诱

既已舍弃国家，又和二位大臣告别的太子，渡过恒河的急流，经过灵鹫山，进入摩竭陀国的首都王舍城。

王舍城中的人民，见到太子那高雅奇伟的相貌和风度，有的止足而观，有的在后面跟随，他们看到这稀世的大丈夫之相，心中都生起恭敬心。

就在这个时候，摩竭陀国的国王频婆娑罗王，正在宫殿的高处俯览都市的景致，忽然看见很多市民在对着一位年轻的沙门恭敬礼拜，他随时招来一名侍臣追问那是什么原因。

侍臣很恭敬地跪在王前，答道：

“启禀大王！传说那一位沙门是释种的苗裔，是迦毗罗卫国国主净饭大王的太子，名叫悉达多，他具有世间稀有的尊相，过人的聪明，因为割爱辞亲离国入山修行，现在经过我们的王舍城。”

频婆娑罗王听侍臣禀告以后，感到有说不出的惊喜，即刻命令侍臣跟随追踪悉达多，看他到哪里去，住在哪里，然后要回来一一报告。

侍臣奉王的使命，跟在太子身后，留心注意地察看太子的一举一动，等到他知道清楚以后，觉得已可以回去复命，因此，赶快回来向王报告道：

“大王！那位悉达多太子，他现在已舍弃了荣华，在过着乞食的生活。我看他穿着破旧的法衣，端然庄重地在巷里门前乞食，不选择饭食的好恶，不生精粗的分别心，他用钵盛满食物就徐徐地步向寂静的森林。等他吃好以后，就用山间的清流漱口，然后端身正坐着修习禅定。”

频婆娑罗王听他的侍臣禀告以后，心下大喜，他对悉达多太子生起无比的好奇和敬仰，随即命令侍从官预备马车，他要亲自去森林中参拜悉达多。

不久频婆娑罗王的马车跑到太子坐禅的地方，看到太子严肃的相貌像湛然不动的潭水，他赶快下车走近悉达多，向他很恭敬地行礼。太子此时也打开瞑闭着的眼睛，向频婆娑罗王答礼。频婆娑罗王就在太子右侧的一块石头上坐下来，向太子问讯以后，就很诚恳地说道：

“有世间稀有威德相好的大沙门！我观察并来拜见你

的尊容，我对你有分外的另一种情感，我知道你是一位高贵种族的苗裔，有声名，有幸福，但我所不懂的，就是你为什么要出家？

“王者的光荣，就是国民的光荣；王者的家，要想历代繁荣，必得要有聪慧能干的太子继承。现在一般人都知道太子你是文武双全有德有威的圣王子，但是，你在这样年少的时候，就弃国出家，真令人产生很大的疑问。

“你舍去世间最高贵的王位，脱离了历史悠久的光荣种族，身上穿了坏色的袈裟，终日过着乞食的生活，这叫人真是难以理解。本来，天下都快在你的掌握之中，你却辛辛苦苦地求人受一餐之施，这究竟是什么原因呢？请你坦白地告诉我好吗？

“假若你以为你的父王老是在位，使你不能够继承，而心有不服，所以才要出家，如果我这种猜测并没有错的话，那么，好，我现在自愿把摩竭陀国割让一半给你，请你也不必舍俗出家。假使你认为我半个国家还不够，那你可以做我们这国家的大王，我做你的臣下也是衷心地愿意。

“请你要明白这是从我心里发出的真实的话，一点都不虚伪，我的确为你的威容德性而深深地感动。不过，可能你不肯委屈受人的恩惠，那么，我可以供给你骁勇善战的军队，优良的车马，丰实的物资，你去占领一个别的国家，这也是我诚心诚意帮你的忙。凡是聪明的人，一定知道识时务者为俊杰，机会是难得再有，时间是难得再来。我想，一个人如果不获得法、威、五欲的三大宝贝，那么，这个人终身，也不过是徒然劳苦罢了。

“人若崇法而忘了威，人间对你将不会重视与恭敬；有威而无法，则又容易招引仇嫉与反抗。有法有威，而没有五欲的欢乐，那到底还不能得到人生的情趣！

“所以，具备法与威以及五欲，别人因羡慕你的五欲而恭敬你，你的盛德才能流布宣扬，你也才能实现你自己的主张。

“你现在的生活，把威舍弃了，把五欲远离了，只求一个渺渺茫茫的法，你不过是徒然使自己受苦罢了。我现在看到你如此稀有的尊容，相信你一定是振霸人天的大人物！我讲的都是至诚之言，我决不是用王者的权力来挽留你的。

“我看到你出家的相好，心中不觉生起恭敬，我听说你要去修学苦行，因此才感到非常同情。你现在是过的行乞的生活，那么，我就以我的国土供养给你。

“在少壮的时候，应该要享受五欲的快乐；在中年的时候，要储蓄财宝；到了年老的时候才再去求法。若是年轻的时候求法，最后终不免要为情欲所坏的。因为在年轻的时候，有着很丰富的热情，心轻易乱，终究是很难得到法。若是老时求法，就不会有这种现象发生。因为老年的时候，欲望、气力，都已逐渐地衰弱，这才能自然生起随顺乐法的心。

“希望你接受我的挚诚之言，像古代圣贤一样，先作一度世间的圣王，然后举办一次祭祀大会，终究可以去到天上享受福乐！”

悉达多太子听后，对这位尊严与仁爱兼备的大国之王的频婆娑罗王，也很恭敬地回答道：

“大王！假若有人在苦难之中，能忘记自己的痛苦而去救别人的苦难，那这个人一定是世界上的善知识。为了朋友毫不悭吝金钱名位，这才是用之不竭的宝库；假若守着财宝高位，只图为着自己，这一切终究还会亡失。

“国，这种财，是难得的宝。你能欢喜地惠施给我，我很感谢你的厚意。我相信你这不是说的虚伪的话，而是真实的意思。不过，你所要给我的与我所要求的完全是背道而驰，我现在不能不向大王说出我的看法来求得你的了解。

“我为了畏惧生老病死的痛苦，想要断除此患而求得真的解脱，所以舍亲戚离恩爱，出走王城而来出家，我哪里还想再回到那个五欲的古巢里去呢？我现在不畏做毒蛇的饵食，不怕寒风吹僵我的身体，我唯怕被五欲所囚。

“流转的相，实在忧劳了我的心，我想到五欲的贼能劫夺人的功德法财，我的心就不觉战栗起来。五欲好像幻化的人一样，只能暂时地迷惑人的眼睛，其实它是欺诈虚伪不实的东西，它是求真理的一个最大的障碍。

“天上的快乐尚且是招苦的因，何况人间这更短暂的五欲的欢乐呢？恣情纵欲，能增加人的忧执的念头，最终他也不会有满足的时候，好比正在风势很盛中燃烧着炽烈的火，再多的薪投下去，也会感到不足。在世间上所有的过失之中，是再也没有超过贪欲的，可是沉溺在其中的人并不觉可畏；因此，有智慧的人，才知道畏惧五欲。谁能够畏惧五欲，谁就不会招到痛苦。

“做王者已经领有四海，但他还有另外的希求，要更多的财宝，更多的美女，更想长生不老。贪欲像大海似的，终难有满足的时候。

“贪欲是不会满足的，把他的国家灭了，把他的身体亡了，他还是不要命地执着放逸的生活，古今不知有多少国王都是如此。

“国王所领有的土地，也不是常住坚固的东西。从喧嚣的王宫走向山林，披草衣，食花果，饮清流，默默无语，没有名闻利养的苦行者，最后又回进贪欲染着的生活里去，他长年修积的功德，毕竟还是归于泡沫，王位、爱乐、财色，无一不是修学正道的仇敌与冤家。人若贪求名位、爱乐、财色，终不免要招致苦果。智者知道这是苦中之苦，所以必定要灭除贪欲的心！

“世间上一般的所谓善意，有时也不免有错误的时候。劝人执着不究竟的世俗之乐，容易使人流于放逸，反而害他将来要遭受苦报。这样的善意，聪明的人一定是不肯接受。

“王位、财宝，在我看来，那些都好像借来的东西，假若一定要说是自己的话，我们只应该为这个人可怜，而不该羡慕他。追求贪欲，若是得到了，增长爱着的念头；若是失去了，更是烦恼不安——这一切都唯有使身体受苦。好比一个人手中执着火炬，这火炬已经渐渐燃到手掌，为什么不把它舍弃，而执着在手中做什么呢？

“可怜那些愚痴卑贱的人，被贪的毒烧着心，终身受着苦。安乐的心，一瞬的时候也不可得。贪欲好比毒蛇一样，任何人也不能靠近。我已经离开它，你叫我再向它走近，我不是有心辜负大王的美意，因为那样将使我恐怖战栗不安！

“尊贵的王位，广阔的土地，在我看来就好似一块臭而不可闻的臭肉，但一群鸟还要集在臭肉的四周争夺竞食，它们还以为这是珍馐美味。你说，大王！这怎么值得去贪求？虽然蒙你好意惠施给我，但我要来毫无用处。金银财物种种珍宝，这一切所积聚的地方，最容易生起怨憎，人与人间的钩心斗角，国与国间的战争不宁，不就都是为这些吗？经过市场屠杀的地方，心中自然就会感觉一阵恶心，贪嗔痴三毒的境界，有智慧的人怎能不避得远远的呢？

“被那些三毒所使役，就好似走进狂风大作的森林里，或坐船浮在白浪滔滔的大海上，这都是失败多而安稳少。你若要爬到很高的树上去采摘果实，因为你这过度的欲望反而会有堕死的危险。贪欲的境地也是如此，这些都是只能看而不能取的。

“用种种的方法去求财，虽是为财而不怕一切辛苦，但聚集财宝还是非常困难，而散失的时候却很容易。好像在做梦的时候，有这样有那样，但只要有一声响动，你从梦中一旦醒来，一切就会散失精光！

“贪欲好比火坑的口，那上面不过只有一层虚伪的蒙覆，你若以为可以平安地过去，但陷下去必定会烧死。我前时在苦行林中，见到许多的苦行者，他们为贪求天上的福乐，所以捆缚着身体投入水火之中，或者坐在悬崖危险的地方修行。这是徒使身体受苦而没有一点利益。

“孙陶与钵孙陶，是阿修罗王的两位王子，当初二人非常友好，等到父王一死，为了争夺王位财宝，互相残杀阋墙，结果双双共同身亡，这不都是贪欲所致的吗？贪欲的心，使人卑贱下劣堕落，使人像牛马一样做着使役而不觉得可耻！

“麋鹿贪听声音而死，鸟为求偶飞行而忘记了归巢，鱼儿贪饵而上钩，世间上不知有多少众生都为贪欲而亡！

“取食是为了充饥，喝水是为了除渴，穿衣是为了防寒，睡眠是为了弥补精神的不足，乘象马是为了免除行走的疲劳，坐在凳子上是为了免去站立的辛苦。这一切，本来是为了息苦的，但因贪求执着，反而使身心不安。看起来，用来资生的东西也不是自在之法！

“大王！静下心来仔细观察一下世间，温暖的衣服不一定是乐，到了夏天的时候反而很苦；夏天乘凉，喜爱月光清凉如水，但到严冬的时候反而感到凄寒。所以，从这里就可以看出世界上的地、水、火、风、色、香、味、触的八法，绝对不是不变的相，都是这样不定的。至于这些，不管你是帝王或是奴隶，都无法变更它的。

“王发命令，人民随着王命去行，以为王是很尊很贵，这是很错误的。比如王发的令，使人民加重负担，他们对王就会怨恨嗔厌。如果这样看起来，王者的生活，又有什么尊贵欢乐呢？为王的统领国土，这就算是欢乐，另一部分，为再求扩展领土，求获福乐，还是徒使身体受苦，反过来说，不要贪求就好了！

“有王位，耽于五欲的快乐之中；不做王，得到闲寂自在的欢乐。这欢乐没有什么不同，何必一定要很苦地希望王位呢？大王！请你不要再导我进入五欲的深渊，我要求的是清净无我自在的天地，你对我的美情厚意，等我到达理想境地的时候，再加倍地感谢你。我，没有恩爱的情感，我也不求天上的快乐，心中没有什么名利的欲求，更不会顾念到头上区区的王冠。所以，我有这样的理想，就要辜负你的盛情，违逆你的善意，大王！因为我刚刚离开毒蛇的口，怎么能又再进入那个危难的当中去呢？我已知道执炬的手会被烧，我怎么能不把火炬舍去呢？

“为了免除被五欲捆缚的可耻，有眼睛的人为什么要羡慕盲人？世间假若有富贵的人愿意贫贱，有智慧的人要学习愚人的行为，那我可以再回到我的国中去做王子。

“但是，我不是这样一个颠倒妄想的愚人！大王！因为我现在的希望是免除生老病死的痛苦，而来救度世人，所以我节身、乞食、舍欲念、离恩爱，过着现在这安静自在的生活，免得未来堕入恶道，我就可以得到两世的安乐，甚至于还会更永久。所以请你不要替我可怜，反过来你应该替你自己想一想，王者的心常为权势名位所囚，一瞬都不能安乐，未来必定受很苦的果报。你是聪明德高的大王，你如此厚情待我，所以我也用很好的心酬报你。

“你劝我的是俗利，即使有了你所说的法、威权、五欲，只不过成为世间上的丈夫，但并没有正义与真理。为什么呢？因为贪欲很强，凡事不知足，而能满足贪欲的物质却是有限的。假若能没有生老病死的忧患，那才可以叫作真正的大丈夫。

“大王！你说‘老以后再出家’，这句话你说得太天真了，为什么呢？我看到那些年老的人，气力衰了，体力弱了，青年的伟志雄心都没有了，死贼执着利剑一步一步跟随在身后，伺候时机，送你残生，哪里能听你老时遂志出家呢？无常好像是一个猎夫，拿着老的弓，执着病的箭，在生死旷野的叫作众生的鹿，必定是断命无疑，哪能听你逃脱呢？

“生灭的法，不分少长，不分老幼，没有决定的年月，你说举行祭神大会，祈福利，求延命，这都是愚痴罪恶的行为。不崇正法，祭神奉祀，杀害生灵而延我的命，这不是慈悲的行为。不应杀的杀来祭祀，伤了生类的命，而想求得自己后世的福乐，这决不是祭祀之法，这是迷妄的作为！

“三界有为的果报，决不是我的所愿，所有诸趣流转的法，如同漂动浮萍，决不可依赖，我所以从很远的地方而来，就是为求证真正的解脱之道！

“我听说阿罗蓝仙人善说解脱之道，所以我将去访问他，大王！你恳切至诚的话，我在心中诚挚地向你铭谢！

祝福你国土安稳，善护人民，愿你仁德之光，像太阳一样照遍一切黑暗，布正法于天下，就这样好好地完你的天寿！”

频婆娑罗王听了太子这些话，深敬其德，心生欢喜，合掌向悉达多拜谢道：

“呵！世间稀有的求道者！您现在的希望，我祈祷你早一点能够获得，到那时候，请你先来救度我吧！”

太子也感到频婆娑罗王不是一位平凡的大王，所以回答道：

“必定的！大王！我一定能如你的心愿！”

太子说后，即刻告辞，急急地又往各处去云游参访。

频婆娑罗王和他很多的臣下，合掌拜送太子去后，他们在回归王舍城的途中都希望那正觉的日光早日再回来！

18 访问阿罗蓝仙人

太子辞别频婆娑罗王以后，披星戴月，忍饥受饿地又开始踏上他追求真理的征途。有一天，他到了一座寂静的森林，森林中有一位阿罗蓝大仙人在那里修行，太子记起苦行林中一位苦行者临别的介绍，他即刻就想走进森林往访这位阿罗蓝仙人。

正在这时候，森林中走出很多仙人的弟子，他们像未卜先知似的，满面微笑着来欢迎太子，并对太子远道而来的辛劳，致其诚挚的慰问。

太子走进森林，阿罗蓝仙人也迎面而来，他见到太子稀世的容貌，像饥渴的人饮到甘露的泉水，他举起手来，向太子有礼貌地说道：

“我在两年以前，听说你舍国出家的消息，就敬佩你是一位有思想、有志愿的超人，我知道你一定会到我这个森林中来，今天我能亲自瞻仰你这殊胜的相好，从内心之中，不觉涌起我欢喜之情。”

太子也很谦虚地答礼，然后和阿罗蓝仙人并肩地走着。一位是美髯白发将近百岁的老年仙人，一位是年方二十多岁的青年太子，两人并肩地行在崎岖的森林中，后面跟随着一大群人，这光景真是一幅绝美的画面。

太子跟阿罗蓝仙人走到修行的地方，他们以宾主之礼坐下来以后，阿罗蓝仙人就对太子说道：

“你舍离恩爱的束缚，解脱情执的枷锁，这都是你有着甚深的智慧所致，将来一定能免除不幸的果报。过去，明胜王年老的时候把王位让给太子，自己跑去修行，这好比把头上佩戴的璎珞花鬘舍弃，这是为什么呢？因为他知道这是不久将要坏的东西。你现在能在年轻力壮的时候，抛弃王位，出家学道，若没有甚深的智慧，绝对不会这样做的。我仔细观察你的为人，知道你学道的意志非常坚决，你的器量一定能容纳真实的大法，乘着智慧的舟航，超越生死的大海！往日，每次有人要求到我这里游学，我一定先测验审查他的能力，然后我以他所能接受的而施教于他；可是，我现在知道你有坚固的志愿，不凡的智慧，我已决定一点都不隐瞒你，把我知道的完全说出来和你互相研究。”

太子听阿罗蓝大仙人的话后，内心感觉到非常欢喜，他就很虚心地回答道：

“阿罗蓝大仙人！我现在听到你说的话，知道你心中没有一点憎爱的感情，有的是平等的观念。我的心中也是一点成见没有，愿意虚心接受你的指教！现在，我像行在长夜漫漫的路上，将获得你灯光的照耀；我像迷失了前进的路途，将承蒙你赐给我的指南针。我心中的欢喜和兴奋是可以想象得知。现在，我心中有一个很大的疑惑，想将此问题提出来请教大仙人指示：这就是生老病死的大患，如何才能够免除？”

阿罗蓝仙人听了太子的发问以后，他就引出很多婆罗门的古典、名相，一一解释给太子听，并且说依着这些名相去修习梵行，再为人广为宣说，就能得到解脱。太子听了以后，又再问道：

“那么，你说的这个解脱的地方，究竟叫作什么世界呢？要修行到什么时候，才能到达那解脱的世界呢？究竟是用什么具体的方法来修习呢？像有关这些问题的要义，请大仙人再多多指教！”

这位阿罗蓝大仙人，是信奉数论派的权威，他听太子又提出问题，即刻以数论派的典籍，用极其善巧的言辞，向太子叙说修行的大要及果报道：

“如果想断除生老病死苦的根本，先要出家远离世间的纷扰，布施他人，修学禅定。在寂静的地方学习经论，对贪欲要生起恐怖的心；对世俗之乐，要作远离之想。压止一切的欲望，把心安住于无我的境界。除却爱、邪恶、不善的行为，要喜好法乐，直到圆满的时候，就能够进入第一个觉悟的阶段，那就是初禅天。

“到达初禅天以后，再以精进勤求的心，依法去行，就能进入第二禅天。

“由第二禅天，累积很多的功行，那执着爱乐的心情自然消除，那就可进到第三禅天。

“更进一步，乐着的心完全没有了，生活即能超然解脱，这就算到达了第四禅天。

“到了这里，苦恼俱无，静静坐着进入解脱之门，这里的寿命很长，智慧增进，有种种的方法可以忘记色欲，忘记我执，思惟一切皆空，获得无限的智慧，资助精神的静寂修养。如能这样，真正的解脱之光就能显现，这里的境界，就名为非想非非想处。

“你所问我的解脱之法就是这样，假使要行真正的解脱之道，那就请你依我所说的深信不疑地去修学。古来很多聪明的修道者，都是依着这样去修学，才能进入解脱的大道。”

太子静听阿罗蓝仙人讲完后，把他的话放在心中重复地思惟，最后说道：

“阿罗蓝仙人！从你广阔的智慧之海中流露出微妙的

道理，我听了以后，明白一部分解脱的方法，没有什么怀疑。可是，请原谅我说话的率直，我想，你所说的不能认为是究竟的真理，不能算作无上的妙法，也不是究竟解脱的法门。假若，依你说的解脱的境界，对于‘我’是有呢，还是无呢？假若说没有我，那境界即不能名为非想非非想处；假若说有我，那个我，有知觉呢，还是无知觉呢？若说是没有知觉，那么‘我’同木石又有什么不同呢？若说有知觉，则有所知觉的东西，难免不为境界染着和束缚，终究不能到达究竟解脱的境界，也就不能证得我所要求的真正涅槃的解脱之法。如你所说的，去除粗显的染污烦恼的是对的，但还不能完全扫荡云雾见到真如明月的全貌。”

阿罗蓝仙人给太子这么一说，一面感到惭愧，一面又深深佩服太子的见解。而太子渴望着早日证得究竟的解脱，当然对于阿罗蓝仙人所说的不会感到满足，因此，住了不久，就辞别阿罗蓝仙人，又往别处去寻道修学。有一天，他访问到郁陀仙人的地方来。

但是郁陀仙人也是数论派的学者，和阿罗蓝仙人没有分别，一个是五十步，一个是一百步。

太子为了追求甚深微妙的真理，感到全印度都没有一个可以师事的人。所以他觉得除了自己修持觉悟外，再去东跑西奔的只是浪费时间和精神。因此，他又告别郁陀仙人，在各方云游不久，最后进入尼连禅河的东岸，登上钵罗笈菩提山，可是觉得这里也不是一个寂静的地方，因此，渡过尼连禅河，想去伽耶山的苦行林修道。

19 伽耶山太子修行

太子各方寻师访道，光阴荏苒，不觉度过五六年之久的岁月。各方寻师访道的结果，虽未能如愿，但太子并未感觉到失望，他更加立定坚固的志愿，他感觉到自己的使命重大，所以才不容易达到目的。

别人能够做的事情，让别人去做；别人所不能做的事情，自己才更应该去做。现在，自己所要求的真理，在别人那里不能如愿求到，唯有用自己的力量去完成。

所以，太子就进入摩竭陀国伽耶山的附近，在优留毗罗西那尼村的苦行林中去修行。

这里，面临尼连禅河，河中终日流着不息的清流，两岸是美丽的白沙，在河的北方是一望无际的平原，这是一个闲寂的天地，也是一个修行最好的地方。太子就决定以这里作为自己的道场，不成就自己的大愿，决定不离此他去。

在以前净饭大王派王师追赶太子的时候，留下憍陈如等五人随侍太子。但太子当初跋涉在途中，各处参访，早就和那五人分开。现在，太子进入尼连禅河边的森林修行，憍陈如等听到这个消息，都从各方赶来，和太子共同修习苦行，并供太子随时差遣。

太子用种种的方法，想要渡越生死的大海，专心修持，正心诚意，废寝忘食，修戒参禅，忍耐凡人所不能忍耐的严酷的苦行。

太子所修的苦行，真不是普通的苦行，修行到后来，目陷鼻高，颧骨显露，身形消瘦，面目全非。就是说他只剩下骨头和皮也不算过分。有一个时候，太子每日只吃一点大象和猿猴供养的果品或一点豆类，或喝一些豆汁，甚至后来还到了日食一麻一麦的程度。吃得少，而能生存，真是不可思议的事。虽然太子修习种种的苦行，但想要断烦恼妄想，超越生死的大海终不能够。

太子又再修学停止呼吸的苦行，冥口塞鼻，其结果只使他耳内发出轰轰的巨声，眼前只觉有无数的星花缭乱，额上像有锐利的宝剑在刺戳，头上像被皮鞭在抽打。

除此以外，太子还修了种种无理的苦行，想以苦行来征服肉体，咬紧牙关，日复一日，天天如是。虽然太子有的是青年的热情，勇猛的精神，除得了一点小小的效果以外，并未能达到他所希望的根本的觉悟。

烦恼、妄想，不能断灭；情欲、生死，不能解脱。在苦行时，好像克服烦恼，进入解脱境界到达成功的境地，可是，停止下来又不能如愿。

侍候太子的憍陈如等五人，看到太子如此热心求道，知道他有着金刚似的信念，所以都崇拜佩服到五体投地，把太子当天帝释一般尽心地侍奉，谦让卑下，随侍身侧，一刻不肯离去。

在太子修学苦行的时候，净饭大王是时时都挂念在心，及至听到太子只剩下皮骨相连的消息，不觉眼泪滔滔地如雨点一般地流下。他立刻命令车匿拿了很多珍馐美味的食品前去送给太子；耶输陀罗妃，摩诃波阇波提夫人，也嘱咐车匿，无论如何请太子为了使父王安心，使一切爱他的人释念，一定要吃完这些食品。

耶输陀罗妃，现在已对太子看破，把整个的爱，贯注在罗睺罗的身上。罗睺罗在母爱的抚育之下，渐渐地长大起来，可是耶输陀罗却天天都是过着寂寞的生活。有时，耶输陀罗也思念起太子，回忆着往事，常常暗暗地偷洒着伤心的眼泪。命运好像注定要她过着这寂寞的生活，想要完全忘记又不能做到。表面上耶输陀罗虽然过着静静的生活，但有时想到丈夫的苦行，而自己在王宫享乐，心中又有说不出的抱歉，她恨不能当面向太子诉说闷在心里的衷曲。

再说车匿，奉了王命，还没有出离王宫的时候，内心感到非常难过，及至他走出宫殿，想到不久就可见到太子，他又欢喜高兴起来。

路上，车匿心急如焚，希望能立刻见到太子才好。等他到了尼连禅河畔，看见昔日相好圆满的太子，今日变得皮骨相连，不觉惊怕恐怖起来！他平伏在静坐的太子之前，说道：

“太子！怀念你的车匿在此拜见。”

太子睁开闭着的眼睛：

“啊！车匿！你来得很好，有什么事吗？”

“奉大王的敕命，受摩诃波阇波提夫人和耶输陀罗妃的嘱托，送食品前来供养太子。”

车匿说后，把食品都搬出来。

“这些东西我不要，你赶快拿回去！”太子威严而又慈和地命令着。

“请你不要这么说，我就是特地送这些东西给你才来的。”

“车匿！我没有用这些食物的必要，这些东西反而障碍我的修行，快点拿回去，不要再噜噜苏苏，不要再叫我重复地述说一次。”

车匿本想把太子离开王宫以后的国家情况，父王的怀念，摩诃波阇波提夫人及耶输陀罗等一切人事情形报告太子，但都被太子制止。太子命令他火速回去，他无可奈何地含着满眶的眼泪告辞而去。

太子苦行的生活，一年二年，和往日一样；三年四年，还没有解脱；五年六年，太子没有退却一步。就是这样，悠悠的时光，又度过六年苦行的岁月。

时间虽然在无意义之中过去，但是，静静地，慢慢地，太子一天一天地走近解脱之门。

是在苦行第六年，太子感觉到心中渐渐地明白，这个时候，那种境界是不能形容得出。太子仔细思量的结果，知道苦了肉体反而是执着肉体。

他想到，当初在跋伽仙人苦行林中，劝谏那些仙人，说明苦行的非法，自己虽然所修的苦行和他们不同，但自己毕竟也过六年苦行的生活。

解脱的大事，不是用肉体受苦才能得到，而是要忘了肉体才能获得；不能忘怀肉体，心就无法清净；心不清净，则一切污秽不能消除；污秽不能消除，哪能走上解脱的大道？

太子想起当初，居住在王宫之中，有一次在阎浮树下静思，所想的种种问题，此刻与那时的比较，并没有丝毫的变异，并没有一点进步！

太子沉思着："修行的方法如果专门重视形式，而无关心理的清净，这样的修行，决不会有很大的效果。我应该决定，为了使心地清净，最好要努力超越一切，老是像现在这样苦行、断食，决不能达到我所要求的根本希望。”

太子这样一想，以为有魔来诱惑着他，他又感到非常不安。但随即又作如下的思惟：

“我现在把肉体受苦看作是善，让肉体安乐认为是恶，这已经是我思想上的习气。为了求真实的觉道，执着苦行、断食，这和跋伽仙人以及苦行林中那些苦行者，有什么两样呢？”

太子这样一想，即刻从苦行的座位上站起，走下尼连禅河，让长年清净的流水，洗去身上的垢秽。但因太子的形体瘦弱，他竟疲乏无力地倒在尼连禅河边，过了一会儿，太子手攀岸上垂下的树枝方站起来，走不几步，又瘫倒在岸上。

这时，河边有一个名叫难陀波罗的牧女，在河畔的草原上放牧，她忽然看到一位瘦弱的青年沙门横卧在河岸之旁，好像毫无气力似的，她立时生起同情的心，手捧乳汁前来供养太子。

太子接受牧女的一杯乳汁，其中的美味实在无法譬喻。饮后，五体通畅，身体各部的机构，都渐渐地恢复了气力。

憍陈如等五人，见到太子接受牧女的供养，大为惊奇，他们以为想不到那么勇猛精进学道的太子，见了一位妇人竟退失他的道心。他和那些中途堕落的修道者，又有什么不同呢？他们想，太子到底是太子，意志毕竟是薄弱的。他们竟不忍再多看太子一眼。

太子恢复了精神，很高兴地向憍陈如等走来。这五人，见到太子好像是污秽的东西靠近身来，赶快躲避奔逃得远远的。

太子的眼中，不看他们五人，他独自一个人离开森林，渡过尼连禅河，走到伽耶山的一座小山旁，见到一棵繁茂的菩提树下，有一个金刚座，过去曾有很多求道者修定的痕迹，太子即在路边拾了柔软的草叶铺在座上，一心正念地端坐，发誓曰：

“我若不能了脱生死，到达正觉涅槃的希望，誓不起此座！”

太子发誓后，心中非常欢喜，默然思索着解决生死的问题。

20　降伏魔军与魔女

太子在菩提树下金刚座上发出坚固的誓愿以后，世间上很多修道者，以及天上的天神，都大生欢喜，他们一心祈祷太子早日启开正觉的大门。

在一切人之中，就只有那不喜欢正法兴隆的魔王，心中不高兴，因为太子若是证得觉道，将平分他们邪道的势力，所以他就对太子的解脱生起憎恶的念头。

太子为了追求觉道，重重的魔关，他不知奋斗通过多少。

外境有声色威厉的魔，内心有烦恼妄想的魔。魔，控制世间上的一切，谁能克服一切魔难，谁就能进入真实的觉道。

这个魔王，有三个容貌美丽的女儿，以一切方法诱惑别人为其特长，三人的名字是一名欲染，一名能悦，一名可爱乐。这三人见到父亲忧愁的面容，都走上来询问理由。魔王就告诉三个女儿道：

“释迦族中净饭大王的王子悉达多，慨叹人生的无常，并为救度众生而出家学道，他有启开解脱生死的大愿钟，执着无我的弓，拿着金刚大智慧的箭，企图要降伏这个生灭的世界！

“他降伏生灭的世界，就如同破坏我们的世界，我想以我们的诱惑力，绝对动摇不了他坚强的信念。一切众生，此刻对他都生起恭敬的心，祈祷他早日开悟，获得最究竟的正觉。

“唉！这怎么行呢？我们的世界即将给他破坏！现在还只一线希望，能够挽救我们的世界和我们的一切，就是在他还未到达真正的觉悟以前，我们可以毁坏他坚固的志愿，断折他悟道的桥梁，以五欲的弓矢，再把他赶进爱欲的旋涡之中！”

三个魔女一听，也深为父王不平。魔王即刻带领众多的男女眷属，手执武器，凶狠地走向菩提树下而来。

太子坐在菩提树下金刚座上，寂静的心中，像湛然不动的清水一样，除了想出离三界观察诸法的实相之外，没有其他的念头。

魔王就向太子说道：

“太子！请你赶快离开这里，否则，你将要在我的箭下亡身。假使你能舍弃解脱之法，回国去享受五欲的快乐，战胜天下，调伏世间，死后终能回到天上享乐，这才是为人的真实之道。自古以来的圣王明君，都是依此而行，为什么你要例外呢？假若你要违抗我的命令，那就随你去。但是，在我的手中，拿着将能令你死亡的弓箭，凡是触到我的箭，没有一个不狂乱，没有一个不立即死亡。如果你不相信，请你试验一下我的毒箭，那时候，你宝贵的生命，自由的身体，学道的志愿，勇猛的精神，将要如水泡一样地消灭。”

魔王威武地说出很多恐怖的话，胁迫太子。但是，太子的心，湛然不乱，一点不为魔王所动。他对于自己能启开真实的大道，毫不怀疑，他听魔王的话，没有生起一点恐怖的心。

因此魔王就开始放箭，可是毒箭到了湛然不动的太子的金刚座前，自然坠地，不能射中太子。三个美貌的魔女奉了魔王的命令，走近太子，以种种的甜言蜜语来诱惑太子的心。但是此刻的太子，既没有畏惧那毒箭，也没有听睬那魔女的语言，一切都好像不见不闻！

魔王见此情形，既疑且怖，他自言自语地说道：

“我曾以此攻击过所有的正法求道者，没有一次不是凯旋。现在，这一位悉达多太子，为什么不害怕我的箭呢？为什么不为女人的爱情所动呢？”

魔王随即发动魔军，放出种种怪物，起火出风，响雷下雨，用所有的方法想打退太子的道心，但太子坐在金刚座上毫无恐怖，毫不动摇。乐法的天人看到凶恶的魔军袭击太子，都惊惧啼哭起来。太子一句话也不说，面上没有忧惧之相，他看这些魔军，如同是一群孩童在游戏一样！

魔军非常愤怒，又再放出更多的毒蛇猛兽，降下雪雹雷霆，可是，毒蛇猛兽所吐出的毒气，都化作清凉的风；雪雹雷霆，都变作五色的花朵；这一切，在一心不乱的太子之前，都失去它们所有的力量！

魔王的淫女，此刻又再想向前献出淫荡的媚态，诱惑太子。正在此时，天空忽然一声巨响，护法的天大将军对这一群魔军斥责道：

“你们这一群没有良心的恶魔！你们为什么要来惑动这位纯洁的修道者的心？你们常以恶毒的心，在没有怨恨的地方制造怨恨，这是你们的愚痴，好像用百万大军想来摇动须弥山，这是徒然使身体劳碌而无益的。你们赶快舍去嗔恚怨毒的心，在这一位大修道者的座前忏悔！你们可以使炽烈的火变成冷的，使恒河能变得燃烧起来，使大地变成汪洋大海，使太阳变为从西方升起。老实告诉你们，这位大修道者金刚的信念，也不会被你们所坏！

“这一位大修道者，有正确的见解，有不屈不挠的精进，有无边的智慧之光，有平等的慈悲之心，他具有这四项可贵的宝物，这就是他必定能成就他的希望的基础！

“这一位大修道者，不久就要成就大日轮的光明，能破除世间上的黑暗；他努力地修行，扫除悭贪、嗔恚、愚痴的毒害，他将成为惠施一切众生智慧的明灯，他能成为解除众生生死之苦的良医；他能领导一切人类走上正途，他实在是世界上尊贵的导师！

“一切众生踯躅在黑暗愚痴的途中，不知道向什么地方走去，很需要这位大求道者为他们点起光明智慧的灯光，你们有什么理由要把这盏慧灯吹灭呢？一切众生漂泊在生死洪流的大海中，没有力量可以挣扎出来，很需要这位驾着智慧舟航的未来的大觉者，救载他们出离苦海，你们为什么缘故要居心把这只智慧的舟航打沉呢？

“忍耐的行持是正法的芽，坚固的志愿是正法的根，端庄的行为是正法的地，正确的见解是正法的枝干，具备这一切条件的智慧的大树，一定能够结出无上正觉的果实，你们现在怎么能砍伐这庇荫一切众生的圣树呢？

“一切众生，被贪欲的枷锁束缚起来，使身心永久地受苦，现在有解脱一切众生之愿的大求道者，你们为什么要加危害于他？

“这一位大求道者，不久必定要达到真实的解脱，你们赶快远离一切骄慢，生起惭愧的心，赶快归顺今日的大修道者——未来的世尊之前!”

天大将军向魔王训斥以后又归返到天上，魔军一听天大将军的吼声，很快地都撤退了。太子此刻的心，像无风的水面，更加地平静；像正午的太阳，更加地光明。天空散下来的花朵，好像是等待着供养即将成就正等正觉的太子。

21 成就无上正觉的佛陀

降伏恶魔以后的太子，志愿更加坚固，心中更加平静，深入在三昧的禅定境界中，已经到达无念无想的领域，可以说光天化日的觉悟世界，就将现在眼前。

在这个时候，太子已经能够知道久远以来的自己，生在一些什么地方，叫过些什么名字，做过些什么事情。百十万年，生死往来的历史，一切都能清楚了然。他觉悟到自己以及一切众生，无量阿僧祇劫以来，轮转在生死界中，有时做人的父母，有时做人的儿女，有时做人的老师，有时做人的弟子，都是有着因缘牵连的关系。可是，被现实所迷惑的人，却不知道别人都曾做过我们的眷属，终日给名利爱欲所囚，一点都不顾念他人。太子在这一切冤亲平等的真理上生起大悲的心肠，不觉双目滔滔地流下泪来。

太子此刻对一切森罗万象，心理上已渐渐地明白，对一切事理已有正确的了解。他更感到“生”和“死”本来是不二的，没有执着的必要，太子的心、生命，此刻已觉得明显扩大，可以说，已经和宇宙同化了。

相反地，太子现在觉得烦恼是不可思议的东西，为什么会有烦恼？这原因明明地浮现于太子的心中，太子欢喜得雀跃起来！他反复地思惟吟味，终于知道自己证得正觉！这是一点不错的，他忘记了时间，忘记了地方，忘记了一切，对一切都没有分别，对一切都很明白，这决不是睡眠，这是正觉，这是解脱！

我们现在不要再叫他太子啦，我们要尊称他为“佛陀”！

已经开悟的佛陀，附带地证得五眼六通。他看这个世间，知道一切众生都是在六道轮回的生死大海中升沉，不觉生起无比的大悲心。这六道的众生（地狱、饿鬼、畜生、阿修罗、人间、天上），终日营着虚假不实的生活，有清净的，有不清净的；有善的，有不善的，到了命终的时候，随着各人的造作，在六道中又受着种种不同的苦和乐的果报。

佛陀觉悟的是缘起的正法，仔细地观察这个世间，流转的经过是十二因缘，流转的主体是苦。由这个主体展开，所以有生老病死的现象。人为什么会有“老死”呢？因为有“生”所以才有老死；再来观察生又是从什么地方而起的呢？这是一切善恶行为的业的结果，这个生决不是由什么天神之力而生，生是没有自体的。这样说，生并不就是没有原因，好像竹子才破了一个节，其他的节都有关系，这个生死的原因就是行为的“有”业，由于这个行为的有业所以生出“取”来，如火要有薪才会燃烧，这个好比薪的取又从哪里生的呢？这就是由“爱”而生的，好像星星之火，可以燎原一样。这个爱又是从哪里来的呢？这是由“受”而生的，好像感到苦痛就需要安乐，感到饥饿就需要饮食，希求（受）一切，所以对一切就生出爱来。受是爱的原因，这个受又是从哪里生的呢？这一切的受是从“触”而生的，感到一切的苦，想到一切的乐，因为有触才知道的。触是从哪里生的呢？这个触是从众生自己眼耳鼻舌身意的“六入”而生，好像一个盲人，他就不能完全生起六入的触力。这个六入是从哪里生的呢？这是从“名色”而生的，名色好比是芽，六入好比是茎是叶，茎叶是由芽逐渐而生长的。这个名色的根源又是什么呢？这是“识”，识就好比生出名色之芽的种子。不过，有的时候，识是从名色生的；也有的时候，名色是从识生的，好似人有时候在船上前进，有时拉着船前进，也有时船与人同时并进。识是从名色生出来的，名色是从眼耳鼻舌身意的六根而展开的。这中间有一种作用名叫“行”，这个行的根结何在？这就是所谓“无明”，亦即是生死的根本！由无明而起行，由行而有识，由识而展开名色，由名色而生六入，由六入而感触，由感触而有受，由受而生爱，由爱而执取，由取而造业，由于业而有生，有生即有老死，一切众生所以轮回流转地生生灭灭，都是这样。

一切众生和诸法都是由因缘而生，现在佛陀终于从千辛万苦中证得这甚深微妙的真理。

为着便于了解明白佛陀亲证的宇宙人生缘起的真理，兹将十二缘起列表说明如下：

- 十二因缘
  - 过去二因
    - 无明：无明为过去烦恼的总称，它的体是痴，以迷暗为性，由此无明妄动，众生就轮转世间，故为生死之本。
    - 行：行是造作为义，即依过去的无明烦恼，发动身语意的三业，而造成罪福，不动诸业，名之曰行。
  - 现在五果
    - 识：识为初入胎识，即由过去惑业动力，使感异熟报体的阿赖耶识，遇缘托胎，以完成现实之生命体。
    - 名色：名色为胎相之完成，名是精神，色是物质，即组织有情的要素，胎相初成，六处未圆，故称名色。
    - 六入：六入为六根完具位，示名发毛爪齿位，谓于胎中，由名色渐次增广，因此诸根具足，故名六入。
    - 触：触是觉触，为认识之开始，谓出胎后与境相触，生起认识，然因未能识别境界苦乐，故名为触。
    - 受：受为领纳，即情绪作用，谓于触对境界时，而于违顺中庸境上，生起苦乐爱舍之感觉，名之为受。
  - 现在三因
    - 爱：爱以染着为义，由受而来，即于相续之三有自体所取之三有境界，于乐爱合，于苦爱离，名爱。
    - 取：取是驰取追求，由爱而来，即由种种之执取，于是三业繁兴，而集成未来身心之苦，因名为取。
    - 有：有是存在之义，谓由爱着驰取之不已，发为纵我役物之行，而构成潜在业力，感后有报，名有。
  - 未来二果
    - 生：生是未来受生，即由能生身心之潜在业力，而于六趣及四生中受生，完成未来之新生命，名生。
    - 老死：老死为身心演变的必然结果，未来之世，既然受生，则必有老病死忧悲苦恼等，而与之俱来。

佛陀证得这宇宙人生的真理以后，又在菩提树下静思二十一日，圆融无碍的《大方广佛华严经》即说于此时，佛陀慎重其事地反复吟味着他所觉悟的真理，思惟他所觉知的生死之源，最后他终于决定发出他正觉的宣言："流转的相是生，无明的迷惑是生的根源，众生如果想要不死，唯有不生，唯有断除无明。无明灭则行灭，行灭则识灭，识灭则名色灭，名色灭则六入灭，六入灭则触灭，触灭则受灭，受灭则爱灭，爱灭则取灭，取灭则有灭，有灭则生灭，生灭则老死忧悲苦恼皆灭。诸垢既净，自心清净而无碍的光明朗照，那就是能建筑真实的悟界，就能获得不生不死的解脱自在。"

已经成就正觉的佛陀，从菩提树下的金刚座上起来，他认为一切众生要解脱这个世间上生老病死的苦痛，唯有修学八种正道，了解这世间的实相是"正见"，分别视察这实相是"正思惟"，不敢妄语恶口两舌是"正语"，不行杀生偷盗邪行是"正业"，过着合理的经济生活是"正命"，努力精勤地修学正道是"正精进"，正心诚意使精神集中的是"正念"，积聚思索修养的深行是"正定"，这是修学佛陀之法的人应修行的八种正道，心里是坦坦白白的，行为是正正当当的，断除"我"与"我所有"的执着，把从无明生出的薪火灭去，这才能进入真实的解脱，这才是究竟的第一义。

佛陀在正觉以后，就想起救度众生的大事因缘，他想起这个问题，心中不觉为了怜悯众生而难过起来，佛陀心下想道：

“我现在已经遂了我久远以来的志愿，我已经成就佛陀的大法，但是，我现在不能去救济众生！因为我所证悟的真理，是与世人错觉所见的相违！我若用这究竟第一义的正道去向他们解说，必定遭到他们的毁谤和讥嘲。他们对无上至尊的佛陀，对清净究竟的真理，若毁谤讥嘲，与我并没有关系，但他们将来必定堕入恶道，遭受很大的不幸！你看，一切众生都沉没在贪嗔邪见的深渊中，他们怎么了解这甚深微妙的解脱的真理呢？不如我还是涅槃免得众生的毁谤而造罪吧！”

佛陀从悲悯众生的心中，虽然流露出真挚恳切的关怀，但世界上若没有佛陀正觉的真理之光照耀，这个世界将永远地黑暗下去。希望求解脱的人类，失去佛陀的法雨甘露，将永远摸索不到自由解脱的门路，正在这个时候，天空忽然现出一群天神，向佛陀敬礼道：

“至尊至贵的佛陀！我们是一群天神，我们在这里向您致最恭敬虔诚的礼拜，我们是来祝贺您获得正觉的解脱。您在这个世间上，能走上不生不死的境界，实在是这个世间上所有众生的幸福与光荣。您像一盏慧灯，黑暗的世间需要您的光明。您不要忧虑愚痴的人类毁谤您的正法而造罪，这是他们自作自受！您应该依照您的本怀，传播您的福音，让那些迷途的羔羊，早日能够回头，早日登上觉岸。希望您佛陀，伸出慈悲的手，垂无缘的大悲，永做这世间上的救世主啊！”

佛陀听了天上善神至诚劝请的言辞，心中非常欢喜，即刻离开伽耶山菩提树下金刚座，怀着一颗救济众生的大悲心，预备向迦尸城的方向走去。

22　初转法轮教团成立

佛陀踏着慈悲的步伐，独自向迦尸城而来，途中，忽然逢到一个名叫优波迦的求道者，他见到佛陀威严的相好，不知不觉生起恭敬的心，用很尊敬的礼节站在路旁，待佛陀经过他身边的时候，跪下来问道：

"您是一位什么人？您怎么长得有如此相好？世间上所有的人，心像猿猴一样狂乱，一刻都不能静下来，终日被爱执所囚，一点自由都没有。我留神拜见您，看您流露出的慈容，毫没有俗气和染着，看到您，我的一颗狂乱的心好像也都要静下来。你的容颜，有如明月似的圆满，又像湛然不动的水面，我在您这有着稀世相好的人物之前，真禁不住流露出我的欢喜之情。您是以什么为宗？您的老师究竟是怎样的一个人？我的名字叫作优波迦，恳切地希望您告诉虚心向您请问的优波迦！"

佛陀注意看了优波迦一会儿，慈和地对他说道：

“优波迦！我的宗没有什么师承，我也没有什么同学朋友，我是自己觉悟来的妙法。别人所没有得到的我已经得到，别人所没有觉悟的我已经觉悟。这个世间上是没有一个人能够知道的，而我现在已能完全知道，这就是我所证悟的正觉。

“烦恼是可怕的怨敌，要降伏这个怨敌一定要有智慧的宝剑，这是我获证的最胜慧。

“我现在向迦尸城的方向走去，击着正觉和智慧的甘露法鼓，要唤醒沉睡在世间的迷人。

“优波迦！我没有骄傲的心，我不是名闻的奴隶，更不是一切利养的使役，我是专门为了流布正法，救济沉溺在苦海中的众生。过去我就有做一个船师在苦海中渡人的誓愿，现在我已具备渡人的条件，我应该去实践我的誓愿，让一切有善根以及与我佛陀有缘的人，都能得度。

“储贮无量的财宝，独自耽于那荣华之中，这决不是一个义士所应为，要将自己所有的财宝，兼利天下，才名为大丈夫。自己已经得到好处，而忘记别人，这岂能称为一个善良的人？要离开贪图利乐的观念，拯救在众苦沉溺中的众生，这才能被称为是一个勇者。我现在已经是一个大医王，我可以治疗众生心中种种的大病，我现在已经是一个明白过去现在及未来的大觉者，我可以导引迷途的人走上合理的正觉之路。

“优波迦！你不要以为我说话时没有向你谦虚客气，要知道谦虚客气也含有虚伪欺骗的成分。我向你说的，都是真实的话，我是有一句说一句。

“灯，不是因为有黑暗才发亮的，驱除黑暗乃是灯自然的性质，我已经是成就佛陀大道的人，我对这个世间本一无所求，我所以燃起正觉智慧的光明，乃是顺乎自然而来破除众生愚痴的黑暗。钻木就能得火，空气流动就成为风，凿地则必定得水，这都是自然的道理。

“优波迦，我现在是人间的佛陀，我此刻要往鹿野苑去说我第一次的佛法。”

优波迦静静听完佛陀所说的话，连声赞叹，约定将来必定做佛陀的弟子，说后就分道而去。

佛陀继续向前走，渐次地到达鹿野苑。

这里的土地，是介在恒河与波罗奈河两大河流之间，树林繁茂，鸟兽温驯，是一个静寂幽雅的境界。

在这个地方，也有一个苦行林，鹿野苑就在这个苦行林中，现在夜以继日在这里修习着苦行的是过去侍奉佛陀的憍陈如等五人。

当佛陀还没有到达鹿野苑的时候，憍陈如等已经远远地眺望到佛陀的圣颜。

“你们看，那不是悉达多太子来了吗？”正想要坐禅的憍陈如告诉阿舍婆誓等四人。

“不理睬他，他是一个舍弃尊贵的苦行、耽于世乐中的堕落者，他来时，我们绝对不要向他表示敬意。”

“大概他现在已悔过也不一定，如果他没有忏悔的意思而来到这里，哪有这么厚的面皮！”

“一定是他一个人太嫌寂寞的关系，所以又再来找我们做伴，不要招呼他，把他当一般来拜访我们的客人一样看待，我们绝对不要起座向他慰问长途的辛劳。”

这五个人，共同立下约言，紧闭着双目，像是一心在用功修行。

可是，当佛陀渐渐走近他们的时候，他们都忘记刚才的约束，心想不看佛陀但又自然地睁眼看他。他们这一看，心里不觉也惊疑起来，仅仅分别一个月，太子的面容怎么变成那样的威严圆满呢？他们不由自主地请佛陀上座，五个人都在下面叩头。

“你们看见我来时不是约定不迎接我的吗？怎么现在又要站起来呢？”

佛陀向五个人这样一问，好似一面光明的镜子，照彻五个人的心，五个人都惊怕惭愧起来。

“悉达多！我们不敢这样想，您疲倦了吧？”五个人都恳切地跪在地下慰问。

“你们不要再喊我悉达多，那是我在俗的名字；我现在已经成为佛陀，我是宇宙的光明，我是苦海中的舟航，我已经是一切众生的父母。”

“您什么时候成就了佛陀的大行呢？您修学苦行都没有成佛陀；怎么舍弃苦行反而能成为佛陀？”憍陈如向佛陀这样问道。

“憍陈如！像你们五个人现在执于一边的修行，是永远不会获得正觉的。把肉体受苦，反而使心恼乱；把身心享乐，又容易耽于爱着。偏于苦或乐的修行，都不能成就根本的大道。这个问题，我在当初离开王宫的时候，就已经知道。我所以和你们同在一起修学六年苦行，这自有我的苦心。舍弃苦乐，才能得到中道。你们如果要走进正觉之门，必须要以正见（正确的见解）、正思（纯真的思想）、正语（净善的语言）、正业（正当的工作）、正命（合理的经济）、正精进（积极的精神）、正念（真理的信仰）、正定（禅定的生活）等八种正道去修学，才能解脱无明集聚的烦恼众苦，获得清净寂灭的境界！”

憍陈如等五人，听到佛陀说出这通达究竟真理的修行方法，心里像是光明起来，他们既佩服又欢喜。佛陀知道他们能够接受真理，再继续说道：

“憍陈如！你们知道为什么要修学正道吗？因为我们要离苦。你知道在这个世间上到处都充满痛苦，自然界有加害给我们的风灾、水灾、震灾，社会上有种种不如意和求不得的事困扰得我们不安，身心上有老病死的侵袭，你看，世间上哪一个地方没有给苦充满了呢？

“你们应该知道，这些‘苦’，都是以‘我’为本的，因为众生执着有我，有我而有贪嗔痴，这就是‘集’。要想解除这些苦，必须修‘道’，修了道，才能进入寂‘灭’的领域！”

这五个人，听到佛陀的法语，觉得过去从来没有听过的，现在他们深深地佩服佛陀确实已经是真理的权威。佛陀又再继续说道：

“憍陈如！你们现在再听我说：‘此是苦，逼迫性；此是集，招感性；此是灭，可证性；此是道，可修性。’所以你们要记好：‘此是苦，应当知；此是集，应当断；此是灭，应当证；此是道，应当修。’因为‘此是苦，我已知，不复更知；此是集，我已断，不复更断；此是灭，我已证，不复更证；此是道，我已修，不复更修’。这个苦、集、灭、道，名为四圣谛，不能究竟了知这四圣谛，就不能解脱。你们懂得我说的法吗？”

憍陈如等五人畏惧而又诚恳地回答道：

“我们现在已经知道您是成就三觉圆满，万德俱备的佛陀。佛陀！我们听得懂您说的真理。”

佛陀对憍陈如等五人说的四圣谛法门，把它演绎开来就是佛教，现在为了便于了解大概的轮廓，列表如下：

- 四圣谛
  - 迷界
    - 果—苦谛（苦当知）
      - 生　　苦—初出母胎，冷风割体，烦恼业力，众苦交集。……
      - 老　　苦—颜衰色变，体力减退，举止言行，皆不如意。……
      - 病　　苦—四大不调，精神欠和，身心受病，苦痛无安。……
      - 死　　苦—五蕴分散，神识相离，茫然自失，业境现前。……
      - 爱别离苦—亲族朋友，名位权力，一切爱乐，离失之时。……
      - 求不得苦—一切荣乐，可爱诸事，心生欲望，求之不得。……
      - 怨憎会苦—怨家仇人，及诸事物，相遇会见，心生不安。……
      - 五阴炽盛苦—身（色）心（受想行识）无常，变易炽盛。……
    - 因—集谛（无明—我）（集当断）
      - 贪—名利财色，一切贪欲。……
      - 嗔—嗔恚忿恨，嫉忌不平。……
      - 痴—事理不明，迷暗愚昧。……
  - 悟界
    - 果—灭谛（灭当证）
      - 无明烦恼，集谛业断，我法执除，贪嗔痴尽。……
      - 生死解脱，众苦云消，得寂灭境，安住涅槃。……
    - 因—道谛（道当修）
      - 正　见—正解佛法，远离唯神唯我唯物等迷谬妄见。……
      - 正　思—远离邪妄贪欲，希望慧命增上，道业早成。……
      - 正　语—远离虚言暴语，诽谤戏论，要能非礼勿言。……
      - 正　业—遵守国法，严持律仪，实行高尚善良生活。……
      - 正　命—常存道德观念，谋求正当职业，以维生命。……
      - 正精进—自信自尊，勇猛精进，修学戒定慧。……
      - 正　念—正心诚意，远离妄想颠倒，不失正念。……
      - 正　定—磨炼身心，发出真正智慧，养成完满人格。……

佛陀降世，为的是救度众生的一大事因缘，所以他并不以自己的生命达到美满究竟而停止他的活动，他虽然是自己已经离开痛苦，但他把众生的痛苦看得和自己的一样。他见到憍陈如等五人能信解他从大智觉海中所流露出的真理，这五人依着佛陀的教示，跟后就得圣果获得解脱。佛陀想再试试这五人，看他们对于自己说的真理是否真正了解：

“憍陈如！你们说，色受想行识的五蕴，是常的呢，抑是无常的呢？是苦的呢，抑是不苦的呢？是空的呢，抑是不空的呢？是无我的呢，抑是有我的呢？”

“佛陀！色受想行识是无常的、苦的、空的、无我的。我们现时已完全清清楚楚，我们都愿皈依您佛陀，做大觉者佛陀的弟子。”

“好！你们现在都能解脱，从此再不会生出众苦，你们就做我的弟子为比丘僧吧，我和你们将是世间上的第一福田。现在佛（释尊）法（四圣谛）僧（五比丘）都已具备，这名之为三宝。这三宝的佛宝、法宝、僧宝合作起来，佛陀的教化就可以广布天下，就可以指导接引一切众生都进入光明的大道，获得究竟圆满的解脱。”

憍陈如、阿舍婆誓、摩诃跋提、摩男俱利、十力迦叶等五位比丘僧，听佛陀的法语，欢喜踊跃，信受奉行，从此随侍佛陀，做着自利利人的工作。

23　最初的居士和信女

自从憍陈如等五人皈依佛陀以后，佛陀就常带着他们行化在缚啰迦河的沿岸，那里的一切，都很适宜佛化的地方，佛陀对这个地方非常中意，因此就暂时住下来。

有一天早晨，黎明的曙光正向着大地开展的时候，佛陀在河畔用水洗面，洗后在河川的岸上散步。

正在这个时候，缚啰迦河的对岸，好像有一个发狂的青年，见到佛陀，忽然大声狂呼地脱去鞋子，从浅水的河中奔向佛陀而来，口里还不断地叫着："我苦啊！我苦啊……"

这一位青年，从河水里走上来，佛陀用慈悯的眼光看着他，他也怀疑地看看佛陀。佛陀的相好威严，终于警觉了这位青年。他心里想，近来常听人说这里住有一位大彻大悟的佛陀，恐怕一定就是他。青年即刻恭敬地跪在佛陀的面前说道：

“您是不是大慈大悲的佛陀？请您慈悲地救救我，我是迦尸城的耶舍，我给生活困惑得实在不安。旭日高升的白天，声色财利，困扰得我没有休息的时候；华灯初上的黄昏，舞姬又集合起来举行豪华的宴会。当初，我也会为此陶醉迷恋过一时，但日子久了，我真寻找不出其中的乐趣。昨夜，当宴会席终的时候，我拖着疲乏的身体，颓靡地回室就寝。正在昏沉蒙眬的当儿，我做了一个恐怖的噩梦，再也不能入眠。我就从床上起来，走出寝室，忽然看到我私爱的舞女同一个音乐家正在戏弄，我当时再也无法忍耐，嗔恚的怒火在我的胸中燃烧起来。我的神经也就错乱，因此发狂地就在午夜离开家庭，我一路盲目地狂奔，像有什么力量似的，使我刚到黎明的时候走到缚啰迦河的这边来。我看您大概就是被人称作大觉者的佛陀，请您救救我，我的心中实在苦闷得很！”

佛陀慈和地用手抚摸着耶舍说道：

“年轻的善男子！我正是你所知道的佛陀。你不要烦恼不安，你见到我自会安稳自在。你现在可以把心静下来想想，世间上有永久不散的筵席吗？人生哪里能永远亲密地住在一起？你不要悲伤，这本是一个虚伪的世界，这个世界上一切都是无常的，我们自己的身体尚且不能依赖，哪里能要别人都属于我们自己？你得度的机缘已到，你就把一切放下罢！”

耶舍听到佛陀的法音，像甘露似的滋润着他被怒火烧着的心灵，他再看看佛陀慈祥的相好，他感动得流下泪来，他跪在地上痛切陈情，要求佛陀准许他出家。

佛陀又再用悲悯的眼光看看耶舍说道：

“耶舍！你现在可以立刻回家去，你的双亲这时候都在焦急地挂念着你，出家并非离开家庭才叫出家。身上虽然穿起出家的衣服，而心却恋着世间的俗情；人虽居住在深山丛林中，而时时不忘怀一般的名利，这怎么能谓之出家？如果身上虽然装饰着华美的璎珞，而心却光明清净，降伏烦恼的怨敌，对人没有怨亲的分别，更要能以真理教化人间，这才名之为真正的出家，你要出什么家呢？”

“佛陀！您开示出家的意义，我全能了解，也能接受。我请求佛陀，慈悲允许我出烦恼的家，做一个真理的传播者，做您伟大佛陀的一名弟子。”

佛陀当即允许耶舍的请求，佛陀的弟子从此日日增多。

现在再说耶舍的父亲俱梨迦长者，翌日早晨起来，听到家人报告，说耶舍夜半无故出走，下落不明，他一听以后非常惊慌！当即下令家人四面八方出外寻找，自己也亲往各地访查，就是这样，他访查到缚啰迦河而来。

俱梨迦长者渡过河川，走向佛陀的住处而来。佛陀先命耶舍避开，然后自己出来相见。俱梨迦长者问道：

“您是不是做沙门的？怎么我没有见过像您这样具有威仪相好的沙门呢？您看到我的一个名叫耶舍的孩子吗？”

“请你坐下吧！你的孩子一定可以见到的！”

“真的吗？我看您像一位大人物似的，一定不会说谎！”俱梨迦长者在佛陀的对面坐下来。

佛陀把布施的功德，持戒的好处，人生是如何需要这些法宝，一一说明清楚，更说些人生种种的苦恼，富贵像水上泡沫，都是不可靠的道理。俱梨迦长者听佛陀的开示，很受感动，及至听到他原来是迦毗罗卫国悉达多太子出家而成道的佛陀，不觉就跪在佛前顶礼起来，心里既感激又兴奋，佛陀这时才叫耶舍出来谒见他的父亲。

长者本怀疑耶舍或已自杀，但现在却依然健在，而且亦已皈依佛陀，其欢喜非同小可，他很赞成耶舍的出家，他自己也愿意皈依佛陀，做一个在家的弟子，这是佛陀优婆塞弟子的第一人。

俱梨迦长者并恳请佛陀明天到他的家中受供。第二天佛陀带领六名弟子应供后，耶舍的慈母也皈依佛陀的座下，作为在家的信女，过着家庭佛化的生活，是为佛陀优婆夷弟子的第一人。

佛陀到处传播菩提的种子，不知不觉都渐渐地发芽！耶舍的朋友约有五十人，受了佛陀慈悲智慧及道德的感召，也都皈依佛陀做出家的弟子。

佛陀把要教的都教给他们，有一天，佛陀对这五十多位弟子说道：

“你们依着我的教示奉行，一定能够渡过生死的河流。若能行化各方，就可受世间上的供养。世间上有无数的众生，迷在生死的岸头，很需要救生的船师救济。你们愿意做一个船师吗？

“实在说来，一切众生的痛苦，像给炽烈的大火燃烧着，要想消灭这个火，唯一的办法除施以净水以外没有别的办法可想。你们不要长住在一处，你们应该到各处遍洒这甘露之水似的教法。

“我现在也要和你们暂时告别，我要到伽耶山去，离那里不远，有一位名叫优楼频罗迦叶的苦行仙人，他的修行和名望很高，非常受世人尊敬，很多修道者，都认为在他的门下苦练修学是一种荣耀，我想即刻先去济度他来弃邪归正！”

佛陀吩咐以后，五十多名弟子，欢喜踊跃，依教奉行，因此就随缘往各方出发，开始过他们自利利人的第一次布教生活！

24　三迦叶弃邪归正

佛陀现在是独自一人，踏着庄严而稳重的步伐，渐渐地走上胜利的大道。

佛陀走往伽耶山的途中，路过一座苦行林，他在树下静坐了一会儿，像等待着什么似的。那时有一个拿了很大包裹的女人，从佛陀的前面过去，佛陀并没有注意分别。后来稍停不久，见到很多高大的汉子走来，他们见到佛陀，都异口同声地问道：

“刚才您有见到一个拿着东西的女人从此经过吗？”

“我没有注意，你们找她做什么？”佛陀反问他们。

“我们这一行共三十人，同住在离这里不远的森林之中，我们二十九人都有妻子，只有一个人至今还是孤独的没有娶亲。我们非常同情，因此昨天就为他寻来一个女人，哪知这不是普通的女人，说来真不怕人见笑，原来她是一个卖淫的妓女。她在一夜之中，讲些无耻的话，把我们三十个人都诱惑了。今天起来，看到我们的东西都给她拐逃，因此这时要追赶她，要把她找回来，您究竟有没有见到她呢？”

佛陀默默地、静静地看着他们，然后说道：

“是这样一回事吗？我来问你们，你们自己的身体要紧呢？还是女人和东西要紧呢？”

这几个人给佛陀这么简单地一问，放逸惯了的身心像返本归源一样，都被这一问深切地感动，佛陀像是不可思议的权威，像是精神界的君王，每一个小的动作，每一句语言，都能深刻地印入人们的心版之上。

“自己的身体比什么都要紧。”这一群男人回答，像都清醒过来。

“那你们不要再去追赶女人，你们来找自己的心才是要紧的大事。”

“有什么办法找心呢？”

佛陀又为他们说四圣谛的苦集灭道，他们都皈依佛陀做弟子。

佛陀和他们分别以后，有一天，又到了他曾经修道过的伽耶山尼连禅河边的时候，已经是日落黄昏了。

佛陀过去在这里默默地隐居着修行，他知道这里的环境，当他到达时就去往访住在这儿的一位拜火教的首领优楼频罗迦叶，他有弟子五百人，国王大臣对他都很尊敬。他听到佛陀光临，就很客气地出迎，佛陀也向他合掌招呼。佛陀说道：

“我是从波罗奈国而来，现在我想到摩竭陀国去，今天晚了，我想在你这里借住一宿！”

优楼频罗迦叶回答佛陀道：

“我看您的样子，也像是一位不平凡的修道者，你要在敝地借住一宿，这本没有什么关系。不过，我这里住的地方，有是有的，但因那间房子中既放着我很多拜火的道具，而且又有一条很大的毒龙。住进那间房子，简直就是和生命开玩笑。在我是没有什么关系，为了您的安全，我得老实地回绝您好。”

佛陀听后，微笑着说道：

“有毒龙吗？那也没有什么关系，请你无论如何借我住一宿，天黑了，实在没有地方可去！”

优楼频罗迦叶指着一个洞窟似的石室，佛陀就安然地进去，优楼频罗迦叶和他很多的弟子都以为佛陀自寻死路，真是一个傻瓜，更有些弟子说这是应该的，大家都预料佛陀马上就会奔逃出来。

佛陀是人间的觉者，他的一切并不愿神奇怪异地与世间不同，他只是泰然地安坐在石室之中。因佛陀是解脱的超人，他知道毒龙对他不会有害意，后来，毒龙果真昂头吐舌，卷曲来回地游着，但对寂然不动的佛陀，丝毫没有恶意。

第二天，佛陀很平常地从石室中安然出来，口里还说着：“心若清净的话，一定不为别人所害。”听到此话的人，还见到佛陀的后面放光。

优楼频罗迦叶心中思惟着：“这决不是一位普通的人，他一定是一位超凡的圣者，难道他是为了征服我而来的吗？”他心下这么一想，不觉就慌乱起来。

佛陀又很有礼貌地问优楼频罗迦叶道：“可以暂时让我在这里修行吗？”优楼频罗迦叶听了并未深疑，他此刻又以为佛陀很尊敬他。

佛陀住下来以后，适巧当时有一个地方举行很盛大的祭典，聚集成千成万的人，被请为主祭的优楼频罗迦叶，心中很怕人们见到佛陀，因为他知道佛陀有一股不可思议的力量能慑服别人。佛陀早就知道他的心，所以到这一天，无论在什么地方都没有人见到佛陀，后来惹起优楼频罗迦叶的怀疑，他就问佛陀昨天是到什么地方去了？佛陀和颜悦色地看着他说道：

“我知道你的心中希望我不要给人看到，所以我也就不给别人见到我。我老实对你讲，你还没有觉悟到人生的真谛，你还充满嫉妒的心。以你这么一位有人格的人还存有嫉妒的私念，从你修行的方法看来，这本不足为怪。你在拜火以前，如果不断这个念头，你永远不能证得涅槃！”

佛陀这么一说，优楼频罗迦叶起初听时大吃一惊，他想反问佛陀为什么这样说，但他知道这样问他反而显得无智，他只得坦白承认地说道：

“对啦！我很惭愧，您说得一点不错。我知道您已经是成就佛陀大行的圣人，我听说您过去在这不远的地方修行，可惜我没有见过您。您比我还年轻，但您的智慧、道德都比我占优势，但是，我又不愿意承认。现在我对真理变成一个不忠实的人，我现在唯有诚恳地拜在您的座下，希望您收我做您的弟子，洗去我心里的尘垢！”

佛陀点头称赞道：

“好！优楼频罗迦叶！我知道唯有像你这样的人，才能说出这样的话。不过，信仰你的弟子很多，你还是和你的弟子们商量商量以后再说罢！”

优楼频罗迦叶听了佛陀的吩咐，当时就集合他的五百弟子，坚决地向他们说道：

“我到现在才明白我的往日全非，我现在已经逢到宇宙之光的佛陀，我已经是佛陀的弟子。我希望在佛陀的座下洗去我心上的尘垢，使我能趋证到涅槃。佛陀说，心不清净，是不能灭除一切苦恼的，我们祭火而心中仍然充满垢秽，这样的修行，又有什么意义呢？当佛陀初来的时候，我就觉得他不平凡，超过我多多，可是，愚痴蒙覆我的心，我还不肯在真理之前屈服。现在，我仔细思惟再三，希望你们也能一起和我皈依佛陀做弟子吧！”

这五百名修道者——优楼频罗迦叶的弟子，听老师这么一说，被佛陀的威德都深深地感动，都发誓愿意跟随老师，永远做佛陀的弟子。

优楼频罗迦叶非常欢喜，从此和弟子们，投身于佛法的怀抱中，做了佛陀的常随众弟子。他把事火的道具，全部抛入尼连禅河中。

道具随着流水往下流去，一直流到优楼频罗迦叶的两位弟弟住的地方来。

优楼频罗迦叶的两位弟弟，一名那迦叶，一名伽耶迦叶，他两个人，也是事火教的教徒，各有弟子二百五十人，这一天见到长兄事火所用的道具，从尼连禅河的上游流来，以为发生什么意外的事情，不觉茫然伤感地流下泪来。

他俩猜想长兄一定发生什么不寻常的事，难道给国王驱逐了吗？国王哪里敢对神圣的仙人这么无理呢？那么给山贼杀害了吗？山贼有这么大胆吗？他俩想来想去，还是想不出一个原因出来。

他们带着惊怖的心情，星夜赶到长兄的住所来。走进长兄的苦行林，就见到一向被自己尊敬仰慕着的长兄，以及长兄的五百弟子都改作沙门，头上剃光须发，身上穿着黄色袈裟，他们两人见到以后，竟闭着眼连连摇头，不忍再看。

他们两人，在转念之间，又情不自禁地气愤起来，向优楼频罗迦叶说道：

“大哥！你怎么变成这个样子呢？你是听到什么人的话而堕落到如此？你所悟的智慧，在这个世界上没有人能和你相比，天下的尊敬都集中在你一身，你为什么要听信他人的教，这么轻易地改变你的信仰？过去我们有你这么一位长兄，觉得是无上的荣耀；现在我们真感到做你的弟弟非常可耻！”

优楼频罗迦叶听到两位弟弟的责难，他毫无气恼，更心平气和地说道：

“弟弟！你们来了，好得很！我正预备要去访问你们。不错，正如你们所知道的，我现在已经改宗信仰佛陀了。我以前也绝对不会想到自己会变成这样，所以你们感到不可思议，这不怪你们。是的，我听到佛陀的一席话，我就从迷途上走向正道来，我到今天才像从黑暗中见到光明。我很欢喜我活到现在，我在今生能够皈依佛陀，这是多么难遇的因缘！在过去，我还没有逢到佛陀的时候，和你们的想法一样，以为自己的修行，已获得正觉，可是逢到佛陀以后，才知道自己的内心仍然充满着尘垢，你们要知道，内心不净，怎么能解脱生死呢？我活到这么大的年纪，从来不曾有过像皈依佛陀以后这么安静。

“你们不必有高而且深的我慢，佛陀有大的神通，大的智慧，大的慈悲，绝对不是我们所能及得上的。我现在受着国王的崇敬，全国人民的供养，其实我还没有断除根本的生死，这有什么可值得荣耀高贵呢？我感到荣幸的是现在逢到大圣者的佛陀，在他的教导之下，我相信一定能达到我们修行者日夜所祈求的目的。

“弟弟！我执不要这么深厚，你们也知道我的智慧，我尚且知道改邪归正，你们凭什么还要执迷不悟？难道愿意永久陷在尘垢之内、生死渊中？”

优楼频罗迦叶的这一席坦白诚恳的话，说得两位弟弟哑口无言。他知道弟弟是相信自己的，因此就把他们带去求见佛陀。当他们见到佛陀的时候，佛陀那无限深广的威严和慈悲，他们一见之后，心中不觉也生起崇敬来，他们此刻才真的知道长兄的改宗并不是没有理由。

他们聆听佛陀的法语以后，更加佩服，所以就很欢喜地要求佛陀怜悯他们，让他们带着弟子一起改宗归投在佛陀的座下。

佛陀集合迦叶三兄弟并弟子一千人，就以火譬喻说教道：

“弟子们！种种的妄想，就像一块打火石，会引起种种愚痴的黑烟，炽烈地燃烧起贪欲与嗔恚的猛火，使一切众生受害受苦。

“这愚痴、贪欲、嗔恚，就是三毒的烦恼之火，众生因为烧起这三毒之火，所以就轮回在老病死的苦恼之内，在生生死死的世界中从此就不能解脱出来。

“诸比丘弟子！这三毒猛火是苦的根源，是以我为本。要想灭除这三毒的猛火，必须先要断除以我为本的执着。这个根本的我执能够断除，三毒的火烟才会消灭，轮回在三界之中的一切苦恼，也就自然而然地消除了。

“诸比丘！厌弃生死的火宅，远离三毒的猛火，进一步还要把内心中三毒的烈火完全息除，不要沉迷于生死烦恼的家中，这才是最要紧的大事！”

这一千个弟子，听佛陀的开示，欢喜赞叹，息除一切烦恼之火，畅游在解脱的境界之中。

佛陀说法以后，就领着这一千名弟子，应摩竭陀国频婆娑罗王昔日的邀约，向摩竭陀国的首都王舍城而来。

佛陀带领弟子走后，留下迦叶的这座苦行林，人去林空，寂寞萧条，风儿吹动着树梢，鸟儿也很少飞来啼叫，这座苦行林，从此失去了迷妄的荣耀！

25 频婆娑罗王的皈依

现在说到佛陀离开尼连禅河优楼频罗迦叶的苦行林，有一天来到灵鹫山顶，这里茂林修竹，花卉争艳，是一个风景美好的地方，佛陀就暂时在这里住下来休息。王舍城的人民，对于佛陀光临的消息已很早获知，他们都准备要用香花欢迎于道旁。尤其社会上一些敏感的人，知道三迦叶兄弟皈依佛陀经过，都在谈论不休。舆论界更是惊奇地赞仰佛陀，这些出人意料的消息，就这样传入国王的耳中。

摩竭陀国的国王是频婆娑罗王，他听到佛陀光临到他的国土，欢喜兴奋异常。他回忆起十多年前，佛陀经过他的首都之时，那时佛陀还是悉达多太子，他曾愿意分半个国家给他。想不到昔日的太子，今日真的成为佛陀。当初，他曾要求太子，请他证悟后，一定先要来救度他，这预言今日竟能实现，在频婆娑罗王的心海之中，感到真是千生难遇万劫难逢的幸运。

频婆娑罗王希望能早日拜见到佛陀，当即派遣使者往灵鹫山顶上去迎接，自己带着大臣、眷属、婆罗门，恭迎在王舍城外的竹林旁。频婆娑罗王一行人等远远地看到佛陀来时，那佛陀的面容是多么庄严呵！态度是多么安静呵！他一看就知道这是一位断除欲望的智者。等到佛陀走近的时候，他带领群臣、眷属，向前顶礼佛足，表示慰问法体的安康，也表示他们内心诚挚的敬意。

佛陀慈悲地微笑着，以答谢他们的欢迎，然后就和频婆娑罗王并排着进城。

佛陀的威严端庄，频婆娑罗王不知道如何向佛陀问答才好，他在佛陀的大威力之下，唯有低头不敢多言。

进入城中，街旁的民众，夹道欢迎，顶礼膜拜，高声欢呼，佛陀都留意地一一微笑招呼。经过数条街道，即至王宫，等到大家在王宫中安坐以后，佛陀向频婆娑罗王说道：

“大王！分别以后，身体很好吗？治民很如意吗？”

“佛陀！受您德光的庇照，一切都尚堪告慰。佛陀！我现在有一个问题，很冒失地想请佛陀开示，以除众人的疑惑。这就是此刻坐在佛陀身旁的优楼频罗迦叶道长，他是我们全国所尊奉崇拜的修道者，他既有盛德威名，也有很高的年龄，对于他做佛陀的弟子，把事火的器具遗弃，这是什么原因呢？我们都很想知道。”

佛陀看看优楼频罗迦叶，示意他来回答频婆娑罗王的问话，因此，优楼频罗迦叶就回答道：

“大王！对于你请示佛陀的这个问题，我很高兴讲解给你知道。除你以外，也有很多的人，从过去直到现在，对我的隆情厚意，对我的拜火而信奉，我也想告诉他们。

“大王！佛陀实在是三界人天的导师，是四生有情的慈父，不是我们所能够比拟。像我长到这么大的年龄，还没有死去，能够加入佛陀的弟子群中，真感到无限的欢喜和荣幸。我为什么要把拜火的器具抛弃而皈依佛陀？这是我明智的抉择，也是佛陀的威德感召。过去，我以事火为功德，相信这精勤的苦行，可以生到天上去享受五欲的快乐，但这并不能离开贪嗔愚痴的烦恼。就是生到天上去，一方面在享受快乐，一方面还是要恐惧生老病死的可畏。事火是为的求生，有生就有老病死，如果能有一个法门，使我们不生，进入涅槃，那不就是没有老病死了吗？那不就是一个自由解脱的地方吗？

“大王！如果没有大慈大悲的佛陀，我无论如何不能从愚痴的事火教中走出来。没有拜见佛陀以前，我以为事火是最上的神圣修行，自从听到佛陀的教示以后，我才知道事火是增长迷的因。所以我在服从真理的原则之下，就舍弃事火的苦行而皈投在佛陀的座下，我的弟子也和我一样想法。我做人、修行，一直到现在，才感觉到我的心有了着落。”

优楼频罗迦叶坦白说出他内心的真诚之言，以及赞美佛陀巍巍的功德，频婆娑罗王听得啧啧称赞，他又再对佛陀说道：“佛陀！我听到优楼频罗迦叶的叙述，我也和他一样，我感觉到很欢喜也很荣幸，我今日能再逢到佛陀，实在是三生的幸运。现在请求佛陀明察我们下根的人，讲一点我们能领受的法语听听，好吗？”

佛陀慈悲地说道：

“大王！我现在说一点关于我们自己的身体给你听听。我们身体上的眼耳鼻舌身意等的一切作用和活动，就是生死起灭的原因。若能深深了解这个生死，那就不会执着。对一切法都能生起平等的观念，那时才能认识我们自身的真相，这个真相，就是所谓无常之相。

“可是，若人真想究竟洞悉这无常之相，并不是容易的事。因为人有意识的存在，所以生出种种的欲望。欲望、肉体、心，都是生灭的，都是不能常住的。大王！你知道我们的身体是无常的吗？假使你知道一切色心之法，是无常的，是不安的，是虚幻的，是皆空的，那就没有‘我’的迷妄，没有‘我所有’的束缚。明白‘我’是无常的，‘我所有’是虚假的，没有‘我’和

‘我所有’就不会生苦，也不会受束缚。把握这一点，就是一个清凉的去处，就是一个解脱的地方。”

佛陀从他大智觉海中流露出的法语，是他认识自己，认识宇宙的真实之言，频婆娑罗王听到这里还不能完全了解，他插上来带着惊奇的口吻请问佛陀道：

“哎哟！佛陀！你说没有我，那么果报是哪一个来受呢？”

“大王！你再想一想：谁来受果报呢？我告诉你，还是众生自己要来受果报的。不过要受的果报，这也是如幻的。大王！你应该为自己的幸福打算，抑或是应该为人民的幸福打算呢？你应该为自己的不幸着想，抑或是应该为人民的不幸着想呢？究竟哪样才是王应想的呢？你要知道：当我们的心与境相遇的时候，这只是空与空的聚合。好比石头与石头相碰以后发出的火花。大王！火花是石头的东西吗？还是谁的东西呢？你照如此去想也就明白。

“人间在还没有生我以前，就已经有我呢？还是死后有我呢？睡眠的时候是我呢？还是午夜醒来时是我呢？心里没有挂碍是我呢？还是身体上有故障是我呢？所以仔细地想起我时，不过同于石与石相撞而发出那瞬息的火花，但石头不就是火花，等于水中有时起了泡沫，但水并不是泡沫一样。

“假若一定要说有我，那又何必要苦苦地修行呢？假若一定要说一切都没有，为什么要求解脱呢？老实说，在这个世间上，‘我’没有所作，也没有作‘我’的主宰，一切都在随着自业流转而已。

“人有主观的眼耳鼻舌身意的六根，向外攀就有客观的色声香味触法的六尘，所以结果生起眼耳鼻舌身意的六识。由于心与境遇合的六识，因此那不如意的烦恼之我也就生起那老病死的循环。贪嗔痴的无明，都是起源于这个我，好像石头与石头相撞击的时候，有时有火，有时无火，但石和石不相撞时，就不能说石头是火。大王！这很小的事情，我为了要明白，经过了多年的修行。大王！离开我执，不是容易的事，可是不离我执又是错误的、愚痴的、颠倒的。

“忘了我而只为一切众生，再忘了我及一切众生而进入不动心的领域，把心扩大与宇宙一体时，那就是‘我’进入涅槃之时，大王这才是人间本来的实相，那个地方才没有生死。”

佛陀讲到这里的时候，频婆娑罗王和一切听众，内心清凉，得到无上的喜悦，得到法眼净。频婆娑罗王欢喜非常，大众也感动得流着眼泪，他们都皈依了佛陀。

26　在竹林精舍的教化

频婆娑罗王迎接佛陀住在王宫中，得到无上的法乐，他心中老是想着不知如何报答佛陀才好。

忽然，王舍城的迦兰陀竹林浮现在他的脑内，那竹林之中，寂静雅洁，很富有园林的优美，在那竹林中建筑一座精舍赠送给佛陀，他想佛陀一定也很欢喜。有一天他向佛陀说道：

“佛陀！世间究竟的真理，从佛陀大觉海中流出，我每听佛陀说法以后，内心总觉清凉。记得在十多年前，当佛陀路过我国的时候，我就看出佛陀不是一位平凡的人物。后来我知道佛陀在伽耶山修习苦行六年，我终日在盼望着佛陀得到正觉以后，就来向我说教，现在能满足我的夙愿，我真不知如何形容我内心无限的欢喜。现在，我看到佛陀像是将要离别我的王宫，又要远游的样子，我真焦急得快要张皇失措，我不知如何才能挽留住佛陀，以便我们这些凡愚的人常能亲近座前，听闻正法。佛陀已经知道迦兰陀竹林是一个清净幽美的地方，我想在那里建一座精舍，供养给佛陀长期安住和说法。这是我的诚意，我带着满腔殷切的热望，愿佛陀能够慈悲接受！”

佛陀慈悲地回答道：

“你就开始兴工吧！我很欢喜地接受！”

频婆娑罗王当即传下敕命，命令臣下迅速地在迦兰陀竹林为佛陀建筑一座精舍。

精舍不久完成，计分十六大院，每院六十房，更有五百楼阁，七十二讲堂，定名竹林精舍。频婆娑罗王亲迎佛陀及诸弟子住于精舍之内，佛陀很高兴地说道：

“布施是去除贪欲，忍辱是压止嗔怒，智慧是远离愚痴，布施、忍辱、智慧，这三者是能进入涅槃之门的路径。

“说到布施，不一定是财宝，见到别人布施，心亦随喜，将来所得的果报，和布施的人相同。”

佛陀讲这话的时候，那佛陀的慈祥和蔼之光，完全流露在面上。

有的是能够布施的人，那是因为他知道自己的不足，有的人虽然是知道而没有力量去布施，可是只要他见到布施的人而心生欢喜，这也和自己布施相同，一样可以得到福报功德。像这样的事什么人都可以做到，因此，接受佛陀的慈爱怜悯，是什么人都可以的。佛陀是人间一个真正的宗教家，他什么人都要救度，不限于有金钱财富的人。“看到他人布施而心生欢喜”，佛陀指示的法语，足为千千万万年后的我们来深思和赞美！

佛陀带领着一千余名弟子，住在竹林精舍里，这些弟子都以佛陀为中心，共同过着渐渐形成的僧院生活。在佛陀还没有到王舍城来以前，已有很多皈依佛陀的弟子，他们奉了佛陀的慈命弘化在各方，这时都陆续归来。当他们走进竹林精舍，看到那些佛陀的众多的弟子，现在都是如兄如弟，他们每个人都非常欢喜！

佛陀也很欢喜他们的归来，和他们一一叙说别离之情，并询问他们弘化的状况。

佛陀接受频婆娑罗王赠送的竹林精舍，在弘化的事业上，一方面得到不少的方便，但另一方面却开始引起一些人对佛陀嫉妒、反感、轻蔑起来。可是，在以慈悲包容一切的佛陀，仍然有着很多人从各方赶来皈投到佛陀的怀抱。佛陀在这初期传道的时期中，能得到竹林精舍是一件大事，但比这更大的事，还是要算得到两位弟子，一名舍利弗，一名目犍连。他们后来辅佐佛陀将正法教化人间，对佛陀教法的弘传，其功劳足为我们后人效法、景仰！

舍利弗，本来的名字叫作优波室沙，目犍连叫作拘律陀。他二人有着世间稀少的聪明和学问，起初是共依当时学术界权威的删阇耶为弟子，后来觉得不够所学，和删阇耶离开。他二人也各有着一百人弟子，这些弟子也以为除自己的老师以外，再没有人能在学问和道德上胜过他们的老师。因此在舍利弗和目犍连的心中，就傲然地以为世界上没有比他们再聪明的人。

有一天，舍利弗独自行走在街上，遇到佛陀的弟子阿舍婆誓，看他出入在王舍城中乞食，他那威仪静肃的风度，一看就知道他不是一位普通的修道者。舍利弗带着一股好奇的心情，很有礼貌地询问道：

“请问你这位修道者，你是住在什么地方？什么人是你的老师？你的老师向你们说些什么道理？”

阿舍婆誓谦虚地答道：

“我住在竹林精舍，是释种出生的佛陀的弟子，我的老师是具有一切智慧的人天大导师。我出家的时间不久，还不能完全领受，所以我不能宣说老师的甚深微妙的法理。不过，我可以凭着我浅智所学的一二，大略地回答你一些。我的老师常说‘诸法因缘生，诸法因缘灭’。又说‘诸行无常，是生灭法；生灭灭已，寂灭为乐’。”

阿舍婆誓这样简单地说了佛陀的两句法语，听在聪慧的婆罗门的舍利弗的耳中，像有一轮光芒万丈的慧日，把他心中一切疑云驱散，其得到无上法乐的欢喜之情，自非笔墨可以形容。

舍利弗心中想着，他常修行考察，以为一切因及无因，虽然都是无所作，但那是由于自在天的意思而形成。今天从佛陀弟子的口中，听到因缘法，明白到一切诸法不是人作，也不是天作，而是从因缘所生，也是从因缘而灭。这因缘启示他“无我”的智慧，断除他微细的烦恼。他越想越觉得佛陀真是伟大。自己多年的苦修，实在是无益的，真理之光，好像到今天才从阿舍婆誓的口中看到。

舍利弗和阿舍婆誓两个人好像是百年的知己，竟忘记时间，边走边说，谈得非常投机。舍利弗心中感到非常愉快，更感激阿舍婆誓，他对于阿舍婆誓口中赞美的佛陀，真出乎他的意料之外，想不到世间上还有这么一个人。他胸中的冰块，像给春阳照得已完全融解。他和阿舍婆誓约定，一有机缘他就要去拜见佛陀。他向阿舍婆誓顶礼以后就告别回家，一直向老友目犍连的住处而来。

目犍连一眼见到舍利弗那欢喜得忘形的样子就问道：

“舍利弗！你怎么今天这样欢喜呀！难道你得到什么法宝了吗？”

“目犍连！我现在知道一个伟大的人物，足可以做我们的老师！”舍利弗的面容洋溢着得意的微笑。

“舍利弗！你不要这么小看了自己呀！世间上哪里还有这样的人呢？”

“目犍连！的确是有呀！他就是佛陀，是的的确确的佛陀！我们所要求的人就要逢到了。”

舍利弗把听到阿舍婆誓说的佛陀之法，一一转告目犍连。讲话时的舍利弗，与听话时的目犍连，都欢喜得潸潸地流下眼泪。

第二天，舍利弗和目犍连带领各人的弟子，一起走向竹林精舍去拜见佛陀。

佛陀一见就非常欢喜，佛陀感觉到自己证悟到现在，所说的话，才真正有了了解的人。

自从舍利弗和目犍连带领弟子皈依佛陀以后，很多的人都想跟随佛陀出家学道，社会上知道佛陀的感化力太强，人人都恐惧自己的子弟去出家，更有的怕佛陀的弟子多起来势力太大，因此批评的风声也就随之而起，他们都批评说：

“沙门释迦牟尼，扰乱我们的家庭，断绝我们的宗嗣，把我们的子孙都诱惑去出家。那优楼频罗迦叶三兄弟，还领了一千弟子皈投在他的门下。他是从母亲的手中夺去孩子，从贤妻的身旁夺去丈夫，才会感到满足。”

这些批评的风声，给佛陀的弟子走在街上时一一地听到，知道人人发怒，他们把外面的闲言，很详细地报告佛陀。佛陀听后很安详地说道：

“外间批评的那些言论，是不会长久的，可能会有六七天，以后就不会有人批评了。你们不要挂念于心，看这个世间，应该豁达些才好。你们以后再逢到这样批评的人，你们就照我下面的话答复他们：‘真人的佛陀，是引导人们了达人生的真理，非但是叫人要做人，而是叫人更要做一个完美的超人。学佛并不一定要出家，在家奉行佛陀之法也是一样。’”

佛陀的弟子，朝晨乞食，行走在街上，听到一些非难的言词时就把佛陀吩咐的话向众人宣说道：“真人的佛陀，是引导人们了达人生的意义，明白人生的真理，非但叫人做人，而且更要做一个完美的超人。学佛并不一定要出家，在家奉行佛陀之法也是一样。”

社会上的群众，听到佛陀弟子的话，再回想回想，果真不到七天，这些非难的言词没有人提起，大家对佛陀的先见之明，更是五体投地地佩服。

有一天，佛陀暂时离开竹林精舍，登上灵鹫山，入定在豚崛洞的时候，住在这儿的舍利弗的舅父长爪梵志（摩诃俱絺罗）听到这个消息，特别前来拜访，他是异教中一位很有名位的仙人，知道侄儿舍利弗的改宗，对佛陀的威德就非常向往，这一天他在拜访佛陀的时候对佛陀说道：

“我还没有认识一切！”

“没有认识一切，就已经认识一切了。”佛陀微笑着回答。

长爪梵志给佛陀这一说，没有一句话可以回答，佛陀又说道：

“肯定一切的人，就是否定一切的人；肯定某一项事物的人，就是否定某一项事物的人。肯定一切，很容易给贪欲拘囚起来；否定一切虽然能够远离贪欲，但太固执这个否定，也是一种执着。舍弃一切肯定与一切否定，那才是真理的认识。”

长爪梵志听到佛陀这些简洁的至理名言，很感到自己不足的羞愧，他也很诚挚地做了佛陀的弟子。

佛陀度了长爪梵志以后，又回到竹林精舍中为诸比丘说法。

万川流入大海，佛陀的慈悲、德慧，像一片汪洋无边的大海，千万条的河流都向大海流来，大海中的水量虽然在不停地增加，但一点都不会溢出来，静静地容纳，静静地交流，大海究竟有多大，谁又能预测呢？

佛陀的清净法身是解脱自在的，但佛陀应化的肉体并不是不死之身，如果佛陀假因缘和合的丈六金身的身体是不坏的话，则佛陀阐明的那些宇宙人生的真理就会自语相违。有为的法是无常的、无我的、生灭的，即使成了佛陀，只要他有为的色身住此世间，就要应顺法的自然性，就不能与法的自然性相违。

有一天，佛陀示现疾病，他静静地休养着。病讯给频婆娑罗王知道以后，就赶快叫御医耆婆前来为佛陀治疗。耆婆一向是尊敬佛陀的人，他很高兴地为佛陀看病。本来，在耆婆的心中，老早就挂念着佛陀的弟子们，他们穿着的衣服，不讲究清洁；吃喝的饮食，也不讲究卫生；可是他没有勇气，也不敢向佛陀进言。

佛陀病好以后，御医耆婆老想送一样礼物供养佛陀，他思来想去，不知要送什么礼物才合适，他后来想到他过去替邻国的大王医病，那大王曾报酬他一件上等的衣服，那衣服是王者穿的，唯有佛陀才配穿着，他把衣服呈献给佛陀说道：

“佛陀！我自从拜见佛陀以后，我就挂念着一件事情。佛陀常说，在这个地上比较宝贵的就是我们的身体，可是我看到佛陀的弟子们常穿着褴褛的衣服，这站在我们医者的立场，无论如何解释都是不合卫生。这件衣服是邻国大王的赏赐，我希望佛陀接受我转赠的供养，给我种一点福田，我更盼望着，就是请佛陀叫比丘们从此不要穿褴褛的衣服。”

没有执着的佛陀，很欢喜耆婆的厚意，他着人传话给诸比丘弟子说：

“穿着的衣服，无论新旧，一定要朴素清洁，要经过日光消毒。如果心为绮丽美观的服装所染，固非所宜，若一定要穿着褴褛的服装以示学道，也是不当。”

佛陀的话传出去以后，王舍城中的人民，都争着做许多衣服赠送给比丘大众。

供养佛陀及弟子们的人多了，这风声传进一位大富豪的耳中。

这位富豪是住在离王舍城不远的摩诃沙罗陀村，名叫大迦叶，聪明博学，富甲天下，是婆罗门中最杰出的人物。当佛陀在竹林精舍说法时，他每次都前往听讲。佛陀的德慧，终于渐渐地打动他的心，他也想跟佛陀出家。有一天他在归途上，走近王舍城的多子塔边，在那株大树枝叶交错的地方，他奇怪佛陀也在那儿静坐。他看了又看佛陀的肃静和威严，终于觉得不去礼拜不成。他在佛陀的座前合掌顶礼以后，非常恳切感动地说道：

“佛陀！我的大师，请接受大迦叶的皈依，大迦叶从此是佛陀的弟子！”

佛陀知道大迦叶的信念，说道：

“大迦叶！你真是我的弟子，我确是你的老师。在这个世间上如果没有证得正觉的人，是受不起你做弟子的，你跟我来吧!"

佛陀静静地站起来，往竹林精舍的方向走去，大迦叶跟在佛陀的身后，他恭敬感动的眼泪不住潸潸而下。

佛陀回过头来看看大迦叶，然后说道：

"我早就知道今天是你得度的日期！很好，未来佛法的流传，用着你的地方非常之多。"

佛陀度化大迦叶以后，王舍城的佛法，已经打好基础，灵鹫山的精舍也成于此时，国王学者，纷纷地皈投而来，佛陀的教化，更是普遍各方了。

27 祇园精舍的建立

佛陀在竹林精舍，环绕在左右的弟子，逐渐地加多，弟子多了，发心供养的人也是与日俱增。

一天，王舍城中有一位首罗长者，承受佛陀的教化，发心备办丰富的肴馔，想在第二日请佛陀到他家中来受供。

就在这前一日的晚上，首罗的知友须达长者忽然从舍卫城远道而来，为他第七公子向首罗长者的千金求婚，他一面和首罗长者寒暄，一面见到主人家中的仆人穿梭来往地忙着。再一注意，庭院整洁，挂灯结彩，茶水饭菜，像是准备欢迎什么贵宾，他惊奇地忙问首罗长者道：

“我的好友首罗长者！我看到尊府的情形，禁不住心中生起疑惑，我请问你，你阖府上下今日这么喜气洋洋地忙碌，是贵国的大王就要光临呢？抑或是府上哪位少爷和千金要办结婚的大典呢？”

首罗长者听后，微笑着回答道：

“善良的老友！你怀疑的问话都猜测得不对，国王的御驾亲临，以寒舍的情况，随时都可以迎接，至于说到儿孙的婚典，哪里要我这么烦心？”

“那么，府上为什么要如此隆重地铺张呢？我不敢这么想，难道你的隆情厚意是为了我的远道而来吗？”

“非常对不起，我的老友，”首罗长者答道，“我实在告诉你，明日是我们人间救世主的佛陀，带领他的弟子们到我的舍下应供，佛陀是住在竹林精舍，现在已经来到寒林，我正在想着明日怎样来迎接供养佛陀和他的弟子。”

须达长者听了首罗的话，这天晚上，想要入睡也没办法，他还没有见过佛陀，可是佛陀老是离不开他的脑中。他受不住起伏在脑海中的对佛陀渴仰的思潮，他轻轻地起来，想不给首罗长者家中的人知道，先到林中去拜见一下佛陀，看看佛陀究竟是怎么样的一位伟大的人物！

他不由自主地，像有一股不可思议的力量催促他开门走出来，这时，明月当空，银色的光辉映照着大地万物，万物都静静地在睡眠，须达长者独步走向寒林。本来，他过去没有走过夜路，现在心中多少有点恐怖，但恐怖阻止不了他前进的心。

他渐渐地走进寒林，他非常担心，他怕拜见不到佛陀，佛陀这时大概也安眠了。不过，他想能看看佛陀的弟子也好。

忽然，须达长者见到寒林的附近像也有一个人在月光下散步，他走上前去一看，立即五体投地地跪下来问道：

“你是不是佛陀？我看到你的相好与众不同！”

“是的，佛陀就是我。你像是从远道而来的吧？你叫什么名字？”佛陀明知而故意问道。

“我是从北方舍卫城而来的，我的名字叫作须达多，因为我略有资产，欢喜救济贫穷孤独的人，给他们衣食物品，所以国中的人，又喊我给孤独！”

须达长者在说话的时候，他又望望佛陀，佛陀那完美的人格与风度，真出乎他的想象之外，佛陀的身后，像放射着耀眼的金光。

佛陀就站在寒林里向须达长者说法，明月照在空中，树荫散在地上，须达长者受了很深的感触，他指着佛陀的弟子们问：

“他们都已经睡觉了？”

佛陀回答道：

“他们每天学道、研究、说法、利人，都很辛苦疲劳，而且，他们的心，没有爱执，没有烦闷，把心调伏到寂静的时候，是很容易安眠的。

“给孤独！你今天的旅途，一定也很辛苦了，来到我这个地方，都是你有着纯洁清净的信仰，有着欢欣踊跃乐闻正法的决心，我今夜很高兴为你说法：

“你从过去久远劫以来，积聚种种的善行，有着坚固的信念，一闻到我的名字就很欢喜，真是堪受正法的大器。

“你富有无数的财宝，乐于惠施救济贫穷的人；你能善用金钱，而不为金钱使役，实在是难能可贵的德行。不过，你过去的布施，只是祈求的人天福报。人天福报，一样不是安稳寂静解脱的胜境，若是有‘我’的这种乐，那也是不久常的。比钱财更进一步的布施，是至心施、精进施、时施、寂静施、无畏施，才是庄严我们德行的法门，才是步上自由光明解脱的大道。”

佛陀在向须达长者说法时，很多弟子也起身围绕在身旁注视倾听，这时，大地是静静的，四野没有一点声响，唯有佛陀的法音回荡在空中。

不过，须达长者还有一个问题怀疑在心中，他问佛陀道：

“慈悲的佛陀！我今日聆听你的指示，像是开启我的慧眼，对于布施，我又有更进一层的了解。我过去只求短暂的人天福报，这种迷妄的黑云，好像今天给一阵秋天的厉风吹刮得无影无踪。可是，我们往日都是崇奉自在天神的，说世间上的一切，都是自在天神所造作的，天福既然是短暂的，不究竟的，那么，自在天又怎能来控制世间呢？拜望慈悲的佛陀，再多多地为我开示！”

“给孤独！说世间上的一切，是自在天神所造作，这是愚痴的邪说！如果真是有自在天神能创造世间上一切的话，那么，世间上为什么到处遍满了罪恶呢？到处都表演着灾害呢？如果真要说有神创造世间，则更不应有六道轮转的生死。生就不应该有灭，成就不应该有坏。

“假若，自在天神能造一切的话，则人都可以住在家中不要工作，等候自在天神造给人们饮食。人们受苦恼的时候，则不应该怨天，因为自在天可以左右一切的。可是事实上不然，人们被苦恼逼迫的时候，一样地要怨天。自在天既能创造一切，左右一切，为什么要人怨恨他呢？人们为什么不用自力工作就不能维持衣食之需呢？而且，世间上很多的人都信奉着很多的神，没有信奉自在天，自在天的万能神力又到哪儿去了呢？

“再说自在天假若真是自在天的话，就不应该有所作。因为有所作业，就有疲劳，有疲劳则不能名为自在。若说自在天是无心而作，则与婴儿的所为有什么分别？若说自在天是有心而作，有心于事，即不能名为自在。

“给孤独！苦乐都是众生自己业力的感召，自有其因果的关系，诸法都是因缘所生，绝非是自在天所作！”

须达长者听后，欢喜踊跃地说道：

“佛陀！我现在恍然觉悟到昔日全非，我没有像此刻心中这样高兴过。我愿意和首罗一样，从此誓愿生生世世皈依佛陀，并且恳请佛陀到我的国家憍萨弥罗国舍卫城去说法。到了那里，一切衣服、饮食、卧具、汤药等生活上的所需，我的经济力量一定可以供养。”

“舍卫城是在北方，我也老早想到北方去的，可是我的弟子们的人数很多，没有广阔的精舍不容易安住下来。”佛陀深思似的，又若无其事似的说。

“佛陀！我的国家土地很丰，人情很厚，舍卫城离佛陀的祖国迦毗罗城也不远，我国的国主波斯匿王是师子族的后裔，以仁爱治国，善护众生，他和佛陀的父王同样获得远近臣民的敬仰。

“佛陀！我就想在我国家的首都所在地，建立一所至少和竹林精舍一样的精舍，希望佛陀怜悯我国下愚的众生，带领比丘们一同光临！”

佛陀知道须达长者发了殊胜的心，很欢喜地赞叹布施的功德道：

“给孤独！你现在发心行大布施，不存贪欲的执着，不但可以做人间的模范，而且有这样的存心也才能与真理相合。

“你生平乐善好施，因为你知道无常的火燃烧着你财宝的仓库。储蓄钱财，绝对不是持宝，把钱财用作救人利世，才是真正的储宝。布施虽是为人，实在也是为自己。做人不要过分贪图金钱，要过合理的经济生活，那慈悲恭敬的心念才会自然涌起；嫉妒和我慢的邪执才自会消除，这就是布施的力，这就是解脱的因。

“你发心回国建立精舍，这不是金钱布施，这是法宝布施。有人布施的目的，是为希求五欲的快乐，或是为好的名闻，或是为免除自己的贫贱，而你是怀了能让众生得到法乐和解脱而布施精舍，你已没有愚痴爱执的心，你很有远大的眼光，你就回国赶快动工吧，佛陀一定如你的愿望，等精舍完成时，就会前去。”

须达长者领受佛陀的教导，生大欢喜，即刻礼佛而退，准备即日返国。

一天，须达长者返抵到憍萨弥罗国的舍卫城，在国中到处探访适合供养佛陀建立精舍的圣地，他在探访很多的地方之中，唯有国主波斯匿王的祇陀太子所拥有的一座园林，山明水秀，林茂花香，是一个最佳的地方。他知道这座园林是深为太子爱惜，大概是怎样请求他出卖也是没有办法，可惜他不以为是太子的没有办法而就断念。他终于晋谒祇陀太子，向他提出要求道：

“太子！我想你一定已知道我们印度出了一位伟大的佛陀，他实在是人类的救主，是真理的明灯。为要让我国人民能承受他的法益，永离生死苦恼，赴上清净快乐的领域，我想迎请他前来我们的国家，我要建立一座甘露的宝殿，以便给佛陀和他的弟子们安住。

“可是在我们的国中，我寻来访去，很难找到一个理想的地方。我唯有觉得太子的那座园林，是最适宜建立精舍供养佛陀，为我国人民的利益着想，希望太子能把这座园林卖给我，让佛光早日照到我们的国家来！”

憍萨弥罗国波斯匿王的祇陀太子，听给孤独长者要买花园的一席话，对于佛陀的为人还未完全了解，感到很是为难，如果承认给孤独的请求，哪有一个做太子的把心爱的花园卖给别人？如果不承认他，他是憍萨弥罗国一个有名的长者，岂不是要使他对自己生起反感？祇陀太子这么想了一会儿，终于决定随便说一个很大的数目，让他断念。因此太子说道：

“给孤独长者！你也知道我最心爱的就是这座园林，你现在说要请佛陀莅临我国说法，用金钱向我买园林建立精舍，那除非你能用黄金铺满我的园林，我才将这座园林过户给你。”

用黄金铺地来购买园林，祇陀太子的话并不能吓住给孤独长者，他回到家中，即令家人开下仓库，用车装载黄金去铺园林之地。这样的至诚，终于使祇陀太子感动，他向给孤独长者说道：

“长者，我的园林的土地是卖给你了，但我园中的树木没有承认卖给你，请你允许我也布施给佛陀好吗？”

给孤独长者听到太子如此一说，知道他已悔悟，心下自是万分欢喜。他即日又束装就道，赶往摩竭陀国竹林精舍而来，他请求佛陀选派一位弟子到舍卫城去，以便设计精舍修建式样及督促工程的进行。

最后，给孤独长者又把向祇陀太子购买园林的经过情形报告佛陀，佛陀慈和地微笑着说道：

“发心的功德是不可思议的，精舍就定名为“祇树给孤独园”吧！我叫舍利弗前去计划工程，你回去的时候可以和他同行，你一切都依照他的指示进行工作。”

在舍利弗尊者的指导和给孤独长者的支援之下，祇园精舍很快就完成了。这所精舍的堂皇庄严，胜过竹林精舍，住房寝室计有数百幢，此外礼堂、讲堂、集会堂、休养室、盥洗室、诵读室、储藏室、运动场、总会所等，无不齐备，比之憍萨弥罗国的王宫也有过之而无不及。

给孤独长者拥护佛陀的至诚，在睡觉的时候都做着为佛陀工作的梦，他什么都愿意供养佛陀，甚至牺牲生命，也在所不惜。虽然佛陀的法驾还没有来到祇园，国中的民众，对于给孤独长者为供养佛陀的喜舍，都已生起敬仰。其中唯有一些外道不喜欢，嫉妒着佛法的流传，他们集会商量以后，想要和佛教开一次辩论会，以便辩倒佛教让给孤独长者醒悟过来。

给孤独把外道们的意思先告诉舍利弗，舍利弗非常高兴，他以为这正是宣扬佛陀言教的机会。

约定时间、地点，佛教和外道辩论的一天终于到来。外道的发言辩论人成百上千地高高坐在台上，佛教的辩论发言人只有舍利弗一位尊者。

说起舍利弗尊者这个人来，他是佛陀座下智慧第一的弟子，世俗上的一切学术书籍他阅读得最多，他的祖父和父亲，都是有名的学者，有名的辩论家。受着优良的血统遗传，舍利弗早成为五印有名的论客，他精通一切外道的典籍和仪规。当初，他本来就是一个外道的领袖，后来他向真理屈服才皈依在正觉的佛陀座下，而且，他现在已经证得圣果，他是一位开悟过的阿罗汉。

以舍利弗来作对外道的主辩人，那是最适当没有的。

外道终于在雄辩家舍利弗前服输，这些外道，也是能够接受真理的人，他们都请舍利弗作引导，皈投到佛陀的座下。

给孤独长者很欢喜，他感到自己的鼻子高了起来。

佛陀受给孤独的迎请，带领弟子暂时离开王舍城竹林精舍向北方的祇园精舍而来，佛陀知道机缘成熟，沿途都施以教化。

佛陀到达舍卫城祇树给孤独园的时候，人人都很欢喜，佛陀受他们全城人民盛大的热烈的欢迎。佛陀在北方从此也有了佛化的根据地。

28　波斯匿王的皈依

佛陀被给孤独长者迎接到祇园精舍，这里的环境和风景优美得好比人间天上。园中有的是奇花异木，精舍建筑得又富丽堂皇。禽鸟婉转地鸣叫，流泉潺潺的有声，佛陀和弟子们就在这里安住下来。

憍萨弥罗国的大王是波斯匿王，知道他的太子祇陀将首都舍卫城的花园卖给须达长者，须达长者又建筑精舍供养佛陀。“佛陀是一个什么样的人？他怎么能感动人民对他这样崇敬与信仰？”波斯匿王心中生起很大的疑惑。

有一天，波斯匿王终于带领百官大臣，驾临祇园精舍来拜访佛陀。

波斯匿王拜见佛陀的时候说道：

“听说你是一位大觉大悟的佛陀，这是不会错的。不过我真不懂，很多的修道者，他们在深山丛林之中长住数十寒暑，直到衰老之年，尚且不能觉悟，你的年龄这么轻，也不过三十多岁吧，怎么就能证得正觉呢？而且你更不是婆罗门。”

佛陀慈悲而又有力地回答道：

“大王！很多人都经常蔑视年轻的人，这是一个很不好的现象。世界上有四事不能轻视：一是年幼的王子，二是初生的小龙，三是星星之火，四是年轻的僧侣。因为王子虽幼，他将来长大时可以做统治国家的主人；小龙虽小，但它很快就可以成为大龙，而且大龙也隐身在小龙之中；星星之火虽小，但可以燎原，森林、城市，不都是星星之火能燃烧的吗？僧侣，只要心能清净，守护道业，抱有救度众生的弘愿与精神，是不分贵贱，不论老幼，是谁都能得到无上的正觉。对着觉悟的人，对着究竟的真理之前，或轻视或恶口，获罪是很重，这要忏悔才能灭除这深重之罪。”

过去从没有敢对波斯匿王直言的人，他是一位个性很强很有固执习惯的大王，听佛陀这么一说，他的心好像受了很强的震动，在有特殊精神力的佛陀之前，终于压倒贡高我慢的波斯匿王。

“佛陀！我什么都不懂，请你指教我一些道理！”波斯匿王惭愧又抱歉似的嗫嚅着说。

除了真理以外，不恐惧其他威力的佛陀，用静静的威严慑服波斯匿王。佛陀沉默一会儿，向波斯匿王说道：

“大王！你是一个国王，你应该爱民如你的爱子一样，不要以为做国王是来压制人民，生命是平等的，没有什么再比生命可尊可贵。要严厉地克制自己的恶念，要以宽大对待别人。最要紧的是不要把自己的幸福建筑在他人的痛苦上。要帮助苦难的人，要安慰烦恼的人，要救济有病的人，特别是站在王者的地位，不能听信阿谀的言词，要知道王者是来为人民谋取幸福，而不是要人民都来为王者服务。

“做王的人，要知道爱是苦，要紧的是能离开情欲；终日沉迷在情欲的旋涡中，只有沉沦而不能获救。树林被火烧的时候，飞鸟也不会聚集起来做巢，可是一般人生活在情欲的火焰中并不知脱离。再贤能的人，当情欲燃烧起来的时候，也不能够用冷静的头脑判断事理，不能够思考一国的利害。那个时候自己的生命尚无把握，哪里会再想到别人可贵的生命！

“悟入真理的正道必定要修学正见、正定、正语、正行、正命、正精进、正思惟。世间上有两条道路：一条是从光明走向黑暗，一条是从黑暗步上光明。短见的人是从光明到黑暗，贤能的人从黑暗到光明。唯有智者才能进入灿烂光明的世界，救自己的生命，也才能救别人的生命。人生是无常的，苦恼是应当知道，幸福不到外面去求，把心安住于寂静的涅槃之中，不受外境诱惑和转移，那才是自主的生活，才是真理的世界！”

佛陀的法语，像阳光似的破除波斯匿王愚暗的心，他从此就对佛陀生起了恭敬纯真的信仰。

波斯匿王很欢喜而又信服地向佛陀说道：

“您真是一位伟大的佛陀，我听了您的教示，像在黑暗的旅途上获见到光明，我心中的欢喜实非用言语能够形容。我对佛陀感到万分的抱歉，我前来拜访佛陀求教实在太迟了。我现在才知道佛陀光临到我的这个小国来是我这个小国无上的光荣。佛陀！您好像是一道吉祥的慈光，我们在您的慈光照耀之下，才能获得安宁。

“我现在拜见到您的圣颜，聆听到您的法语，深深感叹我过去狂妄愚痴，我给您一说，像是从梦中醒来。在人间为一国的国王，最多的是怨憎烦闷，现在有佛陀来到我们小国教化，相信我和我的国民一定会获得永久的平安。”

佛陀听了波斯匿王从内心中发出至诚的赞语，知道他已生起笃实乐法的心。佛陀又知道波斯匿王是一个有财欲与色欲执着的人，为了匡正他以后的行为，这正是机缘成熟的时候，佛陀温和地又向波斯匿王忠告道：

“大王！这个世间上的现象界，都是苦空无常；这个人生是生老病死。不论是贵为王者，贫如乞丐，苦空无常的现象，生老病死的痛苦，是谁也不能免除。当人寿命终结的时候，形体与灵识分开，再好的如恩爱的夫妻、患难的知交，在死后的世界里也不能作伴。唯有善恶的行业，如影随形，尽未来际都在跟着我们。

“世间上一切的人，都只为眼前的快乐打算，都追求眼前财色欲望的满足，对于他死后的归宿从不仔细思量。做人，在天晴的时候，要买雨伞，为的是防备雨天；在肚饱的时候，知道储粮，为的是防着饥饿的到来。可是人在生的时候，为什么不为死后的归宿想想呢？这岂不是太没有远大的眼光了吗？终日给财色的欲望囚系，而财色就是痛苦的源流，一切的智慧都会因此而被遮蔽。

“做人要深深了知人生年华的短暂，生命的无常，身心念念都在生灭变易。因此要赶快把握人生，不要使身心陷在财色的深渊中，不要生骄慢的心，不要过放逸的生活，把心要栖息在高胜的境界，愿身心停留在清凉的天地，对别人要施仁爱，来世才可以增长他人对自己的欢喜，美名才能流传后代。

“平素没有善的行为，后世决不能获得幸福，现在的幸与不幸，都是过去业力的感召。为着未来的幸福，就应当不要忘记今生努力修善，自己所造善恶业的因，受善恶果报的除去自己以外没有别人。

“大王！我再告诉你，你不要以为修善学道就非要出家不可，修学真正的大道，出家与在家都没有分别。有的深山之中学道而堕落，有的在家庭里面修行而获福。修行学道是不分什么人的，做王的人，一样可以修行。”

佛陀的法语，每一句都使波斯匿王听了非常恳切地信服。从此，波斯匿王做了佛陀忠诚的护法，皈依佛陀做了得力的弟子。

29 归城施法雨

佛陀和弟子们所住的舍卫城祇园精舍，和佛陀的祖国迦毗罗城相距不远，因此迦毗罗城中人民，都纷纷地传说佛陀不久就要回国来了。净饭大王耳闻这些风声，他并不敢妄想和佛陀相逢，不过他也曾想派遣使者前去迎接，但又恐怕遭受佛陀的拒绝。经验告诉净饭大王，佛陀虽然是他的太子，但佛陀有佛陀的思想，佛陀有佛陀的责任，他知道佛陀不是轻易被人说动的人。要回来的时候他自然回来，否则，千请万请，也没有用。净饭大王越是思念越是能忍耐，这反而助长他的修养。

有一天，波斯匿王派遣一位使臣，持有一封他的书信送呈净饭大王，净饭大王看了波斯匿王的信后，知道太子的确是一位大觉大悟的佛陀，这又增加他的见面之想，特别是波斯匿王信中说佛陀不久要回故乡的话，引起净饭大王的不安，他焦急的怀念，这时已到不能忍耐的时候了。

正在这时，净饭大王得力的宠臣优陀夷前来晋谒，他见到净饭大王心中像有什么挂虑的事情，即刻就很恭敬地问道：

“大王！你心中有什么忧虑的事吗？”

“没有什么忧虑的事，我心中反而很高兴。不过，稍为有点困难。”

“是什么困难呢？”

“今天，波斯匿王派遣使臣送来他的书信，他说悉达多最近就会回来。”

“有这样的事吗？这是很可以恭喜恭喜的，但不知又有什么困难呢？”

“我很想派一位大臣前去迎接，以便他早日能够归来，不过，问题难就难在这里，如果我派的这位大臣是一个容易受感动的人，他奉我的使命前去，我怕他非但不能很快地请回悉达多，说不定反而给悉达多感动也去出家而不回来了。”

“大王！假若你是为这个问题挂心的话，那么，请求大王放心，我愿接受大王的派遣，前去舍卫城迎接悉达多。”

“你也是靠不住的，难道你不知道他有不可思议的力量吗？过去憍陈如等五人不就是给他感动得一去不回来的吗？”

“大王！憍陈如等五人不要去说，我是有自信的人，当初悉达多要出家，是我曾奉过大王之命而加以劝阻过的，他现在反而能把我劝说出家，那除非天地倒转过来才有可能。”

“那你就速去速回吧！”净饭大王非常欢喜。

优陀夷正要走的时候，摩诃波阇波提夫人对净饭大王说道：

“你看！悉达多的座下又要多一个出家的沙门了。”

说话的摩诃波阇波提夫人，和听话的净饭大王都笑起来了。

优陀夷带了净饭大王的书信，很快地在舍卫城谒见佛陀。优陀夷见到佛陀，心中一惊，因为他和佛陀分别已十五六年的岁月，现在看到佛陀的相貌完全改变，穿着的衣服虽然比过去简单，但佛陀的相好比过去更圆满、更慈悲、更庄严。而且他以为佛陀已没有过去那样神经过敏。佛陀好像增加了不可侵犯的威严。优陀夷就向佛陀行了当时印度最恭敬的礼节。

佛陀静静地看完父王的书信，便向优陀夷说道：

“父王很健康吗？”

“是的，回禀佛陀，大王很健康，不过他希望早一日见到佛陀。”优陀夷很恭敬地回答。

“谢谢父王的关心，我也想不久要回去看看，不久我就要回去的。你远途而来，大概很辛苦了吧？那你可以去休息一会儿吧！”

佛陀说后亲自带领优陀夷在祇园精舍中各处参观一次，优陀夷看到佛陀的弟子，他们共住的生活都很有条不紊，思想是统一的，利益是均衡的，法制是平等的，言语是和善的，心意是共悦的，优陀夷看后非常地羡慕，他心下想，能够在佛陀的座下受教，是多么幸福。佛陀此时知道优陀夷的心，有意似的问道：

“你欢喜过这样的生活吗？”

“很欢喜！”优陀夷回答。

“出家作沙门好吗？”

“佛陀假若许可，我是很欢喜皈投到佛陀的座下作沙门。”优陀夷这么回答，他一时竟忘记承允净饭大王的诺言。

做佛陀的弟子，本不一定要出家，在家也是一样可以学佛。佛陀不勉强劝人出家，但佛陀却希望人人都遵奉他所指示的真理去实践。现在佛陀叫优陀夷出家，并非有意和他为难，而是希望他真正地能够得度。

佛陀见到优陀夷允诺以后，随即喊来一位弟子，告诉那位弟子关于优陀夷要出家的事，并吩咐他照出家的仪式为优陀夷剃度。

优陀夷恍惚在梦中似的，任佛陀那个弟子为他剃除须发和穿着袈裟，等到优陀夷完全成为一个沙门的样子才带他来拜见佛陀。佛陀向他笑笑，并称赞他很像沙门，优陀夷想想不觉也笑起来。他想到现在终于做了佛陀的俘虏，但怎么样能归去回复净饭大王呢？

优陀夷的出家，做佛陀的弟子，他虽然感到很荣幸，很得意，但心里总是不安静，他最后奉佛陀的慈命，先归城去禀覆净饭大王，他的心才放下来。

净饭大王见到穿着袈裟的优陀夷就笑着说道：

“对啦！我猜得不错，优陀夷！你也是靠不住的。他问你些什么呢？”

“大王！现在的佛陀，超乎陛下和我的想象，只要不是傻瓜，不是狂人，一定会受他的感动而都皈投到他的座下。佛陀说，他在七日之内就会回来，请大王不要多心，将来迦毗罗城中的沙门一定要多起来了。”

净饭大王听到优陀夷回答佛陀六七天之内就要回来，心中喜不自胜，对于迦毗罗城中将来一定会有更多的沙门，净饭大王此刻实无心去关怀。自从知道佛陀一定要回来的日子以后，无论迦毗罗城中发生什么重大的问题，净饭大王也不去关心，他只是时时刻刻地在盼望佛陀的归来。优陀夷见到如此情形，不觉感动得流出眼泪。

很多的人说过，再伟大的人物，在故乡是没有人欢迎的，佛陀的归国，正是和这句话相反。从外表上看，佛陀离开祖国十五六年才归来，假若是换上另一个人的话，这正是所谓衣锦荣归的时候，可是，佛陀穿着绫罗的衣锦出去，倒是穿着朴实的袈裟归来。不过，我们不要忘记，这是表面的，真正的佛陀是出离烦恼的家，舍去太子的位，战胜一切的苦，遂了历劫以来的本愿，到达正觉世界才归来的一切智者。

现在佛陀并非是一个人独自归来，他是带领着很多的弟子，他们的穿着虽不美观，但仪规的整肃、动止的安详，使见到的人不知不觉地流下眼泪，并且合掌作礼。

佛陀进入祖国的国界，并没有急忙地赶回宫殿，他带领弟子进入迦毗罗城外的尼拘陀树林，先停在那儿休息一会儿以后，再带领弟子进入迦毗罗城中托钵乞食。国中的人，见到很多乞食的沙门，师父就是昔日的太子悉达多，大家都很惊奇，有的前来致最恭敬的顶礼，有的奉送最美好的供养。佛陀是不分贫富贵贱，在每一家门前，都站立一会儿。想供养的人以及不想供养的人，想求教的人以及不想求教的人，佛陀都很欢喜微笑地向他们招呼。那庄严的步伐，那慈悲的仪表，实在太令人感动！即使对佛陀离国出家的行为有所误解而不信仰的人，见到佛陀也都生起恭敬佩服之心。佛陀的风度，就这样很快地被传闻开去，传闻到净饭大王的耳中，净饭大王惊奇太子归来怎么不先来向他问安，他赶快带领百官大臣前来迎接。

在路上，佛陀和净饭大王两个行列相逢，一边是净饭大王的行列，极其尊贵华美；一边是佛陀的行列，虽然整齐静肃，但不奢华美观。

两边行列相逢的时候，净饭大王慌忙地下车，很欢喜地来见佛陀，净饭大王想用手来拥抱他的太子，他也以为太子一定会投进他的怀抱，但昔日的太子今日的佛陀威严不动如山，净饭大王感到非常失望，因此说道：

“悉达多！您是我的太子，但现在究竟怎样称呼您，我也不知道。我真不了解，您回国后，为什么不赶快地回宫呢？您为什么要使我焦急地在等待？您带领很多的人，到宫中来吃饭，您也知道，这是不会成问题，可是，您好似故意和我为难，领着这么多的人在大街小巷乞食，您说，这种生活，怎不失去我种族的光荣？怎不增加我种族的耻辱？”

佛陀的慈容，静得如止水一般，很温和恭敬地说道：

“父王！我已不是昔日的悉达多，请你不要再呼我的名字，你照我们先祖的规矩称呼我好了。”

“不要喊您悉达多，照先祖的规矩是怎么称呼呢？您的先祖总没有在大街小巷乞食呀！”净饭大王还没有懂得佛陀的意思。

“我说的先祖是我们出家的先祖，不是在家的先祖，我的先祖是过去的诸佛，我现在是证得佛果的人，您喊我佛陀好了。”

“您现在是证果的佛陀，您也不准我再喊您的名字，您离开我一别就是十多年，我对您的怀念，我为您的烦心，千万张口这时候都是诉说不能穷尽。您和我分别得这么长久，相见的时候一点感情都没有，使我怎不悲伤？如同有人口中早就干渴，忽然远远看见路边有一清凉的泉水，及至奔驰到那儿要饮的时候，那个泉水忽然枯干，怎不叫人失望呢？

“现在我也不必向您叙述那么多，您虽已遂了久远的愿望，具足一切的德慧，总之，您是我的太子，您应该继承我的王位，统领全国的人民！”

佛陀知道净饭大王还存有父子的情爱，即刻向父王说道：

“父王！你对我这么深深的垂爱，只有增加你的忧悲。我现在的一切不是我一人的，我是一切众生的。我现在是继承过去诸佛的法统，请父王还要多多了解。

“父王生养我，我是父王的太子，我应该酬谢父王养育的恩德，但这并不一定要奉送世间上那些无常的财宝，或是那不实的爱情。说实话，人天稀有的宝贝，乃是胜妙的甘露之法，我将以此报答父王。

“人在世间上为生活努力，都是造六道轮回的因，六道轮回的结果离不开苦，苦的根本就是爱与欲所致。

“把私我的爱欲去除，清净身口意三业，积聚十善的行为，修养善的德行，昼夜没有间断，不给六尘境界转动自己的心，不给无明妄想所迷惑，如能这样，一定能得到未来的大利益，而步上自由解脱之大道。

“自由解脱的境地是无我的境地，无我的境地一定要远离三界的欲念。三界好似焚烧着的火宅，好似无底的大海，没有什么快乐可言。众生出没在三界六道之内，好比月亮回转在太阳的周围，永无息期。天上的愉快，人间的欢乐，绝对不是常住的，真正涅槃的境界，才是第一究竟的快乐。”

佛陀的法音，净饭大王听得也很感微妙，心灵的深处，像有一股不可阻止的力量生起，对面的佛陀，身上像放出万道耀眼的金光，净饭大王忽然心生欢喜，一扫爱执之念，从此再不向佛陀提起王位的问题，他即刻说道：

“我知道您现在是大觉大悟的佛陀，我已非常感到荣幸，您旅途太辛苦了，赶快跟我回宫休息吧！”

佛陀和净饭大王边走边谈着，比丘们整齐的队伍，净饭大王随驾的车马，都跟随在身后。一边是冠盖云集，一边是光头缁衣，这真是世界上少见的行列。

佛陀和净饭大王一别就是十几年，佛陀不是不高兴和父王相逢，而是佛陀知道自己的责任，自己所要做的，在父王的面前，实在不容许有儿女情长的样子。

年老的净饭大王，当然很感到佛陀对他的感情不足，但佛陀的归来，终究是自己的太子成了佛陀，这衷心的欢喜，那也是不能掩蔽的。

佛陀和净饭大王进入宫殿时，音乐齐鸣，百官迎接，大家在热闹兴奋之余，都回忆起过去佛陀在宫中做太子时的情景，大家更想到等一会儿佛陀和耶输陀罗相逢时，不知又是什么情形？

此刻，耶输陀罗妃没有出来和佛陀相见，但她的心中，自从知道佛陀归来以后，像一塘池水，投进一块大的石头，掀起巨大的浪花，一刻也不能安静。她猜想佛陀现在不知变到什么样子，假使见面时，应该要用怎样的态度对他才好。耶输陀罗妃心想佛陀的归来，应该先来和她见面才对，因为这样才能安慰她这十数年来的寂寞苦情。但佛陀停留在宫殿中，好像忘记有耶输陀罗的存在。耶输陀罗在内宫里，真是百感交集，时而气愤，时而又觉得相逢的骄傲。她想到佛陀和她相逢时，一定会对她讲些亲蜜的话，但她又想到这是不可能的，因为佛陀是成就正觉的圣者，他要爱一切众生，怎么能还会独自地爱她呢？她只要能够远远地见一面也就很好了。

耶输陀罗在宫内，站起来又坐下去，坐下去又站起来，她终于伏在柱子上放声大哭，正在这时，爱子罗睺罗进来说道：

“妈妈！爸爸回来了，祖母叫我来请你出去。”

还没有太懂事的罗睺罗，扶着他母亲的手，把她接出来。

佛陀正在向养母摩诃波阇波提夫人道谢过去养育之恩，以及向王弟难陀点头招呼时，耶输陀罗和罗睺罗牵着手走来。

离开佛陀十五六年来，耶输陀罗这是第一次见过佛陀。这十五六年来，像梦似的，像烟似的，就这么无声无息地过去了。

这一场梦，在耶输陀罗是伤心的，是以眼泪打发过去的，现在她和佛陀相逢，才像是从梦中醒过来。正当这相逢的时候，每个人都很紧张地注意着佛陀和耶输陀罗。

庄严的佛陀，静静地在那初逢的一瞬之间，是同情，是怜悯，是慈悲地看看耶输陀罗。多情美貌的耶输陀罗，是爱、是恨、是千变万化的情绪交织在心中。净饭大王很快地说道：

“你们终于今天相逢了，我心中自是非常高兴，一位是成就正觉的佛陀，一位是贞节的美妃。佛陀是经过千辛万苦才证得正觉，美妃在宫中每听到佛陀的一食一衣，她也甘愿这么学习佛陀生活，总算我们王族的光荣，出了这些不平凡的人。”

这时耶输陀罗抬头看一看佛陀，佛陀是那么静静的威严不动，她这才好像把一块很重的石头放下，心中才稍为感到平静，但她紧紧握着罗睺罗的手，却仍然是在颤抖着。正当佛陀要向她说话的时候，耶输陀罗心想跪下去才好。

佛陀很慢地慢地对跪在地上的耶输陀罗说道：

“你辛苦了，虽然我对你是抱歉的，但我对得起一切众生及我自己，请你为我欢喜，我现在已达到历劫以来的本愿。”佛陀说后，又再看看罗睺罗，很慈和地说道：

“真快！已经长这么高了。”

佛陀像是没有情感，但又像是有太多的情感。佛陀的语言，佛陀的态度，看的人，听的人，都很受感动，大家都想要痛哭一场才痛快。

年老的净饭大王又插口对佛陀说道：

“请您此刻对大家说一点道理吧！”

佛陀又再看看大家，然后说道：

“人生是无常的，人什么时候死是没有一定的，人间没有比老病死更可怖畏的东西，当初我想到这个问题，就无法应付，就不能安定生活，所以我毅然地出家了。

“我的出家，给你们很多的迷惑与困恼，世间上是没有不死的人，我要去求得不死的方法，所以才去出家，去追求一个永恒的生命。你们知道我的志愿，见到我的出家，应该欢喜才对。我现在已不再恐怖死亡，永恒的生命我终于证得。我现在是无上地平和，我已脱离一切痛苦。我知道一切欢喜原来充满了世界，但你们是不懂的，你们仍然陷在老病死苦的深渊之中，你们和我，好像住在两个世界里一样。

“我穿的是你们看都不愿看一眼的衣服，我吃的是你们见了就要恶心的饮食，我睡的地方，可能在你们认为金枝玉叶的身体不值一到的地方，但你们应该静静地想一想，你们的的确确是没有我快乐。

“过去，我住在宫中的时候，过着豪华的生活，父王对我的慈爱，你们对我的尊敬和服从，但我心中仍然是苦闷，仍然是烦恼，生活和日子仍然很不安。我想起那时，我现在好像住在另一个世间上，这是超乎你们想象之外的一个世间。

“我明白地告诉你们，我现在是把生活安住在涅槃的里面，而你们却还是生活在无常、迷惑、苦恼之中。假若你们要进入清净自由解脱的涅槃，唯有修学八正道。八正道是：正见、正思惟、正语、正业、正命、正精进、正念、正定，这就是走向正道之路……”

佛陀说法时，大家都全神注意倾听，佛陀的归城，以无价的真理之宝，赠送给大家，大家除了欢喜信受之外，每一个人此刻都感到佛陀降生在迦毗罗卫国是他们无比的光荣。

30 诸王子出家得度

佛陀在故乡迦毗罗卫国，随缘方便地说几次佛法，这些菩提种子，逐渐地在人内心中发芽，跟随净饭大王左右的人，以及释迦族中佛陀的王弟等，都想披剃出家。净饭大王的心中，是欢喜抑或是悲哀，自己也不知道。他也想信仰佛陀，他知道他是不能反对佛陀的。

净饭大王是师子颊王的长子，他共有三位王弟，每位王弟并各生两位王子，自从佛陀归城以后，白饭王的王子提婆达多和阿难，甘露饭王的王子阿那律，斛饭王的王子跋提和婆娑等，首先生起要跟随佛陀出家的信念，尤其阿那律王子，听佛陀的教示以后，敬佩得五体投地，他把自己心中的感想，告诉给跋提王子，跋提王子的心中是和他发出共鸣的，其余诸王子都很赞成，佛陀热烈的情绪和信心更加提高。最后他们共同决定：一起出家做沙门去！

他们约定先瞒着宫里的人，私自走到理发师优波离的地方来，想不给旁人知道就把头发剃去，跋提王子是最爱护优波离的，优波离也最敬重跋提，当跋提王子剃发的时候，优波离的眼泪像雨点似的流着。阿那律看到时，非常不高兴，就摆出王子的架子，责问优波离道：

“你看到我们剃发出家应该欢喜才对，为什么要流泪呢？”

优波离惶悚地回答道：

“阿那律王子！请你原谅我的一时没有礼貌，在你们诸位王子之前，居然大胆地流出我的眼泪，但这不是没有缘故的。因为自从我幸运地做跋提王子的奴隶，负责替他理发，他对我非常器重，想到他和诸位王子为听信佛陀的教法而剃发出家，他今天出家以后，一定云游四方，想到这里，我就不觉流出眼泪，希望王子不要责怪才好。”

“你不要这么难过，我们会帮助你的生活。”

阿那律好心地对优波离说后，转脸对跋提等王子说道：

“各位王兄王弟！优波离很小就服侍跋提王弟，我们今后去出家，自应先替他把生活安排一下。这儿有一张毛毡，请你们把身上的装饰品完全除下来放在上面，我们出家后用不着这些东西，我们就把这些东西赠送给优波离吧！”

阿那律说后，大家都很赞成，立刻把上衣和装饰品都除下来，换上沙门穿的僧衣，大家一看，都互相地笑起来，你说我像我说你像的大家都笑个不停。

一阵说笑以后，他们向优波离告别，预备到尼拘陀树林中去寻佛陀，这时候，他们才稍有一阵凄凉哀愁的感觉袭上心头。

优波离待诸王子走后，他仍然是悲哀地哭泣着，阿那律王子误会他的意思，他并非为今后的生活忧心而流泪。

他是想到有高贵身份的王子都能出家去作沙门，而自己一向是被人认为奴隶者的身份，自然是不能妄想出家。他怨叹世间上的不平等，他怨叹自己不幸的命运，因为如此，所以他在替跋提王子剃头时才会流泪。

优波离感伤地收拾着诸王子遗留下的珠宝装饰，正在此时，他忽然见到门口立着一位庄严威仪的佛陀弟子，优波离不知不觉地向前捧着他的手道：

“你是佛陀的大弟子舍利弗，你跟随佛陀才回宫时我就知道你。我现在请问你，像我这首陀罗奴隶身份的人，不知可不可以做佛陀的弟子？”

舍利弗回答道：

“佛陀的教法，是究竟的自由平等慈悲，不论智慧的有无，不分职业的高低，只要听从佛陀的教示，遵守清净的戒律，是谁都能做佛陀的弟子，是谁都能证得无上的正觉。你叫什么名字？你跟我一起到佛陀那里去，佛陀一定很欢喜地允许你出家，允许你做他的弟子。”

优波离告诉舍利弗他的名字，他迷迷糊糊地跟在舍利弗的身后，佛陀很欢喜地为他剃度，剃度完时，佛陀又安慰他说道：

“你很有善根，我知道你将来一定很善于宣扬我的正法。在你来此以前，跋提王子等来此要求剃度，我虽然已允许他们做我的弟子，但他们要经过七日的修行，等他们忘记王子的身份，知道是我的弟子时，我才允许他们剃度，他们也才会有礼貌和你见面。”

经过七日，佛陀要介绍跋提王子等和优波离见面时，在众多的师兄弟之中，他们意外地相逢到优波离，他们都很惊奇，都踌躇着不知如何对优波离招呼。

佛陀威严地对他们说道：

“你们踌躇什么呢？出家学道之法，首先就是降伏骄慢之心，我先许可优波离出家，你们应该向优波离顶礼才是！”

跋提王子等听佛陀说后，都很虚心地向优波离顶礼，他们都觉得出家的信心大大地增强。相反地，优波离倒反而感到拘束不安，佛陀对他说道：“你应该以兄长的身份对他们。”优波离感动得只是在佛陀的座前顶礼。

佛法如百川流向大海，不分四姓阶级，皆同一姓；不分贫富贵贱，皆是平等。四大五蕴假因缘和合的人生，本来就是空寂的，本来就没有“我”这个东西，依照佛陀的圣法来想，实在没有起敌对心和骄慢心的必要，因为大家合起来就是一体。

跋提王子等出家剃度以后，佛陀想起未来迦毗罗卫国的前途，很是忧伤，因为当时迦毗罗卫国的国情，四面都是强大的敌国，一旦父王百年逝世以后，迦毗罗卫国的前途处处埋伏了危机。王弟难陀沉迷女色，庸碌无能；罗睺罗年幼，负担不起未来国家的大任。满怀慈悲的佛陀，思念故国的前程和种族繁荣、社会安定、人民康乐的问题，虽然这是世间无常，人民的共业所感，但佛陀仍想要尽心挽救祖国的危机。佛陀挽救祖国危机唯一的办法，就是未来国家的大权，既不能给沉迷女色庸碌无能的难陀继承，又不能交给年幼的罗睺罗担当，那只有接引他二人先来出家。至于将来继承王位的人，在平等的没有亲疏之分的佛陀，很想在朝廷上选拔一位有才能堪当此任的人，因为佛陀对政治的看法，是自由民主的，是公天下而不是家天下。

先是当罗睺罗到尼拘陀树林时，佛陀就命令舍利弗为罗睺罗剃度，当时佛陀的僧制中还没有儿童出家的规则，佛陀指示用特别得度的方法，先让罗睺罗做沙弥，受沙弥十戒，这完全是佛陀爱国爱民的大公无私的悲心。

罗睺罗出家以后，佛陀有一天托钵到难陀的门前，佛陀问难陀日来忙些什么，难陀说道：

“我和孙陀利姬结婚不久，她是我们迦毗罗卫国十六城中最漂亮的美人，我每日要忙着帮她化妆打扮，致使无暇前去探望佛陀。人生最快乐的事就是有美丽的妻子，我现在已经获得，所以别的事情再引不起我的关心。孙陀利姬除了要我终日陪着她以外，也不准我关心别的事情，我不能不听她的话，她实在是我的心肝。佛陀今日大慈大悲地前来，不知要接受我的什么供养，请快些说吧，恐怕孙陀利姬等我要等得着急了。”

难陀的自白，像是铁锤击中佛陀的胸前，迦毗罗卫国未来的悲运，佛陀的心中像早就知道。他听难陀说后，放下手中的铁钵就转身向尼拘陀树林去了。

难陀见佛陀放下铁钵，赶快盛满饭菜追赶佛陀，难陀因此也进入尼拘陀森林之中，佛陀见难陀来时，即刻问道：

“难陀！我为照顾一切众生，就不能不照顾你，照顾你就不能不为你永久的幸福着想，我现在问你，你跟随我一同出家好不好？”

难陀以为佛陀是开玩笑，口中就含糊地应道："愿意！愿意！"

佛陀把舍利弗叫来，着他为难陀剃度。

难陀一见佛陀这么认真的做法，大惊失色，想到朝夕寻欢的孙陀利姬，他是无论如何不能出家，但佛陀威严地在他身旁，他又不敢拒绝舍利弗为他剃度。

难陀剃度后，怎样也不能安于修行，心烦意乱的丑态，佛陀看在眼中，佛陀知道以再多的理论是感动不了他的，唯有用事实说明才可使他觉悟回头。一天，佛陀带领难陀到郊外散步，行行重行行，走到黑山的地方来，在茂林深处，忽然碰见一只肮脏丑陋的母猴，佛陀即刻指着问难陀道：

"难陀！你的妻子孙陀利姬和这一只老母猴相比如何？"

"佛陀！请不要开我的玩笑，"难陀不高兴地回答道，"我的妻子，她有倾城的美貌，她有无双的娇容，对我有恩恩爱爱得难分难舍的情感，她好似天上的仙子，怎么能同这老母猴相比？"

佛陀又再慈和地说道：

"难陀！你的妻子既是美如天上的仙女，难怪你听我的话要气愤不平，不过天上的仙女你没有见过，这是不可以相比的。假若你想要见一见天上的仙女，我倒可以满足你的希求，我可以把你带到天上去看看。”

难陀欢喜非凡，佛陀即运用威神德力，转眼之间，佛陀把难陀带进另一个灿烂辉煌的世界。

在这一个世界里，难陀见到的是富丽堂皇的琼楼宫殿，听到的是悠扬悦耳的音乐，嗅到的是馥郁芬芳的花香。难陀的神魂飘荡起来，他忙问佛陀道：

“佛陀！这里是什么人做天子？”

“你去问问那些天女，她们一定会知道。”佛陀回答。

难陀给那些冰肌玉骨艳丽纯洁的天女，诱惑得恍恍惚惚，缥缥渺渺。他鼓大勇气，把自己的疑惑向天女探问。

许多的天女都围拢过来，她们娇声滴滴地向难陀说道：

“人间的迦毗罗卫国有一位佛陀的弟弟难陀，因为出家修行的功德，死后就会生到我们的天上来，做我们这里的天子，我们都将是他最宠爱的妃子，终日和他游戏作乐，谈情说爱，过着花好月圆般的生活。

“我们这里不比五浊恶世的世间，生在五浊恶世的人，生命只短短的数十寒暑。声色的快乐，荣华的富贵，不能永远享受，不能人人享受。生到我们这里来做人，寿命有数千年之久，思衣得衣，思食得食，更有我们姐姐们陪着，情意绵绵，蜜语甜甜，真是胜过人间千百万倍。

“我们这里的一切情形，不能同你多讲，你现在好像还是人间的一个凡夫，你大概没有经过刻苦耐劳的修行，你业感的身体还在，怎么会跑到我们的天上来呢？”

难陀仿佛沉迷在梦中，给天女一问像才惊醒过来。他想：天女的言语多么甜蜜温柔，体态多么轻盈窈窕，只要修行，将来就可以和她们天长地久，想到这里，他才又欢喜又自惭形秽地退出来。

“难陀！你的妻子和天女相比如何！”佛陀见难陀出来，仍然慈和地问他。

“佛陀！请你不要笑我的愚痴，这些天女，举眉动目，都能勾魂摄魄。我的妻子和天女相比，正如山间母猴比我的妻子，美丑是不可同日而语。过去我不知道修行的功德，现在，天女的言犹在耳，佛陀！我以后应该安心修行，求生天上，享受天上的五欲快乐。

佛陀听到难陀立志修行，莞尔而笑，点头不语。

慈悲的救主，伟大的佛陀，救度众生有无量的方便，“先以欲钩牵，后令入佛智”，他终于使难陀暂时离开欲海进入佛道了。

佛陀知道难陀暂时乐道的心是醉翁之意，他为着希求满足更大的欲望，为着憧憬将来快乐无比的天堂生活，为着妄想和天女的一番恩情，大智的佛陀，当然还得进一步地使难陀鄙弃这不正确的思想。

佛陀又以威神力，把难陀带入铁围山中参观一切地狱，想以此能为难陀彻底入道的增上缘。

难陀刚踏进地狱之门，就觉得阴风习习，杀气腾腾，他战战兢兢地欲行又止，佛陀见他踟蹰不前，因此说道：

“难陀！你不要恐怖，这儿的一切情形虽然和天上不同，但我们是游玩参观而来，可怖的场面与我们无关，你大胆地前去观看，遇到疑惑的地方可问狱卒，请求解答。我在门口等你，你速去速来！”

难陀听佛陀的指示，鼓着勇气又再前行，刀山剑树，铁叉铜柱，血河油锅，拔舌剥皮，一切凄惨的事实都摆在他的眼前。天堂地狱的因果报应，他再也不敢讥为无稽之谈。

这里是随着众生自己业力的大小，感受一切罪刑，难陀见到各处都有人在受刑，唯有一个巨型的油锅还空着，难陀因此就问狱卒油锅中是等谁来受刑。

狱卒狰狞地答道：

“人间迦毗罗卫国佛陀有一位弟弟名叫难陀，他因修行祈祷生天，等他天福享尽，应堕地狱受此油锅煎熬之苦。”

难陀一听狱卒之言，吓得魂飞魄散，拔腿往外飞奔。天堂的幸福，天女的多情，竟被狱卒寥寥数言粉碎。念地狱苦，发菩提心，难陀深深体会到人生的空幻和无常，以及学道了生脱死的刻不容缓。佛陀是不舍众生，他见到难陀忏悔得痛哭流涕，知道他真正地觉悟，因此佛陀抚摸着难陀说道：

“难陀！你不要这么伤心，改往修来，现在不算迟，你跟我回去吧！”难陀从此安心出家学道，他和跋提王子等出家，做了佛陀的弟子，社会上大为惊奇骚动，舆论也纷纷批评议论，其中最令人惊异的就是难陀和罗睺罗的出家。

年老的净饭大王，感觉到实在没有办法，他想自己也来出家才好。短短的几天之中，他像又衰老了许多。他不怨恨佛陀，他知道佛陀是顺着法理而行的。摩诃波阇波提夫人和耶输陀罗相逢的时候，两个人怨叹自己为什么不是男人，否则，她们也希望出家才好。

在初期出家的诸王子中，跋提是最具有使人尊敬的人格，他对阿那律常说出家之乐，实在胜过世界上的一切快乐。佛陀知道以后，问他有什么快乐？跋提回答道：

“佛陀！我以前住在好像铜墙铁壁的宫中，有着很多拿着武器的勇士护卫，但我仍然惧怕怨贼歹徒来对我的伤害，我时时都对生命发生恐慌和忧虑。可是我现在即使独自一人，在静静的林中坐禅，心中却有说不出的愉快。世俗上的奢华生活，吃的虽是美味，穿的又是绫罗，但一点安定都没有。现在的生活，倒可以自由地睡，自由地坐，一点没有不安的感觉。没有忧虑，也没有烦闷，所以不知不觉中，我时常说现在生活的快乐。”

佛陀听后就非常欢喜地说道：

“你很有善根，我过去也是和你一样。”

31 净饭大王的逝世

佛陀在祖国逗留约三个月的时间，然后他就带领弟子回祇园精舍说法，经过数年，又再回到王舍城灵鹫山的竹林精舍去安居。

在北方有舍卫城的祇园精舍，在南方又有王舍城灵鹫山的竹林精舍，这都是佛陀经常说法的地方。大圣佛陀的经典中，如《胜鬘夫人经》《阿弥陀经》《金刚经》等，都是在舍卫城祇园精舍说的；《般若经》《法华经》《无量寿经》等，都是在王舍城灵鹫山说的。

佛陀作有系统的说法，大都在夏安居的时候，因为在夏天约九十日时间的雨季，不便到外面乞化度生，所以就集合各方弟子于一处，讲述修行的法门，以及宇宙人生的真理，后来大乘经典的结集，大都是佛陀夏安居时所说的言教。

佛陀离开祖国以后，到处宣扬得救的圣音，时光迅速，数年以后，当佛陀在灵鹫山度过一个安居期。有一天，佛陀安住在寂静的涅槃境界中，忽然心中稀奇地发生一件很悲哀的思想，佛陀就预料到净饭大王的患病。这是事实，佛陀是知道过去现在未来的大觉完人。不久，净饭大王派遣使者来求见佛陀，报告他的病体非常沉重，希望能最后再见佛陀一面。佛陀得悉父王的病讯，没有耽搁，简单地吩咐诸弟子之后，马上就带领难陀、阿难、罗睺罗等诸弟子赶奔迦毗罗卫国而来。

佛陀进入宫殿，净饭大王的病虽然危险，但他的意识尚清，他见到佛陀回来，悲哀地微笑着，慢慢地伸出手掌，佛陀默默地上前握着，佛陀的眼眶中，好像也浮着一滴晶莹的泪珠。

难陀啜泣着，阿难和罗睺罗等都流着眼泪，宫女则都一个个地放声大哭。

已经九十三岁的净饭大王轻微地说道：

“你们不要这么悲哀，佛陀说过诸行无常是本然的状态，现在我已经感到真正的幸福，我的太子成就天上人间最尊贵的佛陀，他遂了历劫的本愿，我不但引为荣耀，我也因他而获得很大的安乐。这是我活在世上最后的时刻，我能再见到佛陀一眼，我好像见到死后的光明！”

净饭大王合着掌，含着笑，就这么逝世了。

摩诃波阇波提夫人和耶输陀罗妃哭得非常厉害，难陀和罗睺罗等都悲伤得放声大哭。佛陀沉默地、严肃地见着父王逝世，众生虽然个个都受着自业的支配，但以佛陀的威德，净饭大王也能少许地进入到涅槃的境界。

净饭大王的遗体，用香油沐浴，用高贵的布帛缠着身体。收殓后，棺上装饰着宝石，安置在宫殿的正中，四周围着珍珠的帐幕，帐幕旁散着各色的鲜花，佛陀和难陀在棺前守护，阿难和罗睺罗在棺后守护。

在守通夜的时候，难陀对佛陀要求道：

“佛陀！明天出殡的时候，请你允许我为父王担棺！”

阿难、罗睺罗听后也同样地向佛陀要求。佛陀回答道：

“很好！我也要担一分！”

净饭大王的葬式，非常庄严，那是不用再说。并且还又布施甚多的财宝，救济贫穷的人。

全国的人民得悉国主净饭大王的逝世，都非常地震悼。当净饭大王出殡的这一天，大家见到成就正觉的佛陀也为父王担负棺木，往火葬场走去，他们都感动得流下眼泪，跪在路旁不停息地礼拜。

净饭大王在世的时候，迦毗罗卫国的四邻就已处处覆下隐忧，憍萨弥罗国的兴起，实在是迦毗罗卫国的一个最大的威胁。佛陀因为恐怕有权继位的难陀，沉迷女色，意志薄弱，以及年幼的罗睺罗，不堪担负起兴国的大任，所以佛陀都接引他们出家。现在净饭大王逝世，全国无主，人心惶惶，大家都希望早一点能有一位英勇贤明的人来继承王位。

释迦族中，有一位英武的王子大将，名叫摩诃那摩，是阿那律的哥哥，大家都同意他来摄政，佛陀非常欢喜，匆匆地领着亲随的弟子告别迦毗罗城，暂住在城外的尼拘陀林。摩诃那摩承担迦毗罗卫国的摄政，所以一时还能维持小康的局面，至于迦毗罗卫国未来的悲运，仍然是无法避免，这在大觉佛陀的心中，早就知道。

32　最初的比丘尼

佛陀暂住在尼拘陀林中，有一天，佛陀的姨母摩诃波阇波提夫人带领约有五百人之多的释迦族中的女人，到尼拘陀树林中拜访佛陀，并以两件新织的衣服供奉给佛陀。

佛陀接受下来以后，对她说道：

“我来替你施僧，以此布施功德，你一定可以得到很大的果报。”

“不！佛陀！”摩诃波阇波提夫人说，“这两件衣服是为佛陀做的，请您收下，我希望您要自己来穿！”

佛陀因为对方是自己的姨母，不好过分拒绝，就让步说道：

“施僧是有很大的功德，我也是僧中的一名，接受你的一件，另一件我来为你布施给别人。”

摩诃波阇波提夫人见佛陀承诺接受一件以后，没有再说什么，但她又再进一步地提出问题来要求佛陀道：

“佛陀！我愿您能慈悲承允我们一件事，就是让我们女人也能依照正法出家，求受具足戒。”

佛陀听后，不假思索，坚决地拒绝道：

“你这个要求我不能承认，请你也不要这么想和这么说。过去的诸佛，都不允许女人出家。女人在家学道，披搭袈裟，勤行精进，是可以得到正觉的，但不可以出家。未来的佛陀，他们一定也是实行这个法制。你能奉行我的教法，你就在家中修行，正觉的道果，是不分在家与出家的。”

摩诃波阇波提夫人对佛陀的答复，甚感不能满足，她曾三度请求，都给佛陀三度拒绝。每当佛陀回绝她的时候，她就哭泣，五百女人也陪着哭泣，哭声震动原野，泪水像秋雨点滴不停。

佛陀怕她们再来纠缠，因此即带领弟子往那摩提犍尼精舍去教化。

这时，佛陀在教化的区域中，甚多的精舍或讲堂都顺利地建筑起来。鹿母讲堂、重阁讲堂、瞿师多讲堂等都相继完成。

女人心中所发出的一念，不是简单地就可以拒绝。摩诃波阇波提夫人听到佛陀行化到那摩提犍尼精舍的时候，她和五百志同道合的女人商谈以后，立定最大的决心，把头发剃去，披起袈裟，向那摩提犍尼精舍追赶佛陀。

摩诃波阇波提夫人等五百女人到达那摩提犍尼精舍的时候，疲倦地坐在门外休息，恰巧此刻什么也不知道的阿难从里面出来，他看到她们女人都把头发剃去，感到十二分的惊奇！

摩诃波阇波提夫人见到阿难时，虽然疲倦，但她站起来对阿难说道：

“阿难尊者！你来得正好，你能知道我们此刻的处境和我们的决心。我们拜托你去见佛陀，告诉他说我们来了，希望你要尽心地对佛陀说请他收留我们出家，否则，我们就死在这里也不回去！”

摩诃波阇波提夫人说着哭着，阿难也不忍心地流着同情的眼泪，他对她们说道：

“你们安心，不要你说，我看到你们的情形，心中就异常难过。请你们稍为坐一会儿，我一定尽心把你们的意思报告给佛陀。”

年轻的阿难生起对这一群女人的同情心、侠义心，但他不懂得女人的心，更不知道佛陀的心，和佛陀的法制。摩诃波阇波提夫人等见到阿难肯出力帮忙，叩头作揖地千恩万谢。

阿难走到佛陀的座前，为了女人的事，他很感到难以启口，可是终于鼓足了勇气说道：

“佛陀！有一件事我想要报告您，并请您的指示，就是摩诃波阇波提夫人带领五百女人已经来到门口了。”

“她们不是为请法来的，你去替我拒绝她们！”

“佛陀！她们已经把头发都剃去了，像是要作比丘尼的样子，我知道佛陀的教团中没有比丘尼的制度，但她们说，佛陀拒绝她们，她们也不肯回去，我看她们实在可怜得很。”

“我也可怜她们，但我更可怜一切众生，更要正法永传，无论怎么样你还是去回绝她们好。”

“别人都可以回绝她，但对方是佛陀的姨母，有辛苦抚育佛陀的恩德，我是怎样也不忍心去拒绝她们，假使佛陀一定要拒绝的话，可能会发生很不幸的后果！”

“我也不能忘怀她的恩德，但是我的僧团中，是不能让女人加入的！”

阿难见到佛陀这么坚决地不允诺，而且佛陀反复地申说僧团中不能让女人加入的理由，阿难低头沉思，不敢再向佛陀有所表示。但他又想到摩诃波阇波提夫人以及那可怜的五百女人，她们的愁容，她们的哭声，而且自己承诺她们尽心向佛陀要求，他不能不再向佛陀说道：

“佛陀！你说僧团中不让女人加入，难道佛陀的教法中有男女的区别吗？”

佛陀耐心地向阿难解释道：

“阿难！我的教法中没有男女的区别，当初我才成道时就说过一切众生皆可以成佛的话，佛法是不拣别任何人的。我不但说男女应该平等，而且我更说一切众生都是平等。不过，虽然是这么说，你也知道我的教法仍是以人类为本。在人为本的立场说，无论是男子或女人，修功德、智慧、自利利人、断除烦恼，都是一样可以证得圣果的。当我在祇园精舍说法的时候，波斯匿王和末利王妃的爱女胜鬘夫人，她修学我指示的教法，她能说非常深奥、圆满、究竟的法理，妙慧童女只有八岁，她了解我的教法也并不亚于别人。我在第一年传道的时候，我就接受耶舍母亲的皈依，做在家的优婆夷弟子。

“阿难，你要知道修学我的教法，不一定要出家，就是我所现的出家相，这也不过是适应时代文明而权巧的示现，这并不是我佛陀的真实相。当然我也知道像姨母这样的女子出家，将来一定能成为有德的大丈夫，证得尊贵的圣果，不过是为着未来的教法，开放女子加入僧团的例子，好像良田中生长了稗草，是会伤害收获的，想到这里，所以我不能允许女人出家！”

阿难聆听佛陀说后，顶礼流泪说道：

“佛陀！难道你忍心见她们白白地死去，而不伸出援救之手吗？”

佛陀很感到难以应付，佛陀知道这是众缘和共业的关系，世间上没有清净常住不坏的法，佛陀沉默一会儿，像是不得已地向阿难说道：

“实在是没有办法，你去叫她们来吧！”

佛陀的慈命一出，阿难擦干眼泪，欢喜得急急忙忙地出去传报这个喜讯。

佛陀用沉默的眼光看阿难走后，跟平常不一样，佛陀像是有一个挂心。

五百个女人，听说佛陀准予接见她们，欢欢喜喜地由摩诃波阇波提夫人领先，来拜见佛陀。她们虽然细语低声地说话，但那声音中是旁若无人的样子。

当摩诃波阇波提夫人等五百女人参见佛陀的时候，知道佛陀的心的人只有舍利弗、目犍连、大迦叶等数人，他们苦着脸皱着眉，另外的人都很欢喜很高兴。

摩诃波阇波提夫人等五百女人跪在佛陀的座前，顶礼说道：

“慈悲的佛陀，我们像游子回到故乡，像盲人见到光明，谢谢你，我们没有比佛陀允许我们出家的事再高兴。”

“你们要加入我的教团出家，必须要奉行八个条件！”

“无论什么条件，我们都会遵守，敬请佛陀放心。”

佛陀威严地讲说八敬法道：

“第一，做比丘尼的应当依止比丘求受具足戒。

“第二，做比丘尼的应于每月月半往比丘众所，依其布萨，受其教诫。

“第三，做比丘尼的应当往比丘众所，受雨安居，若住所附近无比丘，比丘尼不得受夏座。

“第四，做比丘尼的不得举比丘之罪，说其过失，比丘得检举比丘尼之过。

“第五，做比丘尼的若犯诽谤罪时，应于半月内，在二部众中自行请罪。

“第六，做比丘尼的求受具足大戒虽至百岁，应当要向始受具足比丘，恭敬顶礼，承事合掌。

“第七，做比丘尼的安居以后，得于比丘之前，自说比丘尼不相应行或见或闻或疑三事。

“第八，做比丘尼的若有问于比丘，比丘不听，比丘尼不得问。”

佛陀说完八敬法后，又再叮咛摩诃波阇波提等五百女人道：

“你们对我这尊师重道的八敬法，一定要尽形寿地奉行，假若有所毁犯，你们固然失去清净的梵行，我的正法也会将因此而紊乱。此八敬法，犹如农夫作堤，预防水患，我也是为防止正法变成浊流。你们如能誓愿奉行，我今听许于正法律中受具足戒出家学道。”

摩诃波阇波提夫人听后，恭谨地答道：

“佛陀！我们好像年轻美貌的女子，头戴华鬘，两手维护着，我们一定欢喜这样来奉行佛陀的教法。”

佛陀虽听到摩诃波阇波提夫人这样说，心中并没有表示什么高兴。

摩诃波阇波提夫人等出家以后的不久，一天，有一年轻的比丘请问佛陀道：

“佛陀！像摩诃波阇波提夫人等的五百女人出家，她们剃发染衣，现出僧相，我们可以不把她们看作女人，但对社会上的那些妇女，我们应该抱持一种什么态度对待她们呢？”

佛陀回答道：

“最好是能避开她们，不要看她们；假使不能避开的话，要像没有看到她们，不要讲话；假若不能不讲话，对她们讲话一定要有纯洁的心，要想到自己已经出家，好像污泥中的莲花，虽然污秽，但莲花毕竟是清净无垢的。世间是罪恶的渊薮，应该要让身心清净无垢地来生活其中。见到年老的女人时，要把她当母亲看待；见到年轻的女人时，要把她当姐姐看待。

“在人间最强大的就是烦恼色欲的力，最可怖畏的也是烦恼色欲的力，人要想战胜烦恼色欲的话，那就得要用诚实忍耐的弓，锐利智慧的箭，头戴正思和正念的盔，身披无我的甲，方能战胜烦恼五欲的世间。

“学道的男子，沉迷于美丽的女人；学道的女人，醉心于英俊的男子，淫欲就会关闭人们的智慧心，对于真理就不易明白。

“生在这个世间上的女人，无论在走路的时候，站立的时候，坐着的时候，睡眠的时候，都希望别人注意她的姿势。她们画眉争妍，熏衣竞俏，一切都像花瓶似的为了给别人观赏。别人赞扬的是衣履美观，其实与她并无关系，她也引为欢喜荣耀。有时她们让人家画像，有时从人家面前经过，都想用自己的魅力囚缚对方，她们对不动心的僧侣，也是同样有如此企图！

“生在这个世间上的男人，无论见到什么女人，他们也欢喜看上几眼，他们的眼睛好像就是专为看女人而生长的。他们愿为女人的一句话，使他们生命和名誉都付之一炬，做一切事情好像也是为女人而做的。你问我关于学道的人，应当怎样来守身安心，应用什么态度来对待女人，那么我再告诉你，你务必记好：

“女人的眼泪，女人的微笑，要看作和敌人一样；女人俯下去的姿势，垂下去的手腕，要看作是收魂摄魄的铁钩；女人的秀发，化妆的面容，要看作是捆缚人的铁链。谨慎管制自己的心，不要允许心放肆！”

讲这话的佛陀，也知道教团中有比丘尼加入的结果，但这已成为事实，无论怎样，谁也不能违背事实的。

不久，耶输陀罗妃也加入摩诃波阇波提夫人的比丘尼教团中出家了。

耶输陀罗出家这一回事，佛陀的心中并没有和过去一样的不高兴，他像把心上的一个很重的包袱放下一般。佛陀不是不知道人情的人，而是知道过多人情的人。

33　制戒的因缘

佛陀的弟子群中，有着种种不同的人物。假若对佛陀的弟子，一律要求他们都具备圣贤的条件，这是错误的想法。佛弟子终究是佛弟子，他们并不是佛陀，自有种种贤愚不肖的分别。

佛陀的教化越广，信奉皈依的人越多，尤以僧团中的份子复杂，自是意料中的事情。当佛陀在毗舍离国猕猴河边的重阁讲堂说法的时候，迦兰陀村有一位长者因为有事带领他的儿子名叫须提那的到重阁讲堂的附近来，他闻知佛陀正在重阁讲堂说法，因此就顺便带领他的孩子前去听闻佛陀的说法。

他的儿子须提那听完佛陀的话后，深受感动，想要依照佛陀的戒法，脱去恩爱的束缚，远离烦闷和执着，让生命像虚空那么自由，让生活像碧波那么清净，所以当佛陀说完法后，他就向佛陀提出出家的要求。

佛陀注目看着他说道：

“你的发心很好，不过，你应该要征求你双亲的许可，方能在我的僧团中得度；假若你已经结婚，你还要得到你妻子的同意。”

须提那听佛陀这么说后，没有办法，只得回到家中，要求父母听许他出家，但是须提那是独生子，他的父母就生养他一个，无论如何，也不允许他出家，并且须提那是有妻室的人，他的父母总叫他不要再有出家的念头。

可是，须提那出家的念头非常坚固，梦寐之间，他都在想着出家的事，最后，他甚至以绝食来要挟他的父母，他说如不准许他出家，他就绝食饿死。

须提那绝食到第六天的时候，父母见到爱子不进饮食，实在不忍心，因此请来很多亲戚朋友劝说须提那放弃出家的念头，但须提那总把这些话当为耳边一阵风，他根本就没有听到。

请来的亲戚朋友们，看到须提那这样继续绝食下去，一定会饿死，他们反过来为须提那劝说他的父母。他们说让须提那出家可以保全他的生命，仍然是自己的儿子，不然，无谓地死去，实在很是可惜。他的父母和他的妻子听了亲戚朋友劝谏以后，无可奈何地只得允许承认他出家，须提那就很欢喜地去出家作佛陀的弟子。

佛陀的僧团中，对于须提那出家的意志这么坚决，大家都非常佩服，就在须提那出家不久，毗舍离全国忽然遭遇到饥馑之年，因此比丘们托钵乞食就成了严重的问题。

须提那此刻不由自主地想起他的故乡，他的故乡迦兰陀村是一个有名的物产丰富的地区，他想把比丘们带去自己的故乡，借此机会能让父母供养同学比丘们，在他以为是再好没有的事。

须提那带领一群比丘回到故乡迦兰陀村的时候，父母闻讯之下，欢喜异常，他们请求须提那务要抽空回家一次。

离开和合的僧团，独自地回到家里去，须提那为这个问题踌躇起来。他后来想起听说佛陀当初也回王宫访问过父王，现在他回家探访双亲，当然也是寻常的事。同时，他也想到能够回家一次，双亲一定很欢喜以更多的食物供养给同学的师兄师弟。

因此须提那就决定归家，家中的父母闻讯大喜，特别叫须提那的妻子化妆，要她打扮得像个千娇百媚的美人，并教她一些甜蜜的言词，以便能打动须提那的心。

须提那归家以后，全家所有的人都加倍地奉承，须提那已经离家很久，他意外地感到家庭的温暖，家人的亲切，终于他又给家庭的恩爱束缚起来。

他和佛陀不一样，他不能和佛陀相比，佛陀是有修行的解脱的超人，佛陀远离了荣辱的观念，佛陀的心是不会为声色的外境诱惑的。当初佛陀回宫的时候，父王的慈爱，耶输陀罗的美貌温柔，佛陀丝毫没有放在心上。现在须提那给家人的奉承，不知不觉地生起荣耀的心来，他经过了一段长久时间的禁欲生活，终于禁不住妻子那温柔多情的诱惑。

他的妻子柔媚地坐在须提那身旁细声娇语地说道：

“贤夫！你的出家学道，并不是什么不好的事，但是，你应该想到你我还没有孩子，将来谁来继承宗嗣呢？而且父母见到我们没有为他们添一孙儿，心中怎不烦闷不安呢？自从你离家以后，我孤衾独宿，想到你我当初的恩爱，往往从初更流着泪坐到天明。有时，夜阑人静，明月照进窗来，想到你出家过那寂寞枯燥的生活，我不能陪伴在你的身旁，侍候你的一切，我就感到我没有能善尽妻子的责任。人间的快乐，是没有再超过夫妻的恩爱的，你如果能一方面出家学道，另一方面再享受夫妻间的恩爱之乐，那多么好呢！为了我们家族的宗嗣，为了我们需要一个孩子继承财产权，你当然懂得你心爱的妻子的苦心。”

须提那禁不起他妻子这些甜言蜜语的挑拨，结果，他的心被摇动了。为着生育孩子，他做了淫欲的奴隶，妻子的俘虏，因此犯下波罗夷罪。

须提那事后也很后悔，一失足成千古恨，他怨怪自己没有坚决的意志，不能控制住奔放的情感。事后他回到僧团中的时候，已失去本有的精神，大家都知道他被女色诱惑，因此责难纷纷而来，甚至有人就把此事报告佛陀。

佛陀把须提那叫到座前，问道：

“须提那！你要照实说，你出家以后，是不是又再和妻子同宿了？”

须提那老实地回答佛陀说：

“是的，佛陀！他们对我的责难和批评并不冤枉。”

佛陀很慈和地训斥道：

“你给愚痴迷失了智慧的心灵，你有这样的行为实在不好。出家学道是超脱生死，你却仍然为生死的根源绊住，你这不能算是清净行，不是沙门的法，不能叫作依教奉行。你有这种俗情的行为，使未信者不能生信，使已信者容易退心，你不是知道我常常教诫你们要远离爱欲吗？我常常教你们要断除欲的想、欲的觉、欲的热，你难道没有听到我常常赞叹离开欲的想、断除欲的觉、灭去欲的热的人吗？”

佛陀加重语气斥责须提那，随后集合大家，制定戒律，并对大家说明持戒的意义道：

“守戒有十种利益，要做出家的沙门就不能不守戒：

一、僧团和合故

二、接引僧众故

三、调伏恶人故

四、惭愧者能安乐故

五、没有现世的烦闷故

六、没有未来的烦闷故

七、能令不信者生信故

八、能令已信者增进故

九、能令正法久住故

十、能令清净心不失故

“诸比丘！不杀生、不偷盗、不淫、不妄语、不吃酒，是为根本大戒，如有毁犯者，名波罗夷罪（弃罪），就不能和大家住在一起，一定要从僧团退出。如果不能守戒，还俗并不算罪过！”

佛陀发出制戒的宣言，这就是正法中制戒之始。

佛陀制定根本大戒以后，仍然有少数的弟子做出违背佛陀教诫的事来，佛陀经过很长的时间，很多的事实，制定四波罗夷、十三僧残、二不定、三十尼萨耆波逸提、九十波逸提、四波罗夷提舍尼、七灭净、百众学等的比丘的戒律，比丘尼则有三百五十条戒。菩萨有十重四十八轻戒。在家皈依三宝的弟子，则可以受五戒，或六重二十八轻的菩萨戒而作优婆塞及优婆夷。

戒，维系了僧团的清净，各人遵照戒律而行，过法制的生活，僧团就是自治民主的象征，佛陀又规定每半月布萨诵戒一次，集合说戒，使诸比丘都能在清净戒法之中长养善心。

34　僧团中的争执与安乐

佛陀传道初期，常随众的比丘弟子，光是度了三迦叶及舍利弗和目犍连以后，就有千余人之多，随后又有很多的求道者加入僧团，这么多的比丘住在一起，常有些意见的争执，这自是免不了的事。

依佛陀做弟子，要求一下就变成清净的理想的圣者，这是错误的想法。十个指头有长短，再好的良田，种植上等的禾苗，仍然会有几根稗草杂在其中。佛陀的弟子中，也是有种种不同的人物，就是行十恶的佛弟子，也不能说没有。不过，这不能算是真正的佛弟子，他表面上的名义是的，但实际上他还是人，并不是说做佛弟子，于一眨眼之间就能超凡入圣。佛陀的弟子，遵照佛陀的指示，精进向上，证得正觉的人不在少数，但不依照佛陀的指示而行，堕落了的当然也大有人在。

有一次，佛陀在俱瞄弥的地方说法的时候，弟子群中发生很强烈的争执，争执的人互不相让，佛陀就集合大众说教道：

“你们不要争，用争来止争是不能止的，唯有能忍才能止争。我希望你们都要尊重忍的德行。

“过去憍赏弥国有一位国王，名叫长寿王，他的邻国波罗奈国的大王名叫梵豫王，有一天，梵豫王率领大军侵犯憍赏弥国，长寿王也就领兵抵抗梵豫王。结果长寿王生擒活捉到梵豫王，而长寿王不但没有杀害梵豫王，他反而把他释放，并对他说：‘你的生死操在我的手中，我赦免你，你从今以后可不要再兴起战争！’梵豫王当时也很欢喜地叩谢，但他逃回国不久，又兴起大军要前来报仇雪恨。

“长寿王心中就这样想：‘我虽然能胜过他，但他不服输，我再战胜他，并不是难事，但是他的心中永远不服，而且战争是恶的行为。我要胜他，他要胜我；我要加害他，他也要加害我。他为着要侵吞我的国土，使他和我的民众受苦，这是多么不值得呢？他既是要我的国土，那么让给他，不要战争，不要让我们的人民受苦。’长寿王有这样的想法，他就叫大臣把国事交给梵豫王管理，自己带领王后太子坐着车子，走向别的王城，隐藏起自己的身份。

“长寿王把国家让给梵豫王以后，他和王后反而到梵豫王的国境之中生活，他改名换姓，穿起平民的服装，研究学问，学习技能，遍走各大都市，和颜悦色地用音乐舞蹈慰劳各地民众，把自己的太子寄给别人养育。

“后来，梵豫王得悉情报，知道长寿王改名换姓潜居自己的城中，他即刻下令把长寿王逮捕，一般民众看到长寿王被捕都悲泣不成声。长寿王的太子名叫长生童子，寄养在别处，聪明伶俐，通达百艺，闻悉父王被捕，他化装成樵夫，前来探望父王。长寿王见到自己的孩子，像没有发生什么似的对他说道：‘忍！忍！这就是孝道！不能结怨的因果，要紧的是行慈悲的大愿。含凶、怀毒、结恨、惹怨，种下万载的祸根，这不是我的孝子。你应该知道诸佛的慈悲，包含天地、怨亲都是平等。我寻道问真，舍身救众，尚且怕不能获得孝道，假若你来为我结怨报仇，行着与我相反之道，我无论怎样也不能准许你有如此的存心。你要记好我的话，你应该做我的孝子。’

“长生童子不忍见父亲无辜地死去，但又不得已，只有接受父亲的命令，逃入一座森林中躲避灾难。波罗奈国全国的豪族士绅，都很同情长寿王，希望能免去他无辜的罪。而梵豫王知道长寿王的人望，心中非常恐惧，因为他想到要除去祸根，所以就不得不把长寿王斩首。

“长生童子知道父亲被害以后，在夜半的时候，偷偷地前来收尸，用香木藏着遗体，恳切至诚地为父亲祈祷冥福。

“梵豫王知道长寿王有一位太子名叫长生童子，他恐惧长生童子前来报仇，满怀着怖畏的心而不能安眠，严厉地下令缉拿长生童子。

“长生童子后来改姓化名进入迦尸城，成为一位有名的伎乐圣手，贵族豪门都很宠爱他。有一天，给梵豫王看到时，王也很欢喜，就命他进宫侍奉左右，梵豫王很信任长生童子，护身的刀都交给长生童子执拿。

“有一次，梵豫王出猎山中，迷失路途，他和随从都失去联络，跟随在身后的只有长生童子。梵豫王寻找路途，找了很久还不能寻到出路，他疲倦地就枕在长生童子的膝上闭目休息。

“这个时候长生童子心下想道：‘这个恶王是一个无道的昏君，他杀害我无罪的父亲，夺去我父王的国土，现在，他的生命在我的手中，真是天给我的方便，这正是给我报仇雪恨的千载难逢的机会。’

“长生童子这么想后，他就拔刀要杀梵豫王，但就在这一刹那，他记起父亲的遗训，他又把刀插进鞘中。此刻梵豫王已被惊醒，他对长生童子说道：‘呵！可怕！可怕！我在睡梦之中，恍惚见到长生童子来报仇，他用刀

砍去我的头。'

"长生童子听梵豫王说后，慢言慢语地说道：'大王！你不要恐惧，我就是长生童子！老实告诉你，当你在睡着的时候，我是想报仇的，但记起父王的遗训，我又把刀收进鞘中了。'

"梵豫王急忙地问道：'你的父王有什么遗训呢？'

"长生童子把他父亲的遗训又说一次道：'忍！忍！这就叫作孝。不要结怨的因果，怀着毒恨的心是万载祸患的根源！'

"梵豫王像没有听懂似的问长生童子道：'忍！忍！这是我知道的，但怀毒是万载祸患的根源是什么意思呢？'

"长生童子回答道：'我杀大王，大王的臣子必定要杀我，我的臣子也必定要杀大王的臣子，这样杀来杀去，永远是轮转不止。不若我原谅大王，大王原谅我，忍才是除祸根之源。'

"梵豫王听后，万分地感激，他懊悔得喃喃自语着：'我杀了圣者，我罪该万死！'他告诉长生童子，他此刻衷心地愿意把国家全让给他，但长生童子却很谦虚而庄重地说道：'大王的本国，是属于大王所有的，我父亲的国土你归还我好了。'

"梵豫王和长生童子就一起寻路回城。路上，很多梵

豫王的大臣迎来，梵豫王向他们试探似的问道：‘我问你们，假若你们相逢到长生童子的时候，怎么对付他？’

“这些大臣，都一个个勇气百倍地回答说：‘砍他的手！’‘断他的足！’‘送他的命！’

“梵豫王指着身旁的长生童子说道：‘这就是长生童子！’

“大臣们感到非常的惊奇，一个个都剑拔弩张，准备杀害长生童子。‘不要动手！’梵豫王遏阻着，他把长生童子以德报怨的话一一讲给大臣们听，大臣都很感动，梵豫王并吩咐以后无论是谁，不准对长生童子再怀恶意。

“大臣们非常悦服，回城进宫之后，梵豫王请长生童子香汤沐浴，以王者的服装为他穿着，让出自己的宫殿，请长生童子坐在自己的金床之上，最后把自己的女儿许配给长生童子为妻，派了很多的军队车马，护送长生童子回国。

“诸比丘！你们听了此事，不知心中作何感想？憍赏弥国的国王长寿王，自己行忍辱，具有大慈悲的心，施恩惠给他的仇人，你们应该也这样去用功。你们以真心的信仰，背井离乡，割爱辞亲，来探讨宇宙的真理，求证人生的实相，你们就应该要行忍辱，赞叹忍辱；行慈悲，赞叹慈悲；将恩惠布施一切众生，宇宙中的实相是一体的，不应该有你我的争执！”

佛陀虽然这么慈悲地引事实来劝解大家不要争执，但一些喜好争执的比丘的心里，仍然像有一大块坚冰不能融解，有一位比丘对佛陀说道：

“佛陀！别人讥嘲辱骂我，对我持相反的意见，叫我一句话不说，我做不来。”

佛陀看看这位讲话的比丘，随即从座位上站起来，威严地说道：

“做一个世间上的国王，给人家弄得国破家亡，尚且能够忍辱，只有你们口头要争，为什么不能和合呢？以争止争，永没有止的时候。果真你们是为着解救众生，为着多数人的利益着想，用力量代替慈爱去折服对方，这也未尝不可。但你们之间的争执，全是从自我执着的私念出发。自我的一己之见，不应去争，应该要忍，忍之道才是宝贵的。诸比丘！假若你们有人不把大家当作师友看待，不肯共同地虚心学习，有如狂象独居旷野，坚持己意，以为自己最贤能善良，那就不要和他认为恶的人住在一起！”

佛陀说后，就吩咐各人散去，不能改变坏脾气的人仍然不能改，佛陀对无缘没有善根的人，也只好由他去。有善根而被佛陀的话感动了改往修行的也很多。

佛陀等大家散后，心中没有不快乐，因为他是佛陀，要讲的讲过以后，心中没有丝毫的执着。佛陀知道人间争的结很难解，自己不觉悟谁也没有办法。佛陀感到这个世间需要宣扬慈悲、自由、平等、缘生的真理，更加迫切！

佛陀独自一人信步走着，渐渐地走到波利耶沙罗林来，这座森林里正住着阿那律、跋提、金毗罗三人在修行。

这三个伯仲兄弟，在家时感情很好，出家后感情也是很好，他们三人有一盟约，共同依止佛陀修道，一切都遵照佛陀的戒法而行。若是出外乞食最初回来的人，先要敷床，次要汲水，再次要拿出洗足的器具和抹脚的布巾，安置水瓶，能够吃的东西把肚子吃饱，剩余的收藏于凉爽的地方，放在没有虫子的水中，留给后回来的人吃。收拾以后，净手洗足，整好尼师坛，入室念佛念法念僧或坐禅。再回来的洗足后，水如不足，要去再补，洗干净布巾，为后回来的人预备。吃饭的时候，如果感到不足，把前人剩下来的拿来吃，然后又再收好，净手洗足，整好尼师坛，入室念佛念法念僧或静坐。他们就这样过着律仪的生活，等到渐渐黄昏将要晚的时候，最初的人从禅定起来汲水，力量不足时，举手示意，叫人帮忙，但不可说话，默默地静静地生活。五天召开一次会议，商讨一些问题，以及报告各人修行的心得。这样平和、美满的生活，他们都感到非常快乐。

佛陀走到这里来，心中很是欢喜，但这儿有一位守林的人，他不认识佛陀，因为平时佛陀行化在各地，总是带领了许多的弟子，而今天是独自的一人，不留意时都不知道这是佛陀的光临。因此守林的人向前阻止佛陀道："这里有三位圣者住着修行，您不能进去！"

佛陀微笑着，静静地答道："他们三人见到我，大概也很欢喜！"

守林的人就把此话前去报告，三个人见到是佛陀的光临，真是喜出望外，阿那律来接佛陀的衣钵，跋提去敷好床席，金毗罗赶紧汲水给佛陀洗足。佛陀见到他们三人，很欢喜地向他们说道：

"你们在平和地修道，过着无争的安乐生活，一心一德，一师一道，水乳交融似的和合，实在美满得很！"

佛陀在这里说些五根、五力、七菩提分、八圣道分的道理，更增加三人对这美满生活的信心！他们感到天上的快乐、天上的欢喜，也不如他们的清净，他们的实在！

以后，喜欢争的人，佛陀就不理睬他们，这风声传出去以后，他们还有什么可以自尊呢？

非法喜争的人，一部分反省觉悟，一部分大家共同压制他，他们这才忏悔，才知道大海流出的百川，是不能分的。

世间上争执的烦恼，和乐的安静，原是各人自找的，僧团中的学道者，在大圣佛陀的德化之下，因为根机的不同也有着圣凡之分。

35　毗舍借大心布施

佛陀在祇园精舍教化的时候，一天，当佛陀托钵经过街道，有一对夫妇供养佛陀一钵饭，佛陀说：

“种一收十，种十收百，种百收万，你们以此一钵饭的布施功德，将获得无量的福报。”

佛陀说后，正想离开，但那对夫妇怀疑地问道：

“佛陀！我们凡愚的人真不了解，仅仅一钵饭的布施，哪能获得多大的福报？”

佛陀解释道：

“你见过尼拘陀树吗？一树茂盛到四五里路之远，每年落下的果实有数万斛之多。当初，尼拘陀树的种子，也只是一粒果实。”

佛陀简单地比喻，这一对夫妇听后才懂得布施获报的意义，才懂得佛语的真实不虚。

从此，舍卫城的人民，对佛陀及比丘们都更欢喜踊跃地供养布施。

有一天，一个家庭主妇似的女人到祇园精舍来拜见佛陀，她顶礼以后，就对佛陀说道：

“佛陀！我的名字叫毗舍借，就住在这舍卫城中，假若佛陀慈悲肯庇佑我的话，明天请带诸比丘们到我的家中受供，让我种一点福田。”

佛陀知道毗舍借真挚的心，当即答应，毗舍借很欢喜地回家准备。

这一天晚上，落了很大的雨，第二天仍然是落着，佛陀和弟子们在毗舍借家中吃饭以后，毗舍借前来感谢佛陀的光临，并且提出要求来说道：

“佛陀！我有八件事情，请求您慈悲答应！”

佛陀很庄严地回答道：

“毗舍借！在我没有知道你的本意以前，我是不能答应你的要求的。”

“我的希望不是恶意，希望佛陀能答应！”

“假若不是恶意，你说出来，我听听也可以。”

“佛陀一定要答应！”

“不一定！”

毗舍借无法，只得先照自己的意思说道：

“我的八个希望，就是：

“第一，我希望佛陀允许我布施比丘们下雨时所穿的雨衣。

“第二，我希望佛陀允许我供养初加入僧团的比丘。

“第三，我希望佛陀允许我布施出外旅行比丘的食物与金钱。

“第四，我希望佛陀允许我布施生病比丘们的汤药。

“第五，我希望佛陀允许我供养生病比丘们的适当食物。

“第六，我希望佛陀允许我供养看护病人的比丘。

“第七，我希望佛陀允许我常常以稀粥到僧院中去供养比丘。

“第八，我希望佛陀允许我布施比丘尼们的浴衣。

“佛陀！这八事布施是我的愿心，是我恳切至诚的希望，佛陀看我，不知够不够资格这样来行这八项布施？祈求佛陀，千万答应我的要求！”

佛陀知道毗舍借所要求的八事以后，他又问道：

“毗舍借！布施者是没有资格的限制，但你有什么理由要行这八项布施呢？”

毗舍借回答道：

“佛陀！我老实禀告您，我今天预备好了饭菜以后，我就叫我家中的女仆前去恭请佛陀和诸比丘，她去后不久回来说没有逢到佛陀和诸比丘，我感到很奇怪，佛陀在室内静坐自不必说，但诸比丘到哪儿去了呢？后来我听说诸比丘没有雨中的穿着物，每逢到下雨的时候，在精舍里把上衣脱去，仆女怕羞，所以回来说没有看到。没有雨中衣服很不方便，所以我想布施比丘们雨中特别穿着的衣服，这是我第一个愿望布施的理由。

“第二个愿望，初加入僧团中做比丘的人，怎么样去托钵乞食，到什么地方才有人供养，他们是不知道的，为了一餐饮食，免得辛辛苦苦地要走很多的路，所以我想要布施他们。

“第三个愿望，出外旅行的比丘，为了托钵，想到的地方要很迟才能到，没有金钱，走路是多么不便，所以我愿布施他们。

“第四个愿望，比丘们有病，没有医药，身体不容易很快地痊愈，因此我欢喜布施他们的医药。

“第五个愿望，比丘们有病，没有适当调养的食物，这对以后的身体很有影响，这也不能不注意。

“第六个愿望，看护病人的比丘，又要忙看病，又要忙乞食，这是顾不来的，为了让看护的比丘一心地看病，不要为饮食烦心，所以我愿意布施供养。

“第七个愿望，常听佛陀赞叹粥有十种利益，比丘晚上不出外乞食，我供养他们一点稀饭，调调心，可以增长他们的健康。

“第八个愿望，我们在河川的水边洗浴，常常见到比丘尼也裸着体和我们女人在一起洗浴，有时很多卖淫的娼妇，也同在一起洗浴，她们嘲笑说：‘比丘尼们！你们年轻美貌，守着清净的生活有什么利益呢？不如年轻的时候享受红尘的快乐，老年再去出家过清净的生活，这可以达到两个目的，你们为什么要那么傻呢？’佛陀！在光天化日之下，裸着体和娼妇们一起洗浴很不美观。不若穿起浴衣，和我们一样地洗浴比较好看。这是我希望行此八项布施的理由，希望佛陀慈悲答应！”

佛陀对毗舍借的愿望，没有置以可否，又再问道：

“毗舍借！你这样的发心，我已知道，但这与你有什么利益呢？”

毗舍借回答道：

“佛陀！假若将来有一天，我见到某一比丘逝世的时候，能够听到佛陀说，这个比丘进入涅槃，是开悟证果的阿罗汉。我就静静地想，不知他在舍卫城有住过吗？其时有人告诉我，他就是祇园精舍的比丘，我就会知道，这位已证阿罗汉的比丘，下雨的时候，穿过我的雨衣；旅行的时候，受过我的布施；有病的时候，我供养过适当的饮食和汤药，他是圣人，我和他结过缘，我一定仰仗他的功德，得到无上的安心和幸福，佛陀！为着我自己，我愿行这八项布施。”

佛陀听后，很欢喜地赞叹道：

“你的愿望很好，我很欢喜地答应你这八项布施，这也是你的欢喜。真正的布施，要心生欢喜，要尊敬受施者，不可以有可惜的心，不望受施者感谢和报答，如能这样布施，自己可以得到幸福的果报，受施者也同时可以得到幸福的果报。毗舍借！你已了解到你不舍财，财亦要舍你，不如舍财，令作功德坚财！”

毗舍借听佛陀的开示以及赞叹和答应以后，生大欢喜，她像见到佛陀的光明已庇照到她的四周，她沐浴在佛陀的慈光中，身心都感到非常安乐和自在。

佛陀的僧团中，比丘和比丘尼过的什么生活，不难想象而知。

不过，他们的物质生活虽很贫乏，但心内却充满欢喜，因为他们是已接触到佛陀的爱的人！

36　迦留陀夷其人其事

佛陀的弟子中，有着各种各样的人，安分守己的好人固多，兴风作浪的人也不能说没有。

当初奉净饭大王的命令，在佛陀做太子时侍奉他的优陀夷，他出家后的名字叫作迦留陀夷，当佛陀立志要出家时，迦留陀夷曾用种种欲情的美词劝谏过佛陀。佛陀成道以后，再奉净饭大王的命令，迎请佛陀回到祖国的也是迦留陀夷。迦留陀夷没有真正发心出家，而是因为在佛陀的威德摄受之下，勉勉强强地剃除须发，换着袈裟。

论起迦留陀夷这个人，他是常常因为女人的事给别人批评，给佛陀呵斥，可以说，他是常常失败在女人的手中。有时一阵风潮之后，他也知道忏悔谢罪，但他生性放荡，无法永远控制住自己的情感。每当他给外境诱惑得理智敌不过情感时，他就浸在水中，希望借此能改换性情，他就是这么一位滑稽的人物。

迦留陀夷虽然生性如此浪漫，但他很有才能，因为他当初在佛陀做太子时曾服侍过佛陀，所以谁都认识他，佛陀也完全知道迦留陀夷的为人。佛陀认定他是一个好人，每当他失败的时候，佛陀呵斥他几句以外从未计较其他的事情。

佛陀的弟子都料想不到佛陀会对放逸的迦留陀夷这么宽大包容，佛陀已不像才开始组织僧团时那么严格，改过忏悔的人，佛陀认为他将来仍有希望，如果肯得悔改，佛陀是从没有不原谅的。

佛陀对迦留陀夷的宽容，这事只有提婆达多最感到不满，因为他的毛羽未丰，集团的派系尚未成立，只有在背后集合和他同感的人发发牢骚，泄泄胸中的不平，在表面上是没有人敢反对佛陀的作风。

佛陀知道人间的弱点，他知道悔改的人会渐渐地变好，迦留陀夷就是这么一个人物的代表。

迦留陀夷和佛陀住在祇园精舍时，园中常有乌鸦聚集起来啼叫，那呱呱的声音很嘈杂，他不能安心静坐，非常发怒，他就特别做起弓箭来企图射杀乌鸦，后来给佛陀知道时，曾不客气地呵斥他一次。又有一次他进宫见波斯匿王，波斯匿王把他看为老朋友，进出一向是不要通报，他走进王宫，适值末利夫人早晨起身，知道迦留陀夷来时，她就赶快披起一件外衣，但一不小心披在肩上的衣服忽然掉下来，她很感到裸体的羞耻，赶快缩紧一团，迦留陀夷见了大喜，回来对大家说："今天我看到末利夫人白净的身体。"佛陀知道时，也严重地申斥他一顿。说起迦留陀夷，他听说哪里有美丽的女人，总要去看看；出门的时候，自己的东西总爱给少年的比丘去拿。他更爱三五成群地开玩笑，官僚的习气很重，佛陀总是不客气地呵斥他。

他是常常给佛陀呵斥的一个人！

有一天，迦留陀夷遇到一个美丽的婆罗门的姑娘，照例地他又给美色诱惑得不能自主，这个姑娘对迦留陀夷也很有意，他们一边走着，一边谈着，走到无人的地方，迦留陀夷就和她接吻。接吻的时候，迦留陀夷心中忽然吓了一跳，然后他就推开这个姑娘，不敢再看一眼地逃回祇园精舍。这个姑娘，认为迦留陀夷出尔反尔，有意侮辱她，伤害了她的自尊心，她即刻殴伤自己的身体，撕破自己的衣服，回到家中哭闹着告诉父亲，说迦留陀夷用暴力调戏她。

这个姑娘的父亲听后大怒，集合他的乡党，埋伏在一个地方等候迦留陀夷经过，他们用木棒打他，用脚踢他，到迦留陀夷被打得不能支持时，就把他投进围绕在宫殿四周的护宫河中。

巡视宫殿的卫兵见到迦留陀夷时，就把他营救上来，带去见波斯匿王，虽然是有才能的迦留陀夷，这一次见到波斯匿王时，也不禁感到万分羞愧。他就对波斯匿王发誓说，以后绝对不再有这样的行为，波斯匿王替他裹伤敷药，派人好好地把他送回祇园精舍。

佛陀以后就叫迦留陀夷服侍自己，一步一跟地不准他离开，不久，佛陀到鸯伽国的犍若精舍去说法，特地把迦留陀夷一同带去。佛陀说法时他要听讲；佛陀静坐时，他也在座旁参禅。

有一天，他体味到参禅静坐的微妙，心中烦恼欲情的云雾，像给朗朗的日光照开。坐禅以后，他对佛陀说道：

“佛陀！我今天好像从梦中醒来一样，我在佛陀座旁参禅，到今天才实实在在地体会到佛陀对我们的恩惠。我们所以能获得安稳的生活，心中离开无限的苦闷烦恼，都是因为有佛陀的教示，我到今天才感到佛陀的教示对我们是这么亲切。我有很多恶的习气，幸逢佛陀的善法救济，我感激得粉身碎骨也难以报答。过去，佛陀说过，过了正午，比丘最好不要再进饮食，那时我总是不能忍耐，信者晚上的供养又特别丰富味美，我现在才知道不非时食，确实经过佛陀深深的考虑。我过去在一个雷雨之夜，也曾和比丘们在街上托钵乞食，见到一个妊妇疑我们是鬼而堕胎，想起那些事实，我们很感激佛陀的教法。实在说来，做比丘的确要有正念、正定、正智慧，如能这样，佛法才能安慰到我们的心，才能使我们自己的心灵快乐。我承受奉行佛陀的教法，高兴得真不知如何来形容，不知如何来报答佛陀才好。”

佛陀听完迦留陀夷的话后，微笑地说道：

“迦留陀夷！你已经知道出家修道的意义。可以说，世间上比出家修道、宣扬真理、体证法乐以上的快乐是没有的。唯有了知这种法乐的人，才知道涅槃的快乐到底是怎样的快乐。”

迦留陀夷非常欢喜，他第一次受到佛陀的褒奖和赞许。

比丘中有甚深习气的是迦留陀夷，比丘尼中喜行恶法的是偷兰难陀，偷兰难陀好像是迦留陀夷的化身，但她没有迦留陀夷的才能，没有迦留陀夷善良的心。

偷兰难陀虽剃发染衣，但她和别的比丘尼不一样，她泼妇似的性情一点都没有去除。佛陀对她像对迦留陀夷一样，常常呵斥她，呵斥以外，也没有把她逐出僧团。偷兰难陀最讨厌的就是大迦叶尊者，因为大迦叶那八风吹不动似的威严态度，她最不爱看。但她对佛陀的威严是非常非常的崇敬。见到大迦叶的圣者之颜，她就皱着眉，心如刀割。有一天大迦叶托钵乞食回来，路上和她相逢，她就向大迦叶吐唾沫骂道：

“这是没有懂得万法平等和万法缘起的人，早上就遇到这个外道真不吉利。”

偷兰难陀犯了八敬法，如果大迦叶报告佛陀，一定会把她驱逐出去，但大迦叶像没有听到她的话，根本就不和她计较。但这件事情传闻到迦留陀夷的耳中，他异常愤怒，他对偷兰难陀轻慢大迦叶，不尊敬长老的圣格，很是不平。他走到偷兰难陀的居所，指着她骂道：

“你这个恶婆，你敢唾骂尊者大迦叶，你也敢唾俺吗?”

偷兰难陀知道迦留陀夷的为人，还没有回口，迦留陀夷就打倒她，训斥她一顿。

佛陀知道后，摇摇头，他知道少部分证得圣果的人，见惑上的烦恼无明虽断，但思惑上烦恼无明尚不易除，佛陀再没有责怪迦留陀夷。

迦留陀夷这个人，同谁都谈得来，同谁都能亲密地相处，这是他的特长，尤其接引女人来皈依佛陀，没有人再比他有办法。舍利弗、目犍连、大迦叶等，见到女人，总感到有些束手无策；而迦留陀夷则应付裕如，很多长老们做不到的事情，他都能毫不费心费力地做到。被大家都厌弃的人，被大家都认为没有办法的人，迦留陀夷还是很欢喜和他来往，他对任何人都没有怨毒的心，没有贡高我慢，若是值得敬重的长老，他是非常尊敬，他是僧团中一个很有人缘的人，他也是大众取笑的对象。

迦留陀夷在佛陀身边亲近一个时期，于道学上的修养很有进步，佛陀很关心他，很爱护他，总没有嫌他讨厌。佛陀回到祇园精舍的时候，他也回来，但佛陀后来很放心他的个人行动。

有一天，迦留陀夷独自地走在街上乞食，他经过一个饼店，店中有个中年女人，他就向前对着那个女人笑着说了两声“很香”的话，那个女人就拿了八个烧饼供养他，他对女人说道：

“你的烧饼很香，把这么多个给我一个人吃很是可惜，不如请你帮我拿到祇园精舍去，分给大家吃好吗？”

那个女人很好说话，温和地点点头后，就拿着烧饼和迦留陀夷同到祇园精舍来。以这个为缘，这个女人就皈依佛陀。不久以后，丈夫也给妻子接引皈投到佛陀的座下，夫妇都成为热心佛教的虔诚信者，他俩只生养一个姑娘，招赘一个女婿在家，后来迦留陀夷和他们全家都很好，常常到他们家中去玩。可是，很不幸的这对夫妇不久就相继辞世，只留下姑娘和女婿。

年轻的姑娘和丈夫很敬重迦留陀夷，很欢喜听他说教，有一天下午，迦留陀夷走到姑娘的家中，姑娘的丈夫出外去推销烧饼，因此，一件男女的奸情，无意中就给迦留陀夷看到。原来这个姑娘瞒着丈夫正和一个不知名的男人亲亲密密，听说这个男人是盗匪一类的人物。迦留陀夷见到时进退非常为难，也感到非常困惑，他怎样也想不到有这一出尴尬的场面。

那个盗匪，见到迦留陀夷就很快地逃去，姑娘并没有感到羞愧，她心中反而怨怪迦留陀夷是故意地前来找她麻烦。迦留陀夷劝她要忠于丈夫，顾到名誉，早一点和那个盗匪离开，不然家庭的后果，一定非常不幸。

姑娘没有把迦留陀夷的忠告听在耳中，她唯恐自己的秘密会给迦留陀夷告诉她的丈夫，因此，等迦留陀夷走后，经过一番考虑，她生起杀害迦留陀夷的心。饶舌的迦留陀夷，他不知道这个姑娘给爱情迷惑得失去理性，她无论怎样是不愿和那个男人分离。迦留陀夷万想不到忠告人家后果不幸的话，会带给他自己可怕的后果。

姑娘等到男人又来时，就用媚惑的力量，向男人说出她的计划，她说，让迦留陀夷活着于彼此都很不利。

那个男人不以为然地说道：

“迦留陀夷是一位尊者，是大圣佛陀的弟子，很得波斯匿王的信仰，王宫中可以自由地进出，文武大臣都是他的朋友，杀害他，对我们是非常危险的事。”

姑娘撒娇地气着说道：

“你这么没有用！杀害他又不是给人知道。我们要得天长地久，他是眼中钉，不能不把他除去，你只要依着我的计划去做即行。”

男人虽然还没有起杀心，但姑娘的话他也不敢违背。不久，这个姑娘装病叫迦留陀夷来。

迦留陀夷来时，她又装着悔过似的说道：

“谢谢你的光临前来，我现在已经决定和那个男人离开，请你放心！”

迦留陀夷大喜，连声称赞道：“很好！很好！”

姑娘用种种动听的话，向迦留陀夷叙说，迦留陀夷也很高兴地对她说些道德伦常的话。他们谈到人静更深的时候，迦留陀夷才起身告辞，姑娘说要送他回去，他们就走着谈着，途中，等待的那个盗匪见到迦留陀夷时，即从他的身后连砍数刀，迦留陀夷就这样无声无息地被杀害了，姑娘和那个盗匪把迦留陀夷的尸体埋藏在一个粪坑之下。四野黑黝黝的，天空没有星光，阴森的夜风吹寒人的心房。

迦留陀夷从此再不会回到祇园精舍，两天三天，当然是没有问题，三天五天以上，大家见不到迦留陀夷，不禁都怀疑起来。

佛陀数日来就没有怎么说话，他告诉弟子们说，迦留陀夷的袈裟，今后他不会再用，最好请舍利弗为他转送给别人，并希望弟子们今后不要在世俗的人家太活跃。

大家不知道佛陀的意思，只看到佛陀像是很悲哀的样子。

有一天，迦留陀夷的尸骸被人发现，消息传到祇园精舍的时候，大家非常同情和惊慌，佛陀没有表示什么，他举头望望天空的白云深处。

波斯匿王听到迦留陀夷被害的报告，震怒得暴跳如雷，他下令限期逮捕凶手，他说一定要为迦留陀夷申冤，这一件凶杀案就因此传遍全国。

比丘们私下议论迦留陀夷的被害，一定是与女人有关，不是桃色纠纷，也是遭别人嫉妒。佛陀告诉大家，不要误会现在的迦留陀夷还是过去的迦留陀夷。世间上发生不幸的事情虽然离不开名利美色，但推论迦留陀夷的被害，说他也是贪爱名利美色，这样的理由不能成立。迦留陀夷的遭遇不幸，那是因为他不重小节，于在家的人群中太活跃的关系。最后，佛陀希望弟子要注重生活威仪，尤其走在街上，不要东张西望，不要和人太表示亲密。

有人说，迦留陀夷被人凶杀而死，一定死得很苦，很悲惨，但舍利弗大比丘，坚持着说迦留陀夷被害的时候是很安乐、很平和的。舍利弗并举一段往事证明：

那是一次舍利弗在王舍城森林中坐禅的时候，在离他不远的一个岩窟中有一位优波先那比丘尼也在修道坐禅。

优波先那有一次进入三昧时，像有什么东西在她身上爬着，并咬了她一口，后来见一条有名的毒蛇从她的衣服里爬出来，优波先那知道一定要死，但她一点都不惊慌，她安详地对舍利弗说道：

“舍利弗尊者！我被毒蛇咬了，马上就会死，现在毒还没有在我的身上巡回，请你为我转告给左近的修道者。”

舍利弗不信似的回答道：

“没有这回事，被毒蛇咬了的人，颜色马上就会变的，我看你的颜色和往常一样，你怎么说这样的话呢？”

优波先那仍然平和地说道：

“舍利弗尊者！佛陀说人的身体是四大五蕴假因缘集合的，没有‘我’这个东西，也没有‘我所有’的东西，人生像一场戏言，如幻如化，本来是空，毒蛇能咬众缘和合的色身，怎么能咬空呢？我的颜色不变，就是这个道理。”

优波先那能解脱肉身的痛苦，静静地进入涅槃，见到的人，都很感动赞叹，舍利弗就以此说明觉悟的圣者，身体可遭凶报的力量死去，但心境却都是平和安乐的。

不久，杀害迦留陀夷的那个盗匪被捕，民众中有人说那天还看到迦留陀夷和姑娘同走的，因此姑娘和盗匪经过审问后，波斯匿王下令判处极刑。

从此，迦留陀夷的身体是毁灭了，但他的性灵却得救了。

37 玉耶女的悔改

用黄金铺地建立祇园精舍的须达长者，他的第七个最小的儿子，迎娶王舍城护弥长者的女儿玉耶为妻。玉耶生长得姿容秀美，身材楚楚动人，她自恃自己的美丽，对公婆固然是没有孝顺服侍，就是对丈夫或亲朋也看不在眼中，有时眉目言谈之间，还有轻慢侮辱的意思。

须达长者讨娶这一门媳妇，使一个和乐的家庭，不时发生无谓的纠纷，纠纷的原因，都是为了玉耶不能善尽妇道，没有女子贤淑的德行。

须达长者非常失望伤心，六个儿媳都能融洽相处，想不到本是大家闺秀的玉耶，小小年纪，竟然是这么目无尊长。他常要子媳们不时地到祇园精舍去听闻佛陀说法，唯有玉耶持着反对的意见，不肯前去。她说，就是佛陀法驾亲来，她也不愿相见。玉耶的增上慢，须达长者往往想用棍棒责打，使其悔改。但当玉耶知道公公有这样用心时，她就哭闹不休，口口声声地闹着要带自己的东西回归娘家。

须达长者知道教化玉耶，除了佛陀以外，是谁也没有办法，但玉耶就最不高兴和佛陀相见，最不愿意听佛陀说法，这有什么办法呢？

有一天，须达长者怀着无可奈何的心情，到祇园精舍求见佛陀，对佛陀禀告道：

“慈悲的佛陀！我今天有一件事情不能不来请佛陀相助，本来家丑不可外扬，但佛陀是我们众生的慈父，唯有佛陀的智慧威德，才能调伏刚强难化的众生。

“佛陀！弟子一共生有七个儿子，六个儿媳都能孝顺贤惠，唯有第七个儿媳玉耶，长得绝顶聪明美丽，但她骄慢异常，时时出言不逊，侮辱尊长。

“我们本想常带她来请佛陀开示，但愚痴遮盖她的心灵，她非但不信，而且毁谤佛陀。她以为人生就是享乐第一，美貌第一，爱情第一，除此她什么都不愿关心。我们没有什么办法可想，只得请求佛陀慈悲，为度化我这顽劣的儿媳想个办法。”

佛陀察知须达长者的心，当即说道：

“玉耶既不愿前来，你又对她这么爱护关心，那么，我明天就到你府上去访问一趟吧！”

须达长者听佛陀说要光临他的家里，惊喜感动得老泪横流，当即奔向佛陀座前，顶礼佛足。

佛陀带领弟子，到达精致的长者府中，长者夫妇，以及七子六媳都出来环绕佛陀三匝，以示欢迎，独有玉耶逃避佛陀，不肯出来。长者命第七公子去叫她，但他回来说玉耶不在房中，长者心里感到非常对不起佛陀。讨娶这不贤惠的儿媳，而且辜负到佛陀的慈悲，这是全家的耻辱！但佛陀却不以为意，反而安慰长者道：

“你心中不要难过，等一会儿玉耶自会出来。”

佛陀说后，身上像是放出万道金光，照得所有的墙壁如透明的玻璃，大家这时都看到玉耶在佛陀身后的门缝里偷望着佛陀。玉耶对佛陀虽有反感，但一见到佛陀的相好光明，过去的反感都一扫而光。她知道自己的身体已隐藏不住，只得出来站在佛陀的身旁，低着头，不敢仰望佛陀的慈颜。

佛陀心平气和地说道：

“玉耶！女人光是容貌端正姣美，不名为美人，更不值得骄傲，而心行端正，有贞静幽娴的女德，受人尊敬，方可名为美人。姿容的秀丽，虽然可以诱惑迷醉愚人，但不能够受人尊敬，不能够叫人见到欢喜。女人如花似的面孔，柳枝似的腰身，虽然可以适宜作他人的玩具，但以此并不能算作很好的人。生为女人之身，注定她就具有三种缺陷和十种业障。三种缺陷是：

“第一，在童年的时候，受着父母的管束，不能像男孩子那么任性自由。

“第二，出嫁以后，凡事要听丈夫的吩咐，处处要依赖他人，自己没有自由。

“第三，到年老白发龙钟时，常给不孝的儿媳呵斥，阻碍一切自由。

“除此三种缺陷以外，女人还有十种业障：

“第一，出生的时候，因为父母有重男轻女的观念，每见生下女孩，心中就厌恶不喜。

“第二，在养育期中，父母认为女孩子不是自家之人，所以不尽心抚育。

“第三，女子长大时一定要出嫁他人，为着结婚之事，使父母挂心。

“第四，做女子的人，心常畏惧，不敢见人，每见人时，总是偷偷摸摸，鬼鬼祟祟。

“第五，女子长大时，一定要别离父母，委身他姓，自己不能做主。

“第六，女子怀妊时，身体种种不安，大腹便便，苦不堪言。

“第七，女子生育孩童，疼痛难忍，难产之事，时有发生。

“第八，女子一切要仰仗丈夫，心存恐惧，时刻挂心失去丈夫之爱。

“第九，女子生性爱好虚荣，化妆打扮，浪费时刻，其实身常不净，多于男人。

“第十，女子心多猜疑嫉妒，好谈是非，喜怒哀乐，身心恒常不得自在。

“玉耶！女人有这种种业障缺陷，面容虽是美貌，但有什么值得向人骄傲？而且，青春美貌是暂时不实的东西，聪明的人绝对不愿以此向人炫耀！”

玉耶静静地听着佛陀的法音，句句都击中她的心，她畏缩地望望佛陀，问道：

“那么，女人怎么做才好呢？”

佛陀知道玉耶骄横散漫惯了的心，此刻已收回来，所以又再慈和地说道：

“玉耶！你问我女人怎么样做才好，我告诉你，你现在是人家的妻室，做人家妻室的女人，应要奉行五道：

“第一，要作母妇：敬爱丈夫，要有如父母爱护子女之心。

“第二，要做臣妇：要把丈夫当作君王看待，自己犹如臣下。

“第三，要做妹妇：视丈夫如同胞的兄长，夫妇要相敬如宾。

“第四，要做婢妇：侍奉丈夫，有如婢女侍奉主人，常存恭敬尊重的心。

“第五，要做夫妇：和丈夫要永远孝养父母翁姑，和睦亲族。夫妇要有恩爱之情，要有亲爱之实。形体虽异、誓不二心，接待宾客，勤治家事，不谈他人是非，不道人之长短。

“玉耶！做妇女的对待丈夫要有上说的五种态度，除此以外，更要进一步奉行五善去除四恶，五善就是：

“第一，早起梳头洗面，迟睡当心门户火烛，不可推诿别人。

“第二，丈夫斥责，忍耐慎口，不可怀恨在心。

“第三，一心守夫，唯恐不及，不可再生邪念。

“第四，常愿丈夫长寿，丈夫远离时，整理家务，不可再怀二心。

“第五，不念丈夫恶，常记丈夫的好处，有美味必先奉敬丈夫，不可先尝。

“奉行五善以外，还要去除四恶：

“第一，未黑先眠，日出未起，丈夫斥责，反言相讥。

“第二，美味先尝，恶食与夫，对夫异心，常存邪念。

“第三，不治家事，耽于游戏，搜人长短，说人坏事。

“第四，爱慕虚荣，争奇斗妍，憎恨亲族，贱视他人。

“玉耶！妇女若能奉行五善，众人爱敬，受人赞誉，祸不降临，德及子孙；若是犯此四恶，夫家不喜，自身多灾；现世之身，不得安稳，万项事情，不能称心。玉耶！你希望做行善的妇人呢？还是希望做行恶的妇女呢？”

玉耶听佛陀说后，感动得流泪道：

“我错了！我真是愚人，我听了佛陀的教化，像从梦中醒来似的。佛陀！请容我忏悔，以后我一定善尽妇道，不起骄慢愚痴之心。”

佛陀欢喜赞叹道：

“做人谁能无过呢？知过必改，就是聪明的贤人了。”

玉耶最后哀求佛陀为她授说六重二十八轻戒，她愿世世生生，做一家庭佛化的优婆夷，须达长者的全家，也都为她祝贺新生。

38　善生长者归佛化

佛陀有一次从憍萨弥罗国顺着恒河的流水，进入摩竭陀国的罗阅祇城内。这时城内有一位富家的公子，早上起来就来到郊外园中，先湿了衣服，然后湿了头发，恭敬合十，先向东方礼拜，然后再向南西北方，以及上方下方顶礼。

佛陀有一天在托钵行化的途中，无意中见到这礼拜六方的男子，佛陀慈悲关切地向前问道：

“善男子！你叫什么名字！你为什么早晨出城，披发湿衣，向东西南北上下诸方礼拜呢？”

那个男子望望佛陀，惊奇地说道：

“呵！佛陀！我早就知道您，可惜我无缘听闻佛陀的教法。我的名字叫作善生，刚才佛陀问我，为什么要向东南西北上下诸方礼拜，因为这是我父亲去世时的遗言，为着孝顺尊敬我的父亲，所以我每日必须礼拜六方。”

佛陀慈悲而庄严地对善生道：

“善生！你所礼拜的六方，只有名称，在宇宙虚空之中，哪儿有东南西北的方向？在我的圣贤法中，也礼拜六方，但不是你所拜的六方。”

善生怀疑地问道：

“佛陀！怎么样才是礼拜圣贤法中的六方呢？请佛陀慈悲给我指教！”

佛陀就静静对善生说教道：

“善生！你诚恳的心情我已知道，我很高兴向你说教，你要用忘我的心来思惟我的教法。

“善生！做人先要知道四种结业，什么是四种结业呢？

“一、知道杀生是残忍的恶习。

“二、知道盗窃是损人的行为。

“三、知道邪淫是痛苦的根源。

“四、知道妄言是虚伪的欺骗。

“善生！做人更要不于四处作恶行，哪四处？

“一、永无满足之自私的贪欲。

“二、嫉妒骄狂之恼怒的嗔恚。

“三、所作行业之后果的恐怖。

“四、执断执常之我见的愚痴。

“善生！人若有这四种恶行，名誉日减，人不喜见，如同下旬的月亮，一天一天地减少；假如能够离开这四种恶行，名誉日增，受人尊敬，像上旬的月亮，一天一天地增满。

“善生！有六种损财造业的事不要去做，哪六种损财造业的事呢？

“一、耽湎于酒。

“二、喜好博戏。

“三、闲游放荡。

“四、迷于歌舞。

“五、爱交恶友。

“六、懈怠懒惰。

“善生！耽湎于酒的人，常有六失：一是散失财帛，二是常生疾病，三是爱好斗争，四是恶名流布，五是嗔恚粗暴，六是智慧日损。

“善生！喜好博戏的人，也常有六失：一是财产日耗，二是虽胜生怨，三是智者所责，四是人不敬信，五是为人疏外，六是生盗窃心。

“善生！闲游放荡的人，亦有六失：一是不护自身，二是不护子孙，三是不护财货，四是常自惊惧，五是诸苦缠身，六是喜生虚妄。

“善生！迷于歌舞的人，亦有六失：一是歌在何处，二是舞在何处，三是琴瑟在何处，四是讲说在何处，五是鼓乐在何处，六是聚会在何处。

“善生！爱交恶友的人，亦有六失：一是方便生欺，二是好喜屏处，三是诱他家人，四是图谋他物，五是财利自向，六是好发他过。

“善生！懈怠懒惰的人，亦有六失：一是不肯作务，二是不肯勤修，三是喜好美味，四是妄想纷飞，五是受人轻视，六是事业无成。

“善生！耽湎于酒乃至懈怠懒惰的这六种损财的业是不能去造作的，假若去造作，家财一定日日损减，名声一定渐渐受人批评。

“善生！复有四种像是亲朋好友的样子，但实如怨家，这是应当觉察了知的，哪四种怨亲呢？

“一、有贪欲而假畏伏的人。

“二、有所求而说美言的人。

“三、有谄谀而来敬顺的人。

“四、有图乐而来交友的人。

“善生！有贪欲而假畏伏的人，第一你给他少了他望多，第二他给你小利要你报酬大利，第三畏惧你而勉强来亲近，第四为求利益才和你相交。

“善生！有所求而说美言的人，第一无论你的行为是善是恶，他都顺从，第二等你有难的时候他就离开，第三见人有善事而来求助，他便密为隐藏，不使你知，第四见有危险的事情发生，他便排挤你而忘记恩惠。

“善生！有谄谀而来敬顺的人，第一见你有不好的行为他不劝谏，第二见有善事可做他不协助，第三见到有利可得的事他便趋承逢迎，第四见到有义无利的事他便后退。

“善生！有图乐而来交友的人，第一有喝有吃的时候和你为友，第二有赌博游戏的时候才和你为友，第三有淫逸放荡的时候才和你为友，第四有歌舞出游的时候才和你为友。

“善生！前四种恶友要远离，因为那些朋友只会令自己堕落，我现在再告诉你有四种益友可亲，哪四种呢？

“一、见非即来劝止的人。

“二、有同情慈悯心的人。

“三、乐于帮助他人的人。

“四、苦乐皆不相弃的人。

“善生！见非即来劝止的益友，有四事可贵：第一见你为恶，则能遮止；第二为人正直，可作模范；第三慈心悯念，常思助人；第四示人善路，指导迷津。

“善生！有同情慈悯心的益友，有四事可贵：第一见你获得利益则代为欢喜，第二见你错犯恶行则代为忧急，第三称人名誉道德不言人非，第四见人说恶便能制止。

“善生！乐于帮助他人的益友，有四事可贵：第一护你不令放逸，第二护你不令失财，第三护你不令恐怖，第四对谈常作忠言。

“善生！苦乐皆不相弃的益友，有四事可贵：第一永不揭发朋友秘密，第二灾危之时永不舍离，第三为朋友愿牺牲生命财宝，第四常相教诫，济其恐怖之事。

“善生！你要用聪明的慧眼，去认识这四种益友，和他们相交，人格自会提高。要知贤能的人，他有纯洁清净的心，有正当的行为，像灯火的光辉，可以驱除黑暗。蜜蜂很勤勉地采蜜而富足，蚂蚁不懈怠地工作而积蓄，我望你散去这十分之二的财宝而来交诸善友，以十分之二维持生活，以十分之二经营商业，以十分之二供养三宝，以十分之二积余以备意外之灾。”

佛陀慈悲的法语，像迷途上的指南，听在善生耳中，他好像穷人遇宝，好像黑暗中见到光明。他五体投地地向佛陀顶礼，并对佛陀说道：

“佛陀！您真是伟大崇高的佛陀，您的指教，没有一句不有益于我们人生，您才是我们人间真正的导师。佛陀！我惭愧忏悔，我怎么到今天才拜见佛陀，我现在愿意把过去的一切迷妄舍去，请佛陀指教我，在佛陀的贤圣法中应如何来敬礼六方？”

佛陀知道善生诚实的心，当即说道：

“善生！在我的圣贤法中，亦当礼敬六方，是哪六方呢？

“一、父母为东方

“二、师长为南方

“三、夫妻为西方

“四、亲朋为北方

“五、僮仆为下方

“六、沙门为上方

“善生！若是为人子者，当以五事侍奉东方的父母：第一，供养父母，不令缺乏；第二，凡所有为，必先禀白；第三，父母所为，恭顺不逆；第四，父母正令，不敢违背；第五，父母正业，不为中断；立宗祠守遗产，父母死后要布施。做东方父母的亦应以五事对待子女；第一，教育子女，不让为恶；第二，指其善处，使有高尚品格；第三，慈爱入骨，教其广博学问；第四，善为婚嫁，务使满意；第五，随时供给所需，协助事业成就。父母子女若能如此，则彼方安稳，没有忧畏烦恼之苦。

“善生！弟子敬奉南方的师长，亦有五事：第一，师来时起立欢迎，善为承顺其意；第二，礼赞供养，恭敬受教；第三，尊重仰戴，不违其意；第四，师有教勅，敬顺无违；第五，从师明理，善持不忘。做南方师长的亦应以五事爱护弟子：第一，顺法调御，以爱教导；第二，诲其未闻，增广知识；第三，随其所问，令善解义；第四，示其善友，乐于交游；第五，尽己所知，诲授不吝。师长弟子若均能如此，则彼方安稳，无诸忧畏烦恼之苦。

“善生！为人夫者敬爱西方的妻子有五事：第一，相待以礼，相敬如宾；第二，守贞不二，使妻信任；第三，衣食随时，不使缺乏；第四，威严不亵，体贴其爱；第五，委付家内，悉任主使。西方的妻子亦应以五事爱敬其夫：第一，早晨先起，打扫家内；第二，请夫先坐，然后入席；第三，和言爱语，不谈粗言；第四，敬顺其意，不可违背；第五，先承意旨，而后作为；夫妻若能如此，则彼方安稳，没有忧畏烦恼之苦。

“善生！为人当以五事亲近对待北方的宗族朋友：第一，若有缺乏，布施给济；第二，温和爱语，恭敬礼遇；第三，利益均分，有我有他；第四，困难之事，助其成就；第五，诚实相待，不可欺骗。宗族朋友亦应以五事对待其人：第一，不令放逸，常常鼓励；第二，不令失财，劝其惜物；第三，不令恐怖，助长其威；第四，屏相教诫，不令作恶；第五，常相称赞，隐恶扬善。宗族朋友若能互相如此对待，则彼方安稳，没有忧畏烦恼之苦。

“善生！做主人的当以五事对待下方的僮仆：第一，

每呼使役，莫令过分；第二，饮食以时，彼饥如己；第三，劳动定时，有暇令息；第四，病与医药，速令康复；第五，多余财物，常为赐予。做僮仆的亦应以五事敬对主人：第一，早起做事，勤劳为本；第二，为事周密，绝不敷衍；第三，不与不取，忠实事主；第四，工作热心，次第完成；第五，称扬主名，说其善事。做家主及僮仆的若能互相如此对待，则彼方安稳，定无忧畏苦恼之事。

"善生！做檀越的人，当以五事奉敬上方的沙门：第一，身常行慈，不杀不盗；第二，口常行慈，不说妄语；第三，意常行慈，不贪不嗔；第四，供养四事，不令缺少；第五，门不制止，自由进出。沙门亦当以六事而教授檀越：第一，善为防护，不令为恶；第二，指授善处，多做好事；第三，教怀善心，不起恶念；第四，未闻令闻，常教正法；第五，闻者令解，多施法益；第六，多为讲说，得救之道。做檀越的和做沙门的若能如此相待，则彼方安稳，定无忧畏苦恼之事。

"善生！礼拜这圣贤法中的东方的父母，南方的师长，西方的妻子，北方的亲友，下方的僮仆，上方的沙门，则行为端正，心离顽愚，努力工作，精进行道。他一定更会广交善友，亲近善知识，多行慈悲喜舍，发四无量心，多做布施爱语，行四摄法，这才是真正的孝养之心。”

善生听了佛陀的教示，开智慧眼，无量欢喜，信受奉行。他当即皈依佛陀，从此舍弃他过去那愚昧的礼拜六方，做了三宝的信者。

39 摩登伽女出家证圣果

佛陀的比丘弟子中，长得最年轻最漂亮的是阿难尊者，他有庄严得如满月似的面容，有清净得如莲花似的眼珠，加之他非常聪明伶俐，佛陀所有应机的说法，听到他的耳中，他就不会忘记。

他是很得佛陀的欢心和重视的人，常受佛陀的称赞，也常带给佛陀麻烦。有一次，阿难从不触民村庄托钵乞食回来的途中，见到路旁的井边，有一个奴隶阶级的年轻姑娘，正在汲水。一看她的打扮，就知道她是被人认为贱族的女人。但阿难对她并没存鄙视的心，他因为口渴，希望这位姑娘布施他一钵清净的井水。

这个姑娘名叫摩登伽女，她因为自己是下贱种族的身份，不敢把水呈献给阿难，她娇羞地说道：

“阿难比丘！我早就认识你，我对你早就发生敬仰，现在并非我可惜把水供养你，但因我是被人视为首陀罗的女子，供养你的水于你王族的身份反而不好。”

阿难摆摆手势，摇着头说道：

“没有关系，你不要把我看作普通的人，我是沙门，我看谁都是平等。在我的心里，是没有贵贱的区别，请你给我一点水，我实在口渴得很！”

摩登伽女听后非常欢喜，很恭敬地用双手捧水给阿难，阿难一点没有轻视她的心，他对摩登伽女很有礼貌地点头答谢，摩登伽女因此铭感五内，她再看看风度翩翩的阿难，不由自主地生起爱慕的心。阿难吃好水归去的时候，她目送着阿难的背影，一缕情丝，万分爱恋，摩登伽女感到若有所失的神魂飘荡起来。

从此以后，摩登伽女在家中像是失去人生的乐趣，终日不是忧郁，就是沉思，眼看着花一样的娇容日见消瘦，她的母亲放心不下，再三盘问她究竟有什么心事。

摩登伽女想不告诉母亲也不行，因此她就坦白地向母亲说道：

“佛陀的弟子当中，有一个比丘叫作阿难，我前几天见到他以后，现在怎样也不能忘记。他已经占有我整个的心房，没有他我感到生活无聊，人生也没有意义，我恳求母亲为我设法。”

母亲听后，皱着眉，很不以为然地说道：

“关于你终身的婚姻大事，有两种人，我的力量是没有办法：一是断除爱欲的人，二是已经死去的人。听说大圣佛陀是有崇高道德的圣者，他的弟子都已断除爱欲，现在全印度的国王、学者、人民，大都信仰佛陀，我对于你有这样的痴想，感到没有办法可想。”

摩登伽女低下头，说道：

“我看阿难不是断欲的人，他对我像是很多情的样子，没有他，我是不愿再生活下去。”

母亲很爱她的女儿，她左思右想以后，告诉摩登伽女，要想阿难招亲，除非学会娑毗迦罗先梵天咒迷惑阿难，使他蒙蔽智慧，除此没有再好的办法。

魔咒有效无效，这是不知道的，不过，阿难不能忘情摩登伽女，也是事实。又有一天，阿难托钵经过摩登伽女的门前，摩登伽女很有礼貌地向阿难问讯，并柔和娇媚地向阿难说道：

“阿难比丘！我的家中散花烧香，洒扫得非常清净，都是为着欢迎你的光临。今天请你赏光，到我的家中坐坐，受我的供养。”

阿难犹豫不决，不知如何应答才好，摩登伽女的母亲在旁也帮忙怂恿，表示要阿难到她家中去坐。阿难不由自主地进去，摩登伽女大喜，但阿难的心中却暗暗啜泣。

阿难知道自己被美色诱惑，他的心里很是矛盾，理智与情感发生强烈的冲突。摩登伽女娇柔作态，淫躬抚摸，正当阿难将毁戒体的千钧一发之时，他像受到佛陀光明的摄受，智慧的心灵即刻生起，他终于勇敢地摆脱摩登伽女的纠缠，夺门逃回祇园精舍。

摩登伽女不是这样做就算了的人，她更积极地诱惑阿难。她穿起华丽的衣服，装饰得珠光宝气，在祇园精舍的左近等候阿难。女人爱情的一念，比什么金属的铁质还要坚强。

有一次阿难从祇园精舍出来，摩登伽女非常欢喜，她跟在阿难的后边走，阿难想用法子离开她，但她一步一跟地随在身后。阿难觉得她可耻，即刻就回到祇园精舍。适巧第二天是四月十五日，是佛陀规定雨安居开始的一天。从四月十五日到七月十五日的三个月中，佛陀和弟子们不会出外，摩登伽女焦急地、痴痴地等过七月十五日，当阿难出来托钵时，她又跟随在阿难的身后。阿难没有办法，回到祇园精舍时，在佛陀的座前跪下说道：

“佛陀！旃陀利的女子摩登伽女诱惑我，我到什么地方，她都跟随到什么地方，请佛陀慈悲帮助我怎样才能离开她？”

佛陀微笑着说道：

“阿难！你为什么给一个女子弄得这样没有办法呢？这都是你过去只重多闻，不重戒行的关系，一旦声色的境界逼来，就觉得无力抵挡。我可以帮助你，你不要挂念，但以后你不要再找这些麻烦，也不可有这样的存心。”

佛陀说后，叫阿难去把摩登伽女引来，阿难奉命走出祇园精舍，见到摩登伽女还在门外徘徊，阿难向前问道：

“你为什么老是要跟随在我的后面？”

摩登伽女一听阿难的问话大喜，她撒娇着说道：

“你真是一个呆子，这个问题为什么要用口说出来？你又不是不知道，当初你向我要水喝时，你说的话是多么温柔甜蜜，你对我的态度是多么多情有礼。后来你光临到我的家中，我已愿意把我的一颗心完全奉献给你，哪知道你又不别而逃。你我有的是青春美貌，我要你和我共同享受人生的乐趣，任是海枯石烂，我对你的爱情都没有变的时候。”

阿难像是不敢看摩登伽女的样子，他害羞似的说道：

“我的老师救世主佛陀要见你一次，你跟我来，佛陀会为我作主！”

摩登伽女犹豫一下，想到佛陀会作主，她终于鼓大勇气竟忘记羞耻，跟阿难走到佛陀的座前。

“你是想和阿难结婚吗？”佛陀直接地问。

“是的！”摩登伽女两手放在胸前，低着头回答。

“男女的婚姻，应该要父母的许可，你可把你的双亲请来相谈吗？”

“我的双亲已经许可，我的母亲也曾见过阿难，佛陀如果不信的话，我即刻可以回去把我的母亲请来！”

摩登伽女回到家中，把母亲带到祇园精舍，向佛陀行礼说道：

“佛陀！我的母亲拜见您！”

佛陀问摩登伽女的母亲道：

“你是允许你的女儿和阿难结婚吗？但阿难已是一个沙门比丘，你应该先让你的女儿出家一次再和阿难结婚好吗？”

摩登伽女的母亲回答佛陀道：

“可以照这样做，我很欢喜。”

佛陀吩咐道：

“那么，你回去吧，把摩登伽女留在这里。”

摩登伽女的母亲走后，佛陀又对摩登伽女说：

“你既愿和阿难结婚，那你先要出家一次，你要精进修行，等到你的道心能和阿难相比的时候，我再为你们举行结婚典礼。”

因此，摩登伽女为着一心要做阿难的妻子，她很高兴剃发染衣，很热心地听闻佛陀说教，很精进地遵照佛陀的指示修行，在比丘尼的教团中和师姐们共同经营着佛化的生活。

摩登伽女的心，一天一天地安静下来，她这时候才知道过去执着爱情实在是可耻的行为。

佛陀常常宣说五欲是不净之法，是众苦之源。愚痴的飞蛾，自己投火烧死；无知的春蚕，自己作茧自缚。只有去除五欲之念，内心才能清净，生活才能安宁。

摩登伽女渐渐地已体会到自己迷恋着阿难，完全是不善不净的思想，她很后悔，有一天，她跪在佛陀座前流泪忏悔着说道：

“伟大的佛陀！我现在已经完全从糊涂的梦中清醒过来，我不会再像往昔那样愚痴胡来，我明白我此刻所修证的圣果，也许超过阿难比丘。我很感激佛陀，佛陀为度化我们这些愚痴的众生，真是用尽种种的苦心与方便，请佛陀慈悲怜悯我，准许我的忏悔，我愿永远踏着佛陀的足迹，走向真理的领域，服膺佛陀的教化，做一个真理的使者！”

佛陀微笑着很满意地回答道：

“摩登伽女！很好！我早就知道你会有今天的成就，你的根机很利，今后你是不要我再烦心了，佛陀很为你高兴。”

摩登伽女转祸为福的佳话，在僧团中留下了千古美谈！

但是，当时的社会并不这样想，他们以为尊贵的大圣佛陀，准许一个下贱的首陀罗族的姑娘加入圣人集合的教团，这是怎样也说不过去的事。一般普通的信众，都十分感到不快，尤其异教徒或背叛佛陀的人，都以此做攻击佛陀的材料。教团的内部，也有时发出不满的怨言，阿难听到这些风声闲言，心中非常难过，但佛陀心平气和的没有两样。

佛陀的心中，没有重男轻女的观念，没有种族阶级的悬殊，佛陀初成道时就发出四姓平等的宣言。佛陀有正思正行，佛陀是不怕人误解的大觉者，世间上的人见解思想有错误的时候，但佛陀的正觉却是没有错的时候，真理毕竟永远是如此。有一天，佛陀集合僧团中不满首陀罗族出家的人说教道：

"你们都是我的弟子，我是海洋，你们是百川。如果百川流入海洋，那些百川就没有昔日的名称，昔日的系统，唯有以海洋呼之。像你们大家，以前有贵族、婆罗门、吠舍、首陀罗的阶级分别，但一旦出家，顺我的教，依我作弟子，进入一无所住的生活，以前的名字，以前的阶级，完全去除，一律称呼沙门或比丘。我平时叫你们把爱要施给一切有生命的众生，你们现在连和自己同一立场身份的人类，都有这彼此贵贱的分别，那你们救度一切众生的宏愿，如何去实践呢？”

诸比丘听佛陀的训示，都深怀惭愧，低头不语。

僧团中是这样，再说到社会上的非难，比僧团中更严重。非难的风声，传入波斯匿王的耳中，王也惊怕起来。为着教团的名誉，王的内心非常不安，他即日带领大臣到祇园精舍来，想对佛陀贡献一些忠言。但当他顶礼佛陀后，佛陀即对他说道：

“大王！你来得很好，我也想有几句话告诉你。世间上的批评，有时候不一定依着道理，他们只是依着相习的我见出发。政治应该要接受民众的批评，真理却不是人人所能懂得。

“首陀罗的女子出家，正如当初我允许优波离做比丘一样。我是做三界的导师，每一个众生，他只要具备善根，与佛陀有缘，佛陀一定摄受他，不遗弃他。

“学佛的人，要净化自己的身心，要强化自己的道念，用污秽的心，不成熟的见解，来批评论断事情，大王！你说，应该依着什么去做才好？

“我知道大王今日是为社会上对我允许首陀罗族的女子出家的风评而来，我现在告诉大王，讲话的人给他们去讲好了，迟早他们会有明白的一日。”

波斯匿王本来想劝谏佛陀的，但佛陀倒先开示波斯匿王。波斯匿王听佛陀的开示后，更加恭敬佩服佛陀，他带着清净的心回入王宫。

摩登伽女出家后的不久，即证得四圣果中最高的阿罗汉果，很多的比丘见到她都很惭愧！她的美德圣行传扬出来，社会上的人也很感动，大家对她都生起恭敬供养之心，但社会上这时候却很少有人记得先知先觉者佛陀当初的用心了！

40　最初的迫害

没有黑暗显不出光明，没有罪恶不知道善美，大觉佛陀的僧团中，遭遇种种的迫害，那像是注定的天经地义之事。然而每次中伤与迫害，反而助长佛陀的威望，佛法的宣扬。

世间，永远是正法与邪魔斗争的世间，正法越是兴隆，魔王的迫害就越会加重。这是没有可疑的，佛陀是信他的人的救星，是外道魔鬼的对头，不能战胜外道魔鬼，就不能成为佛陀。

佛陀的弟子中有名叫婆悉咤的人，他们本是婆罗门的种姓，一向被人认为是特殊阶级，有一天，佛陀就问他们道：

“你们从前是婆罗门的种姓，现在对我的正法有着坚固的信心，跟随我出家学道以来，婆罗门种姓的人，有谴责你们吗？”

婆悉咤当即答道：

“对啦！佛陀！他们谴责得非常厉害！他们说婆罗门是第一尊贵的人种，是从梵天的口中生出来，别的人种都是下劣的，他们怪我们舍去清净的人种加入佛陀的教团之中。”

佛陀像早就知道这些事，他心平气和地解释道：

“婆悉咤！目前社会上所分的种族阶级，有刹帝利、婆罗门、吠舍、首陀罗等等的不同，在职业上说，有政治、宗教、商业、劳工的分类工作，这本无可厚非，但是要以此形成阶级，解说人种的优劣，却是绝对错误。无论哪一种，都是有善也有恶的。比方刹帝利种姓的当中，杀生、偷盗、邪淫、诈伪、凶恶、贪欲，嫉妒、嗔恚、邪见，行这些恶业的人很多，婆罗门、吠舍、首陀罗之中，行这恶业的不少。不善的行为，有不善的果报，虽说是婆罗门种，也不能避免这因果的定律。假若说，婆罗门中没有行此恶业的人，说他是第一人种倒也可以，但是，事实并非如此。作善的因，有善的果，这不限于婆罗门，什么种族都是一样。

“你们看，现在的婆罗门，和古代的已不一样，他们娶妻生子，和常人没有什么不同，他们说是梵种，是梵天口中生出来的，这叫作妄语。

“婆悉咤！你们要知道，无论哪一种姓中，剃除须发，穿着法服，精进修道，都可以成就圣果，成就圣果的叫阿罗汉，阿罗汉才是清白的、第一的！”

佛陀四姓平等主张，生佛一如的理想，像万道金光，照得外魔胆战心惊，这更加重他们陷害佛陀的决心。由婆罗门而来皈依出家的婆悉咤等，听闻佛陀的法音，欢喜信受，当然鼓着更大的勇气，迈向正道真理的前程。

在佛陀这样说法以后不久，舍卫城的婆罗门诸外道，眼见佛陀的僧团势力有如日月之光的增大，他们心中嫉妒的火焰炽烈地燃烧着，他们计划着一定要中伤佛陀而后才称心如意。计划的结果，他们用金钱财帛买动一个名叫战遮的少女，叫她跟随舍卫城的信众到祇园精舍听闻佛陀说法，有一次听法回城中以后，战遮女又穿着美丽的服装，手执鲜花，向祇园精舍而去，她偷偷地住宿在外道的修道院中，第二天早晨，舍卫城的民众往祇园精舍礼拜佛陀，正当他们到达祇园精舍的时候，战遮女就从祇园精舍的方向对面走来，大家向她问候早安，她回答说，她昨天是住宿在祇园精舍的香殿之中。

战遮女这么回答后的七八个月，腹部用带子在内衣中系着一个小木盆，有一天正当佛陀在法座上说法的时候，战遮女打扮成妊妇的妖态，也加入在听众之中，正当佛陀说法时，她突然从大众中站立起来对佛陀责问道：

"你说法的辩才倒是无碍，但现在我要问你，你既和我发生夫妇的关系，为什么到现在还不替我建造产室？你舍弃我不顾，真是一个没有情义的人！"

战遮女这么说后，听众之中就是信仰很深的人，也都大惊失色，佛陀却威严不动地闭目坐在法座之上，就在这时候，战遮女系在身上的木盆忽然扑通一声往地下一落，恶毒的计谋揭穿以后，她这才羞惭地抱头鼠窜地往祇园精舍的外面逃奔，佛陀仍然像没有事似的继续说法。

外道的恶谋被揭穿以后，他们还是执迷不悟，不知回头，又第二次地企图用女人来陷害佛陀，外道当中有一个少女名叫孙陀利的，受了外道首领的嘱托，早晚很勤地在祇园精舍进出，数日以后，外道之徒以金银雇了凶暴的恶人数名，在一个夜中，当孙陀利行走在祇园精舍路上的时候，这一个可怜的女郎就被他们乘其不备时把她暗杀，死尸当夜就埋葬在祇园精舍附近的垃圾堆中，外道第二日向政府报告，请求搜寻，搜索的结果，在祇园的附近发现孙陀利的死尸，外道就到处扬言说，孙陀利和祇园中的人有不净的行为，孙陀利不幸地被害，一定是为了桃色的纠纷。对佛陀及僧团有信仰的人，知道这是外道的阴谋，但如何才能洗净这不白的冤枉，大家都非常忧心，他们把此事报告佛陀。佛陀听后，就命令一个比丘到街上去告诉民众说:“杀人是凶恶的行为，杀人是不可原恕的罪，既杀死人，又再诬赖他人，这是犯了杀人与妄语的二罪，造如此重大的恶业，迟早都会有不幸的恶报。”

佛陀的僧团中，虽然不幸遇到这些迫害，但大智的佛陀，具有完美的圣格，有清净的自性，了解、信仰、皈依的人，自然懂得佛陀。舍卫城的波斯匿王，是信奉佛法的人，佛陀没有表示，他是不敢怀疑僧团的不净。他命令大臣，限期破案，务使真相大白于天下。佛陀说:“善恶因果，如影随形。”不久，那些行凶的恶徒，接受外道的赏金以后，在酒店里猜拳酗酒，因为分派赏金不平，发生口角之争，因此全数被捕，一个也没有逃脱，他们招供是外道所使，他们并非是主谋。波斯匿王下令逮捕外道门徒，以教唆杀人罪严刑宣判。事实诏告天下，因此舍卫城的外道，益发受民众普遍地排斥。他们看佛陀的圣格有如须弥，更加崇高；佛陀的名望，有如日月，更加光亮。大家反而争先恐后地来到佛陀的座下，拥护佛陀。

没有黑暗显不出光明，没有罪恶不知善美，佛陀圣法的流传，有一部分就是人间的黑暗与罪恶帮着推动的。

佛法的教难，僧团的迫害，并不到此就止，可以说，世间上一天有正法的流传，一天就有迫害紧跟着而来。

佛陀有一次教化到拘利城的时候，拘利城的城主善觉王，是耶输陀罗的父亲，因为他知道佛陀曾舍弃他的爱女而去出家学道，就怀忿在心。当佛陀托钵的途中，他带着蛮横的态度，阻拦着大路，公然地妨害佛陀的托钵。并且他更粗暴地对佛陀道：

"您怎么有脸面到我的城中来托钵？我要下令城民不要给您供养。您不要国家、不要父王、不要妻子，像疯狂似的要入山修道。我城中的粮食虽多，可是我不能给一个不要国家、不要父王、不要妻子的人来受用，我要您即刻离开我所有的地方！"

佛陀听后没有生气，慈和地解释道：

"请你不要怪我，照你的话听起来，你对我是不应该有误会的。我的出家学道，并不是不要国家、不要父王、不要妻子，而是我把世界当为我的国家，把一切众生都看成是我的父母兄弟妻子儿女，这是没有辜负我的所愿，我成就一切功行和福慧具足的佛陀，宇宙和我一体，我的慈悲遍于一切。你是拘利城的城主，你应该爱护全城的城民，而我是人间的佛陀，我应该要爱护一切众生。

"你有儿女情长的私爱，我很同情你的用心，可是，你在真理的佛陀之前，这种用心早就应该舍弃。请你仔细地想想，你就可以知道城市既不是你的，粮食也非你一人所有，你所有的是善恶行业。城民、粮食，你有离开的一日，善恶的行业却时时跟随着你。”

佛陀的法语，善觉王听后仍不觉悟，他对佛陀的无礼，佛陀虽慈悲地没有怀恨在心，但每个人造作的业力，是不能逃出自作自受的因果定律的，善觉王之后不到七日，就不幸地得暴病死亡。

41　提婆达多叛逆遭报

佛陀自从证得正觉以来，无论什么人，都可以皈依佛陀。出家的男子叫作比丘，女子叫作比丘尼；在家的男子叫优婆塞，女子叫优婆夷。究竟有多少人做佛陀的弟子，佛陀从没有计算。佛陀在灵鹫山宣讲《妙法莲华经》的时候，光是在王舍城的一地听众，就有以舍利弗、目犍连、大迦叶等为上首的比丘弟子一万两千人，有以摩诃波阇波提为上首的比丘尼及其眷属六千人，有以观音、文殊为首他方而来的诸大菩萨八万人，此外还有国王、大臣、学者、人民，其数之多，是很难统计的。

在那么多的弟子中，有着种种不同的人，那是不用去说，读到上面的人就可以知道。佛陀的慈悲，对一切弟子，只要他真心求道，佛陀就从不舍弃他。虽然佛陀是不舍弃任何一人，但中途变志的人也不能说没有，佛陀除怜悯他们，为他们可惜以外，也只好由他们去。

在这些变志的人中，有一个企图征服佛陀、夺取佛陀的弟子，他就是当初七个出家王子中的提婆达多。

提婆达多生来的本性就是具有野心而不安本分的人。他见到其他的王子很得佛陀的慈爱，而自己一向是受佛陀的冷落，甚至给佛陀摈斥。他怀着不平的心，嗔恨佛陀，他不知道他自己心中的不净。佛陀完全明白提婆达多的性格，有时佛陀委婉地叫他去还俗，做在家弟子来拥护佛法，千万不要在僧团中惹是生非，但提婆达多并不肯接受佛陀的劝告。

提婆达多也很认真修道，但他没有从净化身心做起，他的修道，只是沽名钓誉，只想显异惑众，就为这个原因，他无法得到佛陀的信用。

有一天，他要求佛陀教他学习神通法门，可是佛陀一向总是叫他先在人格修养上完成，不要贪求神通，因为神通与德行毫无关联，所以佛陀就拒绝提婆达多的要求。提婆达多心中不服，又瞒着佛陀去请求舍利弗、目犍连等大阿罗汉僧，舍利弗等也洞悉提婆达多的恶性，和佛陀同样地拒绝他的请求，只教他观察佛陀说的诸法苦、空、无常、无我的道理而已。

提婆达多住在竹林精舍里，怀着阴谋的计划和险恶的心在等待机会，他不报复、不兴风作浪，就不甘心，没有势力的时候他也会俯伏低头。

他等了好久，一个机会来了，因为阿难教他学会神通，潜在的恶念就逐渐萌芽，他想：“佛陀是生在释家，我也是生在释家；他过去是太子，我的父亲也是大王；因为他有神通力，天上人间，来去自在，无量数的人对他恭敬供养，我现在习会神通，何不来施展一下？”提婆达多作是思惟后，因为他知道频婆娑罗王是佛陀不退转的弟子，他知道对他无法，所以他只有以神通力诱惑频婆娑罗王的太子阿阇世，阿阇世太子真的就皈依他了。

因为提婆达多的念头不正，不久，他就又完全退失苦心学会的神通。

但是，阿阇世太子对提婆达多仍旧是非常恭敬供养，他在王舍城附近，为提婆达多建筑了富丽堂皇的僧院，每天以五百车的物品供养。就因这样，提婆达多的门下有了五百人之多的弟子，他的名望日渐增高起来，甚至佛陀的弟子有些都潜逃到他的地方去。

他到处批评佛陀的年龄日渐衰老，僧团中都是收的无用的人做弟子，若不从根本上来改良，不久就要毁灭，他说，唯有他才能做佛陀的继承者。

他充满野心，一般的人不知道他的心，都被他的花言巧语欺骗。但大圣者佛陀早就洞悉他的阴谋，有时也注意那些褒奖提婆达多的人，佛陀告诉他们道：

“愚痴的人，接受太多的布施，这正是为自己播下恶的种子。贪嗔痴三毒盘踞在心中，不修清净之行，每天只想多收弟子，只想在人之上。一方面求丰富的供养，一方面又想证清净的涅槃，无论怎么说，这都是不合法理。本来是求正觉涅槃的心，一变而为贪求名闻利养的心，这不但伤害自己，而且也伤害别人。你们大家不要见到提婆达多受了很多的供养而羡慕，你们的心不要给境界诱惑摇动！”

佛陀的明智，虽然早就防备不幸的事故发生，但意志薄弱的人，见到提婆达多的物质享受，心中很是不安，他们有的也还不能舍开人情的弱点。

佛陀静静地看着僧团中不安的现象，又再向他们比喻说道：

“芭蕉、桂竹、芦苇，中间实起来的时候，这是离死期不远；骡马怀妊的时候，不久也将丧身；小人贪图供养，其结果也是相同。”

提婆达多的势力一天一天地大起来，不过他的内心仍然是畏惧佛陀的威德。但他又恨佛陀，他要报复，尤其领袖欲在心中增强他的恶念。

提婆达多要想做领袖，他不得不起杀害佛陀的心，起初，他以金钱收买很多恶汉，叫他们行刺佛陀。有一天，他知道佛陀在王舍城的耆阇崛山钦婆罗夜叉的石窟中坐禅入定，他就指派恶汉前来行刺，他们这八个恶汉，满怀着杀心而来，但一见到佛陀，那如日月之光的佛陀，都失去杀意，而惊惧起来。他们都给佛陀的精神力征服，给佛陀的威德感动，一个个的都闭目合掌平伏在佛陀座前，掷去手中的刀，皈依佛陀做了弟子。

在提婆达多派人行刺后不久，有一天早晨，佛陀走到院外，见到很多的弟子手拿木棒禅杖，集合起来，声音很是嘈杂，佛陀问他们做什么，他们回答道：

“我们现在听说提婆达多要杀害佛陀，为了保卫佛陀，以防万一，所以才集合在这里。”

佛陀微笑着告诉他们：

“佛陀的生命，不是用人力可以防护的，这是异教徒的作风。佛陀不是常常对你们这样说吗？如果遇到斗争的时候，必须要有真正的准备，才不畏惧对方。你们用棍棒刀杖对棍棒刀杖，不是究竟的办法，不是最好的准备。佛陀早就准备好，你们安心，佛陀的应身没有到要离开世间的时候，即使将来终要涅槃，佛陀的法身，仍然会永远地活在世间上。你们去修道，守护自己的心要紧！”

比丘们给佛陀开示以后，非常感动，他们就惭愧地散去，虽然大家散去，但心中仍好像有什么人要来进攻的样子。有很多修行未熟的比丘或比丘尼，都感到不能安心修道，已经觉悟的人，心中则很安定。人格业已圆满，自性业已清净的佛陀，则更镇静，和平常没有一点不同。

有修养的人，见到佛陀解脱的风度，非常佩服；没有修养的人，都认为佛陀太软弱，他们觉得以后总要发生大骚动，暴风雨的场面终有一天会到来。

佛陀和阿难有一次经过耆阇崛山的山下，适巧给提婆达多看到，他就用巨大的石块堆下来伤害佛陀，佛陀没有躲让，阿难则奔逃避开，大石滚在佛陀的身旁，阿难很慌张地前来问佛陀道：

"没有什么事吗？不知是什么人又想害佛陀，可能又是我的哥哥提婆达多，我真难为情，佛陀的处境太危险了。"

佛陀安详地回答阿难道：

"阿难！用暴力或阴谋想来危害佛陀，这是不可能的事。你说，投石的人是提婆达多，可能是的，但也不一定。你不要难过，各人造业各人当，佛陀的处境不危险，我看危险的是你，你看你刚才的样子。"

阿难羞涩地笑道：

"我慌张恐惧的样子给佛陀看到了。"

佛陀也笑着，用手抚摸着阿难，然后又再前进。

大石投下来，不知能否击杀佛陀，提婆达多很是不安心，但佛陀并未把此事挂在心怀。佛陀对于死的这个问题，是看成太小的事，可以说死在佛陀的心中是等于零。

可是佛陀的弟子是把佛陀的生命看成大事。大家知道以后，都恳切地要求佛陀以后要留心，但佛陀若无其事似的告诉他们没有关系。

又有一天，佛陀和侍者阿难走在路上，忽然看到提婆达多和他的弟子迎面走来，佛陀很快地避开道路。阿难怏怏不乐地问佛陀道：

"佛陀！你为什么要避开提婆达多呢？他是佛陀的弟子，难道佛陀还怕他吗？"

佛陀知道阿难心中的不平，就安慰他道：

"阿难！我不是怕他，不过不要和他相逢，何必要同愚人见面呢？我们都不要同他在一起，也不要同他辩论，他现在满怀着邪念，如同打恶狗，恶狗更加狂暴，所以不要触犯他，一切麻烦就会减少。"

阿难对佛陀的宽大很是不服，但想想也没有别的办法。

佛陀虽然不要记着提婆达多，但提婆达多决意不放过佛陀，他欲陷害佛陀，是不择一切手段。他知道阿阇世太子虽然相信自己，但频婆娑罗王依然信奉佛陀，他觉得频婆娑罗王是一个危险的人物，将来一定会与他不利，他想要打倒佛陀，一定就先要打倒频婆娑罗王。

因此，提婆达多就煽动阿阇世太子，他们阴谋计划开创新的世界，妄想要将摩竭陀国建立成一个理想的国家。就这样，频婆娑罗王被他的太子和太子的心腹之臣拘囚狱中，并禁止一切人前往探监送饭。阿阇世太子接了王位，提婆达多登上国师的宝座，国中的人民心中虽怀怨恨，但给新的威力压迫，又不得不假装着服从。

频婆娑罗王给自己的太子关进狱中，又不准人送饮食，他虽然养了如此忤逆的儿子，但他很能看破，心中总安慰自己，这是过去的因缘。

频婆娑罗王越受到艰危困苦，越想到佛陀对他说过的话："天地、日月、须弥、大海，没有不变易的时候，有成必有坏，有盛必有衰，有会必有离，有生必有死，有乐必有苦，有喜必有忧，世间上没有永久不变的快乐，唯有苦才是绵绵没有尽期。"

佛陀的这些话在频婆娑罗王脑海中浮现出来，好像并不光是佛陀说的话，而是世间的真实之相。

频婆娑罗王在狱中，不时用佛陀的真理安慰自己，佛陀曾说过："身体是集合四大五蕴假因缘和合而成，这个虚幻的色身，就是众生识性寄托的地方，人之死，等于还本归源，假若没有'我'和'我所有'的执着，即能进入涅槃，涅槃才是永远平和的世界，比这再快乐的是没有。”

频婆娑罗王虽是这么想，但肉体上的痛苦、死亡的恐怖，还不能说完全没有。他叫监守的人向阿阇世为他传言说，王位他是不希望再要的，阿阇世喜欢的话可以让给他，他希望阿阇世能准许他到佛陀的座下做一个沙门，恢复他的自由。

阿阇世知道自己的父亲，他并不怕他的父王，但怕人民对他父王的拥戴与信赖。

提婆达多也在怂恿阿阇世太子说：

“请你务要留心注意，人民的心仍然还在你父王的身上，如果一旦你让你父王自由，得到有力的支持，你一定还是会失败在他的手中。我们要创造新的世界，理想的王国，一定要彻底把他们毁灭。你父王的生命你负责，不要让他存在；佛陀的生命，则由我来设法加害。不过，加害佛陀，人力都已用尽了，现在我想向你借头狂象，等佛陀出外弘法托钵时，就以狂象放去，狂象是不通人情的畜生，绝不会给佛陀感动，佛陀终会亡身在狂象的蹄下。”

阿阇世太子没有考虑就回答道：

“你说的话很对，我也没有想给父亲再活着的心，如同放矢出去，是不能再让它回来。你察看佛陀的行动，如有需要，宫中的狂象，可以给你自由调用。”

提婆达多听后大喜，他以为摩竭陀国的新王和新佛的理想不久就可实现。

有一天，佛陀带领弟子在王舍城外托钵乞食时，城中奔出巨大的狂象，诸比丘一见大惊，要求佛陀赶快避开，免遭狂象的凶暴。

佛陀没有一点慌忙地说道：

“诸比丘！你们不要为我恐怖，成就佛陀大行的人，还给外来的暴力陷害致死的话，是没有这样的事情。”

佛陀说话时，狂象已走到身边，多不可思议的佛陀，狂象一见佛陀，即刻跪下并驯服在佛陀之前，佛陀为其授说三皈，大象双目滔滔地流下泪来。

外来的暴力虽不能加害业报已经清净的佛陀，但频婆娑罗王囚在狱中，起初就不能像佛陀那么自在解脱。佛陀曾派富楼那尊者前去向王说法，佛陀说业力招感来的色身，总要感受苦报。修道最要紧的目的就是能消灭业报，获得解脱。死亡不必恐怖，当生的时候就注定有死，所恐怖的是对于死有没有把握。频婆娑罗王听到佛陀叫富楼那代为宣说的法示，心中得到无限的安慰。目犍连也以神通力来为王授说八戒。

频婆娑罗王在狱中能得到富楼那和目犍连以神通来为他说法及授戒，真感到意外的欢喜，他对于生命的自由，精神的解脱，充分地有了信心。

频婆娑罗王虽然数日不进饮食，仍然是和颜悦色，无有怨言。

频婆娑罗王被囚的消息，终于传闻到国太夫人韦提希的耳中，韦提希即刻来到阿阇世太子处，问他说道：

“你怎么做出这样残忍不孝的事来呢？你的父亲和我，为了养育你，费的苦心，真是一言难尽，你的父亲爱你的心，可以说无时不在希望你长大起来，你现在反而恩将仇报，想不到你是这么可怕的人，你的良心呢？”

阿阇世太子没有把母亲的话听在耳中，他充满杀气地回答道：

“请你不要啰唆多说，我现在是国王，你虽然是我的母亲，但你也得听我的命令。老实告诉你，父亲的政治作风叫我不能满意。我早就有杀害他的心，事到如今，已经一切不能挽回，你再多说，我也会以对待父亲的手段对你。”

韦提希国母一听大惊，泪流满面地说道：

“让我见你父亲一面也不行吗？”

阿阇世王凶恶地回答道：

“见一面我可以允许，但不准带东西给他吃！”

“你是想把父亲饿死吗？”

“难道你是希望我一刀把他杀死？”

“呵！可怕！怎么养了你这样的儿子！”

“养我的人到今天才知道!”阿阇世王的话像是嘲笑他的母亲。

韦提希夫人哭着退了下来，想到要救那被囚禁受饿的王夫，她即刻香汤沐浴，洗净身体，在身体上涂了曲蜜，进入狱中，以此奉王。

频婆娑罗王没有感到饥饿，韦提希夫人哭着，王反而安慰夫人道：

“你不要难过，我想这一切都是因缘。我现在想起佛陀的言教，更是佩服得五体投地，佛陀所说的真理，才是黑暗迷途中的灯光，我此刻像开悟一样，坐禅之中，努力要达到无念无想的境界。没有我执，也没有贪爱嗔恨。我什么都不怕，过去积的罪，现在正给我一个忏悔的机会。我静静地思惟，想到昔日全非，即使给人杀死也不要紧。我个人的事，你不要挂念。一个人能够在安静快乐中死去，实在是再幸福没有的了。

“我们真是幸福，过去好像是生活在梦中一样，我现在已经明白这种道理，并不想到提婆达多危害佛陀，阿阇世杀害我是不幸的事，反而觉得这是很幸运的事，这是助道的增上缘，至少这是给我一个忏除行业的机会。

“想到被毒蛇啮死的优波先那比丘尼，她最后的说话，佛陀之教理实在说就是那样。我死后怎样得救现在还不知道，但佛陀不会辜负到我们的虔诚和我们的信仰，他会指示我们的归宿，我们一定有个安稳的去处。”

韦提希夫人听到频婆娑罗王这些见道的话，非常安心，但她仍然是流泪不止地说道：

“提婆达多真是一个最可恐怖的人，他和阿阇世狼狈为奸，我们现在只有想这是前世的业报注定因缘，你能看得开我就欢喜。我现在也是更加怀念佛陀，想到佛陀过去常常遣派阿难尊者和目犍连尊者来慰问我们，现在能见到佛陀对我们再做一次最后的说法就好。”

韦提希说此话后，佛陀领着目犍连和阿难即刻站在他们的面前。

这时王和夫人惊喜地举身投地，号泣着向佛陀说道：

“慈悲的佛陀！我们宿世何罪，生下如此恶子？佛陀以何因缘，怎么会与提婆达多共为眷属？我们现在知道，这一个世界是五浊恶世，地狱饿鬼畜生充满其中，多是不善相聚一起，唯愿佛陀为我等说清净极乐世界，我等愿生彼国，不闻恶声，不见恶人，诸上善人，俱会一处。”

佛陀慈颜微笑，身放光明，为频婆娑罗王及韦提希夫人说出得救的方法道：

“我知道你们最后的愿望，我很欢喜来此告诉你们得救之道，告知你们也告知未来一切众生一个最后归宿的去处。在此娑婆世界的西方，有十万亿佛土的遥远，有一世界名曰极乐，救主阿弥陀佛，现时正在说法，在阿弥陀佛的国土中，无诸苦恼，受诸快乐。若有众生欲生彼佛国土，则要一心念佛，修学净业。要成就净业，当修学三福：

“第一，孝养父母，奉事师长，慈心不杀，修十善业。

“第二，受持三皈依，具足众戒，不犯威仪，身心清净。

“第三，发菩提心，深信因果，读诵大乘，劝进行者。

“假若有众生修此三福，再加一心称念彼佛名号，即得往生彼佛清净国土。

“大王！夫人！你们照我所说的去做，具备信愿行的条件，你们的未来比现在是会更幸福快乐。我此刻要回到耆阇崛山去，提婆达多的噩梦还没有醒哩！”

佛陀说后，即领阿难和目犍连默默地点头向王及夫人告辞，频婆娑罗王此刻更是安定，遵照佛敕而行，不久他就静静地往生去了。

频婆娑罗王往生以后，阿阇世王以父王病死的理由向外发表，事实上秘密终会流传出去，但每个人都怕阿阇世王，不敢公然地非难。

提婆达多知道频婆娑罗王去世的消息，他想，今后天下是他最有权力了。不久，他即带领他的弟子，公然到佛陀的地方，要和佛陀摊牌。

提婆达多来时，佛陀的弟子主张拒绝他的见面，但佛陀说让提婆达多把心中的计谋施展完，不平之气总有消散的一天。

佛陀坐在法王座上，等着提婆达多，弟子们为佛陀的安全都很挂心，提婆达多和信他的人则意气洋洋地走进来。

一方是集合以佛陀为中心的弟子，一方是提婆达多等众人，双方对面，这场合异乎往日僧团中所有的集会。在提婆达多的那一方充满杀气；在佛陀的弟子中，也有些是怒目而视。但是伟大的佛陀，和他的一些大弟子们，则都安静如常。

“请问你，有什么事吗？”佛陀问提婆达多。

“当然有事才特别来的！”提婆达多回答。

“不知你有什么事？请不要客气讲吧！”

“那么我就不客气地说了。”提婆达多说道，“佛陀！我看您现在年龄已日渐衰老，为了保重身体，最好现在请您退隐，以后弟子们需要领导，我可以来负责。”

提婆达多这么一说，佛陀的弟子对他的企图大惊，而且，他们全部的精神贯注在佛陀的身上，全身的神经都集中在耳朵上听佛陀怎么样回答。

佛陀满面慈和，很平常地答道：

“关于这个问题我不想跟你说，我想退隐的时候我自己知道。舍利弗、目犍连、大迦叶等，他们才能继承我的法统，领导我的弟子，你应该还要虚心学习才好。”

佛陀的弟子们一听大喜，提婆达多的面容燃起嗔恚之火。他用脚踢着桌椅，怒气冲冲地骂道：

“我是一片好意，为了您的身体打算，您反而这样看轻我。好！我一定要向您报复！”

提婆达多去后，佛陀的弟子有些都恐怖惊慌起来，但佛陀像没有发生什么事一样，默默地、静静地站起来，回到自己的房中，佛陀的心是平静如常，但提婆达多的心却七上八下的不得安宁。

提婆达多回去以后，他对于佛陀说他没有领导的能力，越想越气。他也知道他的修道不及佛陀的诸大弟子，但他以为他有阿阇世王的势力，他竭尽全力计划和佛陀作战，他和他心腹的弟子俱迦利、迦留罗提舍、干陀骠等终日商量报复的计谋。

提婆达多向忠于他的门徒说出他的决心和他的方法道：

“既然用暴力不能加害佛陀，但我们可以夺取他的弟子，我即使为这个而遭遇任何不幸，甚至死亡，我也要和他奋斗到底。我们要夺取佛陀的弟子，第一，大家先要知道佛陀教团中的弱点在哪里，第二，我们应如何宣传我们的教法比佛陀的还要纯正。佛陀的教团中最大的弱点就是他有些弟子还吃鱼肉，佛陀为他们诡辩，说身体弱的人或有病的人可以方便，但很多健康的弟子仍然也在吃鱼吃肉，人家都在后面这样批评，我想就以这个作为攻击他的材料。”

俱迦利等一面称赞，一面又现出为难的样子问道：

“以这个作为攻击的材料固然是很好，不过你以后自己就不能再吃，关于这一点，你能做到吗？”

提婆达多回答道：

“我想以后就不吃鱼肉，你们怎么样？最少我们也要以这个胜过佛陀的弟子。还有一点我们也是要攻击佛陀，佛陀穿着的服装，看起来实在太奢华，我过去就有这样的想法，我们现在可以穿着粪扫衣，这才能取得民众对我们的尊敬，因为摩竭陀国和鸯伽国的国民，都相信苦行，我们以苦行为号召，每天吃一餐，就不怕佛陀不失败在我们的手中，他有很多的弟子，都是为了沽名钓誉，一定会投降到我们这边来。”

俱迦利等都一致佩服提婆达多的见解与方法，他们商量以后，就决定向外发出下面的五法宣言：

第一，穿着衲衣。

第二，每日一食。

第三，不食荤腥。

第四，不受招待。

第五，安住草庵。

这五事发表出去以后，提婆达多和他的门徒们很有自信，以为既有阿阇世王做背景，苦行又能迎合人心，胜利的把握，绝无问题。他们想到佛陀的弟子中一定也有很多和他们同感，提婆达多就等着胜利的时机来临。

有一天，他以为这个时机来了，他看到佛陀在王舍城乞食以后返回精舍，集合大众在讲堂休息。提婆达多就带俱迦利等走到讲堂里来，站在佛陀的座前讲话，想借此让佛陀的弟子大众都能听到，他就用很大的声音说道：

“佛陀！我最近常常在禅定中思惟，做沙门的人，第一应该穿着粪扫衣，不宜穿得太奢华；第二每日一食，不应该不依乞食法而行乞；第三要行托钵，不应该给人家请去供养；第四夏天住在露地，冬日住在草庵，不应该住在堂皇的精舍之中；第五要守杀生戒，不可以再吃鱼肉。如果能奉守我所说的五法，就能够少欲知足，自然具有精进、持戒、清净的道德。我想唯有这样才能更容易获证涅槃，我想依此五法来给大家遵守，您的意思怎么样？”

佛陀没有感到意外，自自然然地回答道：

“你假若想到这样好，你可以自己去奉行遵守，我不但不来禁止你，而且我更要褒奖你。但是你可不能强制大家来行，身体柔弱的人也有，人家的好意也不能不接受。诸比丘和合的僧团，你想用如此的计谋来破坏，特别小事大提，非常行法说是常行法，这就是你的居心吗？”

提婆达多很不服气，他提出很多的抗议，佛陀是看透他的心，就闭起眼来一句话也不回他。

俱迦利急忙地插口责问佛陀道：

“佛陀！您要了解提婆尊者说的话是实在的道理。您应该把弟子们交给他来领导，不要妒忌他，不要这么和他为难。”

佛陀睁开眼来看看，慢言慢语地道：

“愚痴的人！我哪里有什么嫉妒的心！你们肆无忌惮地毁谤佛陀和僧团，果报到的时候，佛陀很为你们怜悯。

“过去的诸佛，允许穿着粪扫衣，我也允许；同时，在家信众的供养，衣衫穿着得庄严，也不是什么罪恶的事。

“过去的诸佛，行乞食法，我也是行乞食法；同时我也允许在家信众的请求供养，因为这样可以让他们多种些福田。

“过去的诸佛，行过日中一食，这我也准许；但身体弱的人，每日二餐三餐，我也认为可以，食以调身，只要不过分贪取食欲，这并不能说为非法。

“过去的诸佛，允许修行者居住露地，这我也许可；不过居住精舍讲堂，便于过集体的僧团生活，这也是极其自然的事。

“关于食肉的问题，我曾经说过，见到杀，听到杀，特为杀的三种不净肉是不可以吃，但我也准许在不得已的环境之下，是可以吃三净肉。

“这些不是什么严重的问题，你不要想得那么厉害，你们想没有这样不容易进入涅槃，这反而妨害你们。”

佛陀说后，站起来独自地进入室中坐禅。

提婆达多非常得意，向大家高声说道：

“能够守五法的人站起来！”

提婆达多的门徒都站起来，佛陀的弟子则一个也没有动。

提婆达多对大家斥责道：

“你们都没有勇气守此五法吗？你们怎么有资格配做沙门？阿难！你是我的弟弟，你也不能守此五法吗？”

阿难冷冷地对提婆达多说道：

“今天真是你的幸运，舍利弗尊者和目犍连尊者如果在座的话，一定不会容许你放肆。你是这么凶恶，想到你未来不幸的果报，我真为你忧愁！”

提婆达多大怒，但也没有其他办法，只得不好意思地把他的弟子带走。

没有凶恶的计谋，见不着慈悲的心肠；没有卑劣的行为，见不到崇高的人格。正因为有提婆达多，佛陀的威德，像朗朗高照的太阳，像巍峨耸立的高山，更使人敬仰！崇拜！皈依！

提婆达多的势力不会长久，镀的金一定要剥落的，剥落的时候就无法收拾，提婆达多后来有人说他失踪，其实他是犯了五逆重罪，招感的果报是即身堕入地狱，地狱之苦，绵绵无尽期，提婆达多的命运是够悲惨的！

42 阿阇世王忏悔得救

提婆达多灭亡以后，阿阇世王并不因他的灭亡而悲哀，反而在他的八识田中，感到这是罪有应得。原来，阿阇世王已逐渐有了悔意。

有一天，阿阇世王在睡梦中见到他的父亲频婆娑罗王微笑着对他说道：

“阿阇世！我是你的父亲，你虽然企图杀害我，但我不怨恨你，我是佛陀的弟子，我愿以佛陀的慈悲来原谅你。你终是做过我的儿子，我为你祝福，祝福你早日悔悟，走上光明的正道来。”

阿阇世王醒来很难过，左右思惟父亲的慈爱，想到自己无理地杀害父亲，感到非常后悔。

有一天，阿阇世王和母亲韦提希夫人共桌吃饭，吃饭的时候，他没有看到儿子优陀耶，就问侍从道：

“优陀耶到哪里去了？把他找来一起吃饭！”

侍从回答说：

“优陀耶在和狗一起玩。”

侍从把优陀耶叫来的时候，优陀耶的手中还抱了一条小狗，阿阇世王问他道：

“你怎么不吃饭呢？”

优陀耶撒娇着回答道：

“没有同狗在一起我不吃饭。”

阿阇世王只得让他去，他们就共在一张桌上吃饭，吃了一会儿，阿阇世王对母亲韦提希说道：

“我是王，为了爱儿子，居然同狗在一起吃饭，这真不好看。”

韦提希国太夫人道：

“同狗在一起吃饭，这有什么了不起？吃狗肉的人都有。你现在为了爱儿子和狗在一起吃饭就挖苦起来。其实你的父亲对你，比这更大的事都有，不过你不知道罢了。

“当你在很小的时候，手指上生出痈来，苦痛万分，日夜都不能睡觉。你的父亲抱着你，把你放在膝上，用口含着你害痈的手指，所以你才能减少痛苦。有时，因为口里的暖气，你害熟了的痈中流出脓来，你父亲怕惊动你的睡眠，他只得吞下流出的脓。你的父亲是这样爱你，为了他的孩子，别人做不到的事，他都做得出来。”

阿阇世王听到母亲韦提希夫人这么一说，默默地放下饭碗，站起来，走到邻室去，他从此再也不感觉到王者的荣耀欢乐，他的心中像被一块大大的石头压着。

阿阇世王的业报现前，身上又生满很多的痈，心里不时有着悔恨的负担，他就对朝中大臣们道：

“现在我的身上和心上都患了重病，一定是由企图杀害父王的罪而起的，谁能替我医治呢？”

大臣中有六师外道月称等，用种种邪教企图说明为国杀父是没有罪业的话来安慰阿阇世王的心，但阿阇世王听他们的话，没有动心，只有加深他的悔恨。

那时名医耆婆前来探病，问道：

“大王！现在贵体觉得怎样？”

阿阇世王摇头道：

“耆婆！我的病很沉重，不但身体上有病，心里的病实在很苦。我想，就是有良医、妙药、咒术，都不能为我治愈的，我日夜睡在床上，忧愁苦闷，呻吟叫喊，不能入睡。耆婆！你虽是天下的名医，这一次怕你也不能救我了。”

耆婆很慎重地说道：

“大王！你不要这么失望悲伤，现在世界上能救大王的人除了佛陀以外，我想的确是没有第二个人了。”

耆婆说这话的时候，阿阇世王的侍从等颜色大变，他们都怕耆婆触怒王上，但是，阿阇世王这次没有发怒，默默地闭起眼睛，耆婆察知阿阇世王的心就说道：

“大王！我是一个医生，医生即使医治身体上的病，但决不能医治心理上的病。佛陀是无上医王，只要大王肯拜见佛陀，佛陀一定欢迎。佛陀好像无边的大海，他能容纳百川众流，大王的苦，是从心生，要把心上根本的病医好，才能医身上的病。”

阿阇世王点点头说道：

“耆婆！你说得很对，我也想去拜见佛陀，不过，我又怕佛陀因我是有罪的人而拒绝，加之我和提婆达多做的事，都很对不起佛陀。”

耆婆知道阿阇世王此刻忏悔的心，所以又再进一步说道：

“大王！你的罪，先王在临去世的时候，我听说他已经原谅你，先王是佛陀的弟子，佛陀的弟子都能原谅你，何况众德圆满大悲普济的佛陀呢？

“大王！我常听佛陀讲，人若造了罪恶，怀着惭愧的心情，在三宝之前，恳切至诚地忏悔，罪过就可以消除，业障也会减轻。大王虽然一时不智，造了罪业，但照佛陀惭愧忏悔的法门，大王仍然是可以得救。我看大王，现在已知道惭愧忏悔，这就是大王新生的开始。

“我又听佛陀讲过，有智慧的人，他是不敢造罪，就是不慎造罪，以后也知道忏悔；愚痴的人，他是造罪不改，以及造罪覆藏。大王若能到佛陀的座前告白忏悔，表明不敢再犯，佛陀的慈悲之光，一定会庇佑到你。

“大王！智者不覆藏罪业，佛陀常说，做人要深信因果，深信业报的丝毫不爽，世界上不可救的只有阐提，大王不是阐提，一定能获得佛陀的救济。

“佛陀的慈爱无量无边，惠施给一切众生。佛陀是不分冤亲憎爱，贫富贵贱，都是同等的救度。佛陀准许尊贵的跋提王子等出家，但也准许下贱的优波离出家；佛陀接受富翁须达多长者的供养，但也接受贫穷者的布施；佛陀感化不为欲染的大迦叶加入僧团，但也方便劝贪欲的难陀披剃；鬼子母和鸯崛魔罗，别人听到名字就怕，而佛陀却去找到他们度化，佛陀对什么人，都视同罗睺罗，请大王千万不要再有疑虑！

“大王！我讲出来真是恐慌得很，但我又不能不忠实地告诉大王，现在佛陀带领他的弟子一起都到我的梨园中来说法，希望大王速去拜访，把心中的乌云除去，现出朗朗的晴空，这是千载难逢的机会，我恳求大王不要错过！”

阿阇世王听了以后，眼中放出悔改和希望的光彩，对耆婆说道：

“你说的话我很高兴听，请你为我选择一个良辰吉日，我一定要前去拜访佛陀，哀求忏悔。”

耆婆不以为然地摇头道：

“大王！佛陀的教法中，是没有良辰吉日的迷信，佛陀常常教诫诸弟子，不准卜卦占算吉凶。修学正法，依正法而行，什么时候都是良辰吉日，大王最好即刻就起驾动身吧！”

阿阇世王很欢喜，预备很多供养佛陀的东西，带着大队随从，浩浩荡荡地向耆婆的梨园而来。

途中，阿阇世王又很恐惧不安，他叫使用大象拉着的车驾暂停，他对耆婆说道：

“耆婆！我想到佛陀是离开垢染，有如清净满月的人格，他的僧团中都是断除烦恼的圣人，像我是和提婆达多一类，是佛陀的叛党，他怎么肯接见我这极恶非道的人呢？他怎么肯对我这样的人伸出援救之手呢？我想还是回去吧！”

耆婆沉着脸说道：

“大王！父母对待子女的爱是平等的，但多数的父母却特别关怀他有病的儿子；佛陀的慈悲也对一切众生平等看待的，但对有罪的人却会特别地关怀。佛陀对阐提都演说正法，何况大王不是阐提，为什么不能受佛陀的慈悲救济呢？”

阿阇世王犹豫不决，正在此时，空中发出声音：

“阿阇世！我是你的父王频婆娑罗，你赶快听信耆婆名医的话，去佛陀的地方哀求忏悔。我现在要告诉你的，就是法灯快要熄灭，法船将要下沉，法树亦将夭折，法花不久将凋零，佛日一旦西下，佛陀终要进入涅槃。阿阇世！那时你的重病叫谁来救呢？你所犯的五逆重罪，不久就要堕入地狱，我怜悯到你，你是我的孩子，你赶快到佛陀的地方求救，除了大觉者的佛陀，你生生世世都不能得度！”

阿阇世王听到父亲慈爱的声音，闷绝倒地，醒来时，名医耆婆引导他下车来到佛陀静坐的讲堂之中。佛陀此刻端身正坐在狮子座的上面，四周环绕着弟子，灯火明亮，香烟缭绕，佛陀和弟子们都默默地在坐禅。

阿阇世王洗足入堂，耆婆带着他立在佛陀的座前，他两手放在胸前，说道：

“佛陀！请你明察我的心！”

佛陀睁开澄清的双眼，慈爱地回答道：

“大王！你来得很好，我已等待好久。”

阿阇世王受宠若惊，他想要跪下来才好，他惭愧低头说道：

“慈悲的佛陀！我是当不起的，像我这样极恶无道的人，能得到佛陀的呵斥就很欢喜了，现在反而佛陀对我用这样的爱语，我真感激佛陀。佛陀的大悲，普及一切，我到今天才真正知道。佛陀是我们众生的慈父。我杀害我无罪的父亲，我很后悔，现在身心不安，唯愿佛陀慈悲救济！”

佛陀静静地对他说道：

“世界上有两种人可以得到快乐和幸福的结果，一是修善不造罪的人，二是造罪知道忏悔的人。现在大王悔过的机缘成熟，过失，世间上的人谁能不犯呢？知过必改，就是一个好人。我的法门是广大无边的，请你时时忏悔就好。

“大王！罪业是没有本体，是空幻的，把心意如果能忘却时，罪业也可以消灭了。了解心和罪本是空幻不实，这就是真实的忏悔。

“你以后要以法治民，不要行非法的事；要以德化民，不要暴戾。多行仁政，善名美德就可以远播四方，一定受到众人尊敬，想不服从的也不能够。过去的事已经过去，没有什么计较的必要，从现在起如何自新，才真正地要紧。你行善安心，当即就能快乐，进一步更要在我的法门中学无为的法，证无为的果，你就可以解脱得度。”

阿阇世王听了佛陀的开示，对新的生命充满希望和信心，他生大欢喜，万有迷妄的乌云扫去，他感激涕零地跪在佛陀的座前。

浪子回头金不换，阿阇世王终于皈依佛陀得救了！

43　迦毗罗城的悲运

佛陀应身的年龄，随着春花秋月在增加；佛陀的态度，更慈和、更沉着、更庄严。

外面有异教徒的迫害，内部有提婆达多的捣乱，伟大宗教家的佛陀，虽能使异教徒的迫害，徒然显出其笨拙和愚昧；提婆达多的捣乱，徒然是自取灭亡；但世间上绝不会因此就相安无事。这个世间是光明与黑暗的世间，是善与恶、佛与魔的世间，娑婆世界上永远是不会没有问题。

佛陀对宇宙观的说明是成住坏空的相续，对人生观的看法是生老病死的轮回。世间上的一切森罗万象，没有一项能脱出佛陀对宇宙和人生所下的定律！

佛陀早就知道一件不幸的事情终会到来，这与佛陀本身虽然无关，但与佛陀的祖国却有存亡的关系。

佛陀住世时的印度，时常发生战争，大小国家林立，做王的人总是有占领他国的野心。

佛陀的祖国迦毗罗卫国，因为近邻强大的憍萨弥罗国的兴起，常常威胁其安全。好在憍萨弥罗国的波斯匿大王受佛陀的感化，自他皈依佛陀以后，就从未想到要发动战争。

而且，迦毗罗卫国自从净饭大王逝世以后，王族中英勇的摩诃那摩大将继承政权，因此，迦毗罗卫国还能维持着小康的局面。可是世间法总是无常变幻的，那还是波斯匿王没有皈依佛陀以前，他向释迦族的女子求婚，释迦族中一面自尊心很强，觉得自己是优等种族，不肯把女子嫁于他族；但一面又畏惧波斯匿王的势力，那时王族的摩诃那摩就自告奋勇地说道：

"万事皆由我来负责，给波斯匿王发怒起来很是麻烦，在军事上我们是不能胜过他，在政治上我们没有他的国家安定，我想出一个办法，我家中女侍奴隶之中，有一个叫作末利的女孩，十分美丽，就说她是我的女儿，把她嫁给波斯匿王！"

就是这样，波斯匿王把末利立为第一夫人，迦留陀夷常称她是天下第一美人。

佛陀成道后知道这件事，对于用欺骗的手段来做人，来从事政治，其结果一定是非常不幸，佛陀深深不以为然。佛陀认为欺骗的种子种下去以后，迟早总要结出灾难的果实。末利夫人在波斯匿王很多妃子中被立为第一夫人，波斯匿王就是因为她是释迦族中的王女。

末利夫人生了孩子叫作琉璃太子，到琉璃太子八岁的时候，奉他父亲波斯匿王的命令，到射术有名的迦毗罗卫国来学射。

那时，适值迦毗罗城新建成一个巍峨堂皇的讲堂迎接佛陀说法，释迦族中把讲堂当为神圣之地，敷设整齐的坐具，挂着美观的幡盖，洒出芬芳的香汁，燃烧名贵的檀香，准备等候佛陀的圣驾光临。

琉璃太子和其他的孩童一起在讲堂中游玩，释迦族中的人见到他时大怒，认为女侍奴隶所生养的孩子走入讲堂，污秽了圣地，着令把琉璃太子早日送回，凡是琉璃太子在讲堂中足迹所到之处，一律掘土七尺，重换净土。琉璃太子知道后大怒，他发誓说道：

“等我做王的时候，一定要消灭释迦族。”

佛陀回国说法时，知道这件事，觉得释迦族在形式上这样过分的自高自大，国家的前途一定会自取败亡。

佛陀是体悟宇宙真理的圣者，他要顺着法性生活，他对不幸的人不是没有慈悲，他知道真理是不应该执着，不应该分有你我的。但人间的佛陀，他的心里仍然是热爱着祖国。

众缘和合，不幸与灾难的果实真的快要成熟。

有一天，波斯匿王出外巡视，琉璃太子和叛逆的迦梨耶那大臣忽然集合军队就把王的侍卫杀死，夺去王冠与王所佩的宝剑。

波斯匿王和末利夫人，见到侍卫被杀是出于琉璃太子之手，大为惊慌，他懊悔似的对末利夫人说道：

“早知如此，快点将王位传给他就好。”

末利夫人用种种好话安慰波斯匿王，劝他先到迦毗罗卫国暂避琉璃太子的锋芒。

波斯匿王的年龄已八十岁，不久因病死在迦毗罗卫国，释迦族用王者的葬礼将他厚葬。

琉璃太子知道父王死讯以后，认为今后应是自己的世界，他就公然地宣布继承王位，他的哥哥祇陀太子他都不放在眼中。

迦毗罗卫国的悲运就这样注定而不能避免。

琉璃王有一天问大臣们道：

“如果有人侮辱尊贵的国王，轻视国王是不净的人，他的罪应该如何处罚？”

“他的罪应该万死！”众大臣回答。

因此，琉璃王坚决地发出宣言道：

“释迦族伤害我的自尊心，侮辱我的人格，把我看为不净的人，他们罪该万死，我一定要讨伐释迦族！”

琉璃王要征讨迦毗罗卫国的风声传出以后，释迦族中得悉这个情报，异常惊慌！

当佛陀知道这个消息的时候，认为这是迦毗罗卫国人民共业的果报成熟。佛陀叫人不要造业，播下种子一定会有现行。佛陀能救人，但人的业报不能不受。有罪业的人，不忏除前愆，佛陀虽可救度一时，但最后他还是要受完业报。

佛陀想到为了祖国，只有尽心帮忙，因此就独自地离开大众，一个人在琉璃王军队必定经过的道中一棵枯树之下静坐，等待琉璃王和他的军队。

琉璃王对佛陀没有好感，但想到他是佛陀，不下车不行，因此勉强地下车说道：

“佛陀！那边的山上有枝叶繁茂的大树，坐在那边才荫凉，这棵大树已枯萎凋零，坐在这儿给太阳晒，非常不好。”

佛陀威严地回答琉璃王道：

“你说得不错，但是，亲族之荫，更胜余荫。”

虽然是凶恶残暴的琉璃王，听到佛陀这慈悲的声音，也不能不感动。佛陀的话中是指他要灭亡迦毗罗卫国和释迦族，祖国和亲族之荫都没有，还要其他的什么荫呢？因此琉璃王心中想：过去，国与国用兵，遇到沙门，总是回兵，何况现在遇到佛陀？他这么想后，就告诉佛陀愿意即刻下令回军。

琉璃王回军后，佛陀没有欢喜，更没有兴奋，他知道因果、业，是世间上自然的法则。

不久，琉璃王第二次又带兵征伐迦毗罗卫国，途中又遇到佛陀坐在枯树之下，只得再回军；当第三次琉璃王再出兵的时候，还是遇到佛陀坐在枯树之下，他仍然下令回军；琉璃王第四度出军时，佛陀知道释迦族共业的果报是不可避免，也就回去，他对迦毗罗卫国的人不忏悔觉悟，致有今日的危难，很表惋惜，又很同情。

阿难看到佛陀像有什么事情放在心中，就很恭敬地问道：

“佛陀！自从我跟随您出家学道以来，我从来没有见过您的面容，像今日这样不高兴和没有精神。”

佛陀轻轻地回答道：

“阿难！七天之内，释迦族中要遭遇悲运，佛陀面容颜色的改变，是为国家和亲族服丧！”

目犍连尊者进言道：

“佛陀！为了营救迦毗罗城，我们应该出力帮忙！”

佛陀看看目犍连尊者，然后就用仁慈的口吻说道：

“目犍连！释迦族受宿世的罪业之报，这是因缘果，你不能为他们代受！”

目犍连尊者凭着自己的神通，对佛陀的话不能完全接受，他要发起保卫迦毗罗卫国的运动。

琉璃王第四度出军，包围了迦毗罗城。

目犍连先以神通力营救城中的人民，用钵盛装五百人的释迦族从天空出来，出得城来一看，五百人都化为血水，到这时候目犍连尊者才真正觉悟到佛陀所说因果法则的真理不可违背，就是神通也敌不过业力。

释迦族退在城中，关闭城门，起初还能以射术制敌，但后来觉得敌众我寡，逐渐地感到不支。

琉璃王传令对迦毗罗城中的臣民说道：

“开城门的人，赦免他的死罪，反而有赏；否则，城破之日，血洗全城！”

城中的臣民，互相计议，有的主张开城投降，有的主张抵抗到底，有的则忙着私自逃命，大家都不听指挥，摩诃那摩到这时候也无法统领大众。

在这紧要的关头，有一个只十五岁的少年，名叫奢摩，自告奋勇地从军参战，他听说琉璃王亲自在城外督促指挥攻城，即刻爬上城楼，他的射术神出鬼没，敌人四散奔逃，琉璃王逃入地洞之下才免去危险。但释迦族中这时有人批评奢摩是匹夫之勇，少年的奢摩大怒，他也出城向别国逃亡。

留在迦毗罗城中的人都是一些无勇无谋之人。

主张降与主张战的人分成两派，会议的结果是开城门投降的人多；当城门开放的时候，琉璃王带领那些如虎如狼的部下入城。琉璃王入城以后，把守卫城门最坚强的五百人杀死，把主战的三万人生擒俘虏，琉璃王要想杀死这么多的人不是一件容易的事，他即刻下令预备把这三万人的足埋在土中用大象来践踏而死。

这样的死法非常凄惨，因此摩诃那摩执政不忍地对琉璃王说道：

“不管怎么说，名义上你总是我的孙子，现在最后我对你有一个要求！”

“什么要求呢？”琉璃王目光炯炯地问。

摩诃那摩说道：

“现在你要杀死这么多的人，很不容易，我要求你把他们放去一部分，让我潜到水底下去，你就叫他们逃命，等我从水底下上来，没有逃得及的，请你再杀！”

琉璃王大笑着说道：

“这很有趣，我答应，你就下水去吧！”

当摩诃那摩潜入水中的时候，琉璃王当即下令准许大家逃命，逃命的人互相撞击，奔走呼号，有的跌倒，有的从身上而过，那凄惨的现象真不忍目睹，但琉璃王却笑着以为好玩。当三万人奔逃得所余不多时，琉璃王才着急起来，他奇怪摩诃那摩怎么这样长久的时间都不出水。

琉璃王命令一个水手到水中去调查。

潜水的人上来流着泪，感动地说道：

“启禀大王！摩诃那摩王爷永不会出来了，他为了帮助救济他人的生命，把头发缚在树根上，抱着树根死了！”

残暴的琉璃王，到这时候才黯然地没有开口。

摩诃那摩的孙儿，波斯匿王的太子琉璃王，就这样占有了迦毗罗卫国。

琉璃王极为专横，后来杀死他的长兄祇陀太子，疏远谏臣，怠于政治，不久，宫城忽然被火焚烧，琉璃王和他的爱妃都被大火烧死。这时，已向佛陀忏悔皈依的摩竭陀国的阿阇世王，受着情势的需要，就把憍萨弥罗国和迦毗罗卫国归入自己的版图。

44　特别的教化

伟大的佛陀，施恩惠给众生，到处普洒甘露法雨，滋润着众生枯干的心田。佛陀的教示，又是苦海中的法船，能够接引众生从生死的此岸，到达涅槃的彼岸。

佛陀说法四十九年，讲经三百余会。在四十九年佛陀弘化的生涯里，最初直畅本怀，讲说《华严经》二十一日，后因观机逗教，又再说《阿含经》十二年，《方等经》八年，《般若经》二十二年，《法华经》和《涅槃经》共八年，这是大会的宣讲，至于对个人特别的教化，佛陀说过无量数次，感化无量数人，兹节录一些特别的教化，以见佛陀的慈悲。

周利槃陀伽的觉悟

那还是佛陀住在祇园精舍的时候，有一天佛陀走到精舍的门口，见到有一个比丘在大声号哭，有很多人都在旁边笑他的愚痴。这个比丘的名字叫作周利槃陀伽，是个不聪明的人。但佛陀知道他的正直，所以很同情他，重视他。佛陀就问周利槃陀伽道：

“你为什么要在这里哭泣？”

“佛陀！我是一个性情愚钝的人，我随同哥哥一同出家，哥哥前时教我背诵一偈，我记不得，哥哥说我对于修道没有希望，他今日命令我回家，不准我住在这里，我给他赶逐出来，所以在这里哭，恳求佛陀慈悲救我！”

佛陀听后很慈祥地安慰他道：

“有这样的事吗？你不要挂在心上，你跟随我到我住的地方来，自己知道自己是愚，这就是智者；愚钝的人是那些自以为聪明的人。”

佛陀回来，命令阿难教授周利槃陀伽，不久，阿难也回说没有办法。

因此，佛陀只得亲自来教，佛陀教他持诵“拂尘除垢”的偈句，而他仍然是记不得，大家都说这个人修道无望，但佛陀对一切众生都不会失望，因此，佛陀又告诉周利槃陀伽道：

“你用笤帚扫地，并为比丘们拂拭衣履和杂物上的灰尘，一面做事，一面持念偈颂。”

周利槃陀伽依照佛陀的吩咐，为比丘大众服务，但比丘们反而怪他扰乱修行，不准周利槃陀伽扫除杂物，和拂拭衣履，佛陀告诉大家说这是我教的，大家不要阻挡。

以后，周利槃陀伽扫地的时候，大家都同情他，大家都帮着教他念“拂尘除垢”的偈句。

周利槃陀伽认真地工作，一心地持诵，遂将这句“拂尘除垢”的偈颂记得。日久工夫深，他渐渐体味到这句偈颂的意义。他想：“尘垢是可从两方面去看，一是内的，一是外的。外面的尘垢是看得见的灰土瓦石，是容易清除的；内心中的尘垢是贪嗔无明烦恼，这是要用大智慧才能清除。”

周利槃陀伽了解到这时，他的心内渐渐清明起来，过去不能明白的现在渐渐明白。他又想：“人的欲就是尘垢，智者一定要除欲，不把这个欲断除不能了生死，这是很可耻的事。以欲而生出种种灾难苦恼的因缘，束缚人，不能自由。没有欲，心才能清净，才能自由解脱，才能见到真理。”

周利槃陀伽这么想，渐渐息下三毒的心，使之进入平等的境地，不起爱憎之念，没有好恶之心，脱出无明的壳，他的心遂豁然而开。

周利槃陀伽觉悟以后，很欢喜地走到佛陀的座前，顶礼佛陀说道：

"佛陀！我现在了解，我已拂除心内的尘垢。"

佛陀也很欢喜，嘉许周利槃陀伽，佛陀就对大家说：

"诵很多的经文，不了解到经义不行，受持一句偈颂，照着实行，一定就能得道，你们看周利槃陀伽！"

周利槃陀伽从此成了祇园精舍中有名的比丘，很受大家的尊敬，但周利槃陀伽的生活不变，每天仍然扫地的时候小声地持诵着："拂尘除垢！"

担粪的尼提出家

有一天佛陀带着阿难在舍卫城行化，当佛陀走到城郊的时候，迎面有一个给人受雇担粪的尼提走来。尼提远远地一见佛陀，非常恐慌，他的心内很崇拜佛陀，但他自卑得不敢见佛陀。他觉得伟大崇高清净的佛陀，是人天的师范，而自己是秽贱得罪业深重的人，决不能亲近到佛陀。可是佛陀知道尼提的心，因此叫阿难先走，佛陀特地绕道来逢尼提。

尼提想避开佛陀，但佛陀却又迎面而来，他畏缩地想东躲西藏，反而把盛粪的桶弄翻了，路上都是污秽，他慌得不知如何是好，就跪在道旁合掌向佛陀致歉说：

"佛陀！真对不起！"

"尼提！"佛陀喊他的名字。

尼提疑惑他的耳朵，他想：佛陀会叫他的名字，他做梦也不敢想。佛陀又再亲切地说道：

“尼提！现在你就跟我出家去好吗？”

尼提大惊道：

“佛陀！我尼提是卑贱污秽的人，您也许可我和您出家吗？您的僧团中都是刹帝利的王子和婆罗门的修道者，我能和他们一样，做您伟大佛陀的弟子？”

佛陀微笑着说道：

“尼提！没有那样的事，我的法好像清净的流水，能够洗清一切污秽；我的法好像炽烈的大火，没有大小好恶的分别，皆能够烧毁；我的法好像大海，不论什么都能包容。只要接受我的法，就能离种种的欲。在我的法中，贫富、贵贱、种姓，这都没有问题。贫富、贵贱、种姓，这是虚妄的假名；肉体，是四大五蕴假合的色身，没有智慧，不来修行，谁也不能得救！”

尼提很欢喜，默默地跟佛陀回到祇园精舍，佛陀叫阿难把尼提带到城外的大河边上洗身洁心，然后换着袈裟。伟大的佛陀不舍众生，尼提从此就出家了。

闻二百亿的修行

佛陀的比丘弟子中有一位名叫闻二百亿的比丘，亦名二十亿耳，他本是一个有名的音乐家，出生在富豪的人家为子，父母爱如珍宝，他父母对他幼年的抚育，都不肯让他足踏在有土的地上，所以闻二百亿足下生长很多的黑毛。有一天听闻佛陀说法，很受感动，发愿披剃出家，过日中一食、树下一宿的头陀生活。他的双亲非常反对，但阻止不了闻二百亿对修行的热心。

因此，娇生惯养的闻二百亿，在刻苦的修行之下，身体渐渐地衰弱了，但他仍不开悟，后来他感到自己也难以支持，就想还俗做佛陀的护法，以布施来求悟。

佛陀知道闻二百亿的心，就走到他修行的地方来，对闻二百亿道：

"你出家用音乐来帮助我宣化，长养你和大家的信心，这是很好的。但你现在又欢喜独自勇猛地修行，除坐禅以外，别的事都引不起你的注意。我想问你，你弹琴，假若弦子太紧的时候怎样呢？"

"佛陀！琴弦太紧是会断的！"闻二百亿回答。

"太松呢？"

"没有声音！"

"修行也是和弹琴一样，"佛陀慈悲譬喻说法道，"不要太紧，也不能太松。太紧太松都容易出毛病。把心放得平和些，凡事都有程度。"

闻二百亿遵奉佛陀的指示修行，心就安静下来，不久就开悟证得阿罗汉果。

调马师改往修来

佛陀教化众生的方法，总是应病与药，观机逗教。你是什么样的人，佛陀就向你说什么法。佛陀像晨钟一样，小叩则小鸣，大叩则大鸣。

有一天，有一个训练马的调马师，带着诚恳求道的心来请求佛陀指示他的迷津。佛陀明白他的身份，就向他问道：

“你很懂得管马，马的性情，在你都已经知道，我来问你，你对于那些马，究竟用几种方法去调伏呢？”

调马师没有考虑就回答道：

“我调马有三种方法：一是柔软，二是刚强，三是柔软刚强。”

“假若这三种方法都不能调伏时，你又怎么办呢？”佛陀进一步问。

“那就没有办法了，只有把它杀掉。”调马师回答后又再反问佛陀道，“我想拜问佛陀，您是用什么方法调御众生呢？”

佛陀回答道：

“我也是这三种方法：一是柔软，二是刚强，三是柔软刚强。”

“假若这三种方法都不能调伏时怎么办呢？”调马师复用此话来问佛陀。

佛陀肯定地答道：

“那还有什么别的办法呢？也只有把他们杀掉！”

调马师听后惊疑地问道：

“佛陀！您的教法中杀生不是犯戒的行为吗？”

佛陀庄严真实地说道：

“你说得不错，在佛陀的教法中，杀生是不净业，是要受因果的轮回。不过我的所谓杀，与你流血的杀不同，因为众生用柔软、刚强，以及柔软刚强的办法都不能调伏时，就不足再和他交谈，不必教授，不要睬他。一个不能教授、不听教诫的人，还不是等于杀掉了一样吗？”

调马师了解到佛陀的意思，俯伏低头，要求皈依佛陀，受持五戒，从此改往修来，不再虐待动物，更不杀生。

鸯崛摩罗忏悔皈依

舍卫城的北方不远，萨那村庄中有一位婆罗门的摩尼跋陀罗，他有弟子名叫鸯崛摩罗，很尊重老师，凡是老师说的话他都相信听从。在弟子中老师特别爱他，因此遭受其他弟子的嫉妒，谣传他和老师的妻子有关系。摩尼跋陀罗并不听这些谣传，但他的妻子看到鸯崛摩罗聪明伶俐，确实心中常常燃起爱情之火。

有一天摩尼跋陀罗外出的时候，他的妻子就走来诱惑鸯崛摩罗，鸯崛摩罗知道这是不合伦理的事，弟子一定不可以和师母有暧昧的行为。他就说道：

“师母！你的年龄比我大，我把你看成是我的母亲一样。这还是清净的地方，我希望你不要乱说乱来！”

老师的妻子见到鸯崛摩罗非但不理睬她，而且羞辱她。因此她由爱生恨，随即撕破自己的衣服，抓乱自己的头发，等摩尼跋陀罗婆罗门回来时，哭闹着要自杀，她的丈夫问她为什么，她说是鸯崛摩罗缠着她要行非礼的事。她所以这样来说，目的还是怕鸯崛摩罗先告诉她的丈夫，她为了自己，不惜一切毁坏这青年的名誉。

摩尼跋陀罗很生气，把鸯崛摩罗叫到面前说道：

“你跟我所学的虽然都已教你，但有一个秘密你还不知道，你要想得到这个秘密，必须要杀死百人以上，把他们手指穿系挂在颈项之中，才能觉悟。”

“老师！杀一百人以上，这不是儿戏，王法也不准杀人。”鸯崛摩罗嗫嚅着说。

“你这个愚痴的人，你懂得什么？你要知道杀人才能洗雪你的罪恶，难道你不想做婆罗门，不想生天吗？”

鸯崛摩罗不敢违背老师的话，把心一横，像发狂似的到处持刀杀人。

比丘出外见到此事，回去报告佛陀，佛陀听到以后就说：

“真可怜！我马上出去救他！”

有些弟子很恐惧，但佛陀像没有事一样。

佛陀向鸯崛摩罗杀人的地方走来，路旁边有个割草的人对佛陀说道：

“呵！您不是大圣佛陀吗？前面您最好不要去，那边有一个人在等着杀人！”

佛陀微笑着点点头道：

“谢谢你的好意，不过，我就是知道前面有人要杀人才去的，假若世界上都是我的敌人，我也一点不怕，何况是一个人呢？”

佛陀庄严地向前走着，佛陀不是不爱惜生命，而是知道自己的力量可以折服他，使他得度。

佛陀一到，鸯崛摩罗带着杀气前来，但当他注意一看，顿时给佛陀的精神力压息下他的狂怒。佛陀的威仪，使他不知不觉地掷去手中的刀，问道：

“您是一位哪里来的不可思议的人？”

“我是佛陀，我现时住在祇园精舍，将来住在世间上一切处，进入大涅槃，活在每个人的心中，我怜悯到你，所以才来救你。”

鸯崛摩罗听后，不由得不在佛陀之前俯伏叩头。佛陀又说道：

“你跟我来，你做我的弟子好吗？”

“人家都怕我，见到我就跑，难道您能允许吗？”

“忏悔就能得救，忏悔能消除过去的罪业。太阳的光明照护一切，泥水进入大海就能变为清净，大地吸收粪尿能成净水。你不要挂念，只要你能改过自新。”

鸯崛摩罗就这样做了佛陀的弟子，变成人间的清净者，得到永远的平和。

佛陀的慈悲，怜悯到任何人；佛陀决不愿舍弃一个可以救的人。慑服恶逆，开导迷途，佛陀实在是像太阳、像大海、像大地的圣者。

鬼子母的改心

佛陀在大兜国说法的时候，那个国中有一女人，生有很多的孩子，她很爱自己的孩子，但又很欢喜偷食人家的孩子。

大兜国中的父母人人忧虑，担心会失去他们可爱的孩子。

比丘们把街上的情形报告佛陀，佛陀早就知道这不是普通的女人，佛陀知道这国中有一个鬼子母，喜欢偷食人的孩子。这不是讲几句话就能叫她改心的，佛陀随即叫一位比丘等鬼子母不在家的时候，把她最小的爱子嫔伽罗抱来精舍之内。

因此，鬼子母回家不见了她最爱的幼子，悲哀哭泣不止，好多天之内像发狂似的不进饮食。佛陀有一天特地找个机会去逢到她，问道：

“你为什么要这么伤心地啼哭呢？”

鬼子母见到是佛陀，暂时停止啼哭，揩拭着眼泪道：

“因为我不在家的时候，我那最可爱的孩子给人偷去了。”

“别人盗去你的孩子，你不在家中看守，你到什么地方去了呢？你出去是做什么呢？”

佛陀这么一问，鬼子母心跳起来，原来她失去孩子的时候，也正是她在偷人家孩子的时候，这是当然的果报。鬼子母给佛陀一问，才知道自己的残忍与错误，一念悔改的心生起，即刻五体投地地顶礼佛陀。佛陀又问道：

“你爱你的孩子吗？”

“嫔伽罗是我最爱的，一刻都没有离开过我，我无论怎样不能少了他，少了他我不能生活。”

佛陀乘机就开示她道：

"你既爱你的孩子，别人也爱自己的孩子；你失去自己孩子知道伤心，可是你盗食别人的孩子，别人也和你一样哭泣。你现在希望找到你的孩子吗？"

"如果谁能把嫔伽罗给我，叫我怎样我都愿意。"

佛陀知道鬼子母改了恶的心，就说道：

"我能帮助你找到你的孩子，你是不是懊悔你过去盗食人家的孩子是罪恶的行为呢？"

"我很懊悔！佛陀！请慈悲指教我，我一定遵照佛陀的指示去做。"

佛陀说道：

"你从今以后，第一不要乱杀生，第二不要乱盗取，第三不要乱邪淫，第四不要乱妄言，第五不要乱饮食，并且要用慈母的天性，照顾天下的孩子。"

鬼子母诚恳地接受佛陀的教诫，佛陀归还她的孩子嫔伽罗，她内心的欢喜不能用言语文字形容，她发愿从此做天下孩子们的保护者。

45　十大比丘弟子

佛陀的弟子，有在家与出家之分，在家的弟子，千千万万，其数之多，很难用数目去统计，就是出家的弟子，光是证得阿罗汉果的常随众的比丘就有一千二百五十五人之多，其他分散在各地的以及后来出家证果的尚不算在内，在这些弟子中，更有最特出的十大比丘弟子。

十大弟子，各有专长，他们所修学的道行，各有各的成就，被人公认的是：

舍利弗——智慧第一

目犍连——神通第一

富楼那——说法第一

须菩提——解空第一

迦旃延——论议第一

大迦叶——头陀第一

阿那律——天眼第一

优婆离——持戒第一

阿难陀——多闻第一

罗睺罗——密行第一

这十位尊者，帮助佛陀教法的宣扬，都有不可磨灭的功劳，直到今日，他们和佛陀同样地令我们后人景仰！

现在简单地把他们的事迹叙述如下：

智慧第一舍利弗

舍利弗是佛陀的首座弟子，佛陀最信任的就是他，当罗睺罗年幼的时候，佛陀曾叫罗睺罗拜他为师，跟他受沙弥戒；祇园精舍建立时，奉佛陀的慈命前去督促工程的也是舍利弗。在北方的舍卫城，佛陀的法驾尚未到达，他就能先把外道慑服，着令他们等候皈依佛陀。

说起舍利弗的智慧，据传当他母亲怀妊的时候，忽然就变得智慧过人，在当时婆罗门教中最负盛名的雄辩家就是舍利弗的母舅拘絺罗（长爪梵志），在辩论时他都辩不过舍利弗的母亲。舍利弗在没有出世以前，他的母舅和母亲就觉察到他将来一定是一个不寻常的人物。

后来长爪梵志皈依佛陀，就是因为他知道他的外甥，如果不是遇到大觉完人，他不会拜他为师，就因为他能信任舍利弗这一点，所以他才勇敢地舍去迷妄，皈投到佛陀的座下。

舍利弗的智慧虽然超群，但他对于佛陀，却是百依百顺，从来没有对佛陀的教示，生过反感。

有一次舍利弗带领沙弥的罗睺罗从外面托钵乞食回来，佛陀见到罗睺罗的面色很不好看，知道他心中一定有不平之气，佛陀叫他到身旁，问他有什么事感到不能满足。

少年的罗睺罗，低着头含羞地告诉佛陀说道：

“佛陀！上座和中座比丘，到外面托钵乞食，信众们都布施上等的美味，我们初进道的沙弥，信众们在米饭中总用胡麻渣和野菜掺合起来布施给我们。人的身体，对于饮食是不分年龄和戒行，都有同样的需要。我们的长老们在他们的受用之外，却不顾我们，让信众对于供养生起分别的心。佛陀！吃了胡麻油和酥酪，身体健康，才能增长力气，才能安心修行；但我们每日只吃些胡麻渣和野菜，营养不足，老感觉身体困倦，如何能精进修行？”

佛陀听罗睺罗这么一说，当即制止他，用教训的口气说道：

“这样的事情并不要你说，如果想到我们在修行时，能够受到信众一麻一麦的供养，已经算是过分了。”

虽然佛陀是这样教示罗睺罗，但佛陀知道信众们对沙门是这样分别地供养，心中很不欢喜。

佛陀叫罗睺罗走后，又再把舍利弗请来，佛陀和颜悦色地对舍利弗说道：

“舍利弗！你今天受了不净食，你知道吗？”

舍利弗一听大惊，赶快把当日所受的饮食从肚中吐出来。他对佛陀禀告道：

“佛陀！自从我皈依佛陀以来，我就依着佛陀的乞食法而去行化，我不敢不依佛陀的乞食法而另外行乞。”

佛陀向舍利弗讲说六和敬的僧团，长老应如何爱护关怀年少的比丘或沙弥，舍利弗一点不平之气都没有，他对佛陀的教法只有感恩地接受。

佛陀以后更加信任嘉许舍利弗。

除佛陀外，舍利弗在僧团中是最受尊敬的人。

舍利弗渐渐地年老，有一次在祇园精舍结夏安居以后，为着宣扬佛法，他请求佛陀准许他出外云游旅行，佛陀当即很欢喜地允许，并褒奖舍利弗乐于利人的心。但当舍利弗走出祇园精舍不久，一个比丘走到佛陀的座前说道：

“佛陀！舍利弗不是为弘法才去旅行的。他是因为侮辱我，对我感到惭愧，才出外去旅行。”

佛陀最不喜欢人在背后毁谤他人，所以一听之下，即刻着人去把舍利弗追回，并招呼阿难，把大众一起集合在讲堂中，大家不知为什么要集合，舍利弗也不知为什么佛陀又叫他回来，大家心中都感到不可思议。

佛陀见到舍利弗归来时，很严肃地在大众前问舍利弗道：

“舍利弗！你去后不久，有一个比丘来说你侮辱他以后才出外旅行的，是真有这样的事吗？”

舍利弗温和而恭敬地答道：

“佛陀！我从生下来到今天已将近八十岁的年龄，在我的记忆里，没有杀害过生命，没有妄说过语言，除去为真理宣扬，从没有为私人利害得失和他人论短较长，今天是安居最后的日子，三个月来，我日日忏悔，我的心像碧波一样澄清，在这个时候，我哪里会轻视他人？

“佛陀！大地上的泥土是最能忍辱的，无论什么不净的东西加之于它，它都不会拒绝，粪便、脓血、痰唾，它都甘受如饴；我今日的心，可以向佛陀表白，好像大地似的愿意忍辱而不愿违逆人意。

“佛陀！清清的水流，不管好的东西，或是坏的东西，都是一样地把它洗净，我没有憎爱之念，我的心今日好像水流一样。

“佛陀！扫帚是用来扫除尘埃的，当扫除的时候，是不会选择好恶的，我今日的心，实在没有生起好恶的分别。

“佛陀！受您的教示，住于正念的我，绝对不会轻视其他的比丘，我对佛陀这么说，我是知道我自己的事，那个比丘也知道他自己的事，如果是我的过失，我愿向那位比丘忏悔，以便消除我良心上的谴责。”

将近八十岁的舍利弗，对佛陀不亢不卑地做这样如实的禀告，听话的大众，没有一个不被感动。

佛陀对那位毁谤舍利弗的比丘说道：

“你毁谤长老的过失，现在不能不忏悔，你没有为僧团的和合设想，你有心要使僧团生起纷争，你假使不诚实地悔过，你的头脑将会分裂！”

毁谤舍利弗的比丘，立刻跪在佛陀的座前，对佛陀恳求道：

“佛陀！请求慈悲怜悯我，给我忏悔新生的机会！”

佛陀庄严地说道：

“你去向舍利弗忏悔！”

那个比丘俯伏低头地跪在舍利弗的面前，舍利弗用手抚摸着那个比丘的头，慈祥地说道：

“比丘！忏悔在佛陀的教法中，其效是非常之大，人能悔过，能够改往修来，实是很大的善事，我接受你的忏悔，你以后再也不要犯罪！”

舍利弗的态度，舍利弗的话语，听的人都大为感动。

有一次佛陀带领弟子出外游行布教回到舍卫城时，

被大众讥为六群比丘的弟子们，已先佛陀和大众到达祇园精舍而占有比较好的坐卧处，并且还对人说：

“这是我们师父的，这是我们应有的地方。”

舍利弗在佛陀回来以后，也赶到祇园精舍，见他过去的坐卧处都给六群比丘占去了，舍利弗没有办法，就在树下静坐了一夜，佛陀早晨起来，听到树下有咳嗽的声音，佛陀问道：

“谁在那里？怎么不在室内静坐？”

年老的舍利弗回答道：

“佛陀！是我舍利弗。因为昨天跟随佛陀回来的人很多，精舍都被住满，我在树下住一宿没有关系。”

佛陀听后，就此因缘，对比丘们说法道：

“诸比丘！我问你们，在我的教团中，要什么样的人才可以受上等的床座，上等的水，上等的饮食呢？”

比丘们有的说要由刹帝利或婆罗门出家的才可以，有的说要持律修行者才可以，有的说要布教说法者才可以，最后，佛陀庄严地对诸比丘说道：

“诸比丘！往昔在雪山中有鹧鸪、猿猴、大象同在一起，它们虽是朋友，但不互相尊敬，后来觉察这样不对，才对年龄最长的恭敬，依它的教诫，这样，它们身坏命终时，都转生善处。诸比丘！你们要崇敬法腊的年老者，在现世受人称赞，后世也才能生在善处。诸比丘！我的教法中，没有阶级的高低，但我的教法中有法腊戒长的长老，你们要奉事礼拜、供养，长老们是应受第一的床座，第一的水，第一的饮食。”

佛陀的法语，舍利弗听了很感激，诸比丘听了也很感动！

舍利弗的老友目犍连，有一次在布教的途中被裸形外道暗害，舍利弗得知这个消息，心中很伤感。

佛陀知道目犍连被裸形外道暗害，心中也很难过，佛陀从巴连弗城渡过恒河，到毗舍离城附近竹芳村的树林，告诉大众说，三月后自己要进入涅槃，大家一听，像天崩地裂一声，都感到宇宙旋转起来，其悲哀的程度，比父母死亡犹有过之。

佛陀在这三月中，到祇园精舍、竹林精舍、重阁讲堂、瞿师多精舍、鹿母讲堂等地巡回一次，佛陀想在涅槃以前，希望相逢的人和他相逢一下，希望要讲的话讲一下，就在这时候，舍利弗想先要涅槃。有一日，他在禅定中想：“过去的诸佛，他上首的弟子，都是在佛陀以前进入涅槃，现在佛陀涅槃的日期渐渐到了，我是应该先佛陀而进入涅槃比较好。”

舍利弗心下这么想，他即刻走到佛陀的座前，跪下来说道：

“佛陀！我现在想进入涅槃，请佛陀允许！”

佛陀注视舍利弗，好久，才说道：

“舍利弗！你为什么要这么快就进入涅槃？”

舍利弗禁不住伤感的样子回答道：

“佛陀！我听说在最近的不久，您就要进入涅槃，我是不忍心见佛陀涅槃的，而且，我常常听佛陀这么说，过去的诸佛，他上首的弟子，必先于佛陀之前涅槃，我想，现在正是我进入涅槃的时候，我恳求佛陀允许！”

佛陀又再问道：

“舍利弗！你知道你要涅槃的时候，但你要在什么地方涅槃呢？”

“我的故乡迦罗臂拏迦村，我百岁的母亲还健在，我想见到母亲，在生养我的房中进入涅槃。”

“我不禁止你，舍利弗！你可以照你的想法去做。不过，你是我弟子中无比的弟子，你走的时候跟大家最后说些教示吧！”

佛陀命令阿难，集合比丘大众送舍利弗，而且舍利弗也要向大众说告别的言辞，大家都很快地集合而来。舍利弗先对佛陀说道：

“佛陀！我从过去生中，就希望能值遇佛陀住世的时代，我终于满足我的愿望，我没有比遇到佛陀再欢喜的事。几十年来，承受佛陀的慈悲教导，使愚痴的我得开慧眼，获证圣果，天下的言词，也道不尽我内心的欢喜和感激。现在，我去世的时候近了，我马上就要舍弃世间上的束缚，可以进入自由自在的境界。我像负了很远的重荷，现在就要放下来的人，解脱五体的束缚，不受诸有的苦恼。这是我和佛陀最后的告别，佛陀！请接受我的顶礼！”

舍利弗合掌顶礼，空气非常静默，严肃。

佛陀点点头，舍利弗静静地站起来向外退出，直等到看不到佛陀的时候，才转身而去。

诸比丘都捧着香花送舍利弗，这是寂静、庄严的行列，流着眼泪的人也不少。

舍利弗走了一程，对大家说道：

“请大家在此止步，不要再送了，只要均头沙弥跟我来就好。各位请回，自己修行要紧，希望努力精进脱离忧苦的境界。佛陀出现在这个世间上，实在是很稀有的，好像优昙钵罗花的开放，要几千万万年才能遇到一次。人生是难得的，正确纯洁的信心更难养成，我们能够出家，能够听闻佛陀的正法，更是百千万亿身中稀有的事。希望大家更进一步来精进，诸行无常，更战胜这个苦，到达无我涅槃的境地，那才是我们永远的归宿，那才是一个寂静安乐的世界。”

舍利弗说法的时候，大家想到这是舍利弗最后生离死别的遗言，想压制着悲哀也不能够，眼泪总是潸潸地流下，都异口同声地问舍利弗道：

“你是佛陀的首座弟子，是我们比丘中的长老，以后要你领导我们从事佛化工作的事情还多，你为什么要这么早就进入涅槃呢？”

舍利弗明白大家的心，仍然很安静地说道：

“大家不要伤心，这个世间是无常的，大家不都是常听佛陀这样说吗？须弥山有崩坏的时候，大海有干涸的一日，如同芥子那么微细的关于我舍利弗色身的死亡，这是当然的，这就是世间的实相。我仍然要叮嘱大家的就是要一心修道，脱离苦海走向极乐清凉的世界最要紧。从事佛陀教法救世的工作，世世代代，只要众生想灭苦求乐，为了他自己，他就会来延续佛陀的慧命。”

舍利弗的话，很令大家感动，大家知道这次和舍利弗分别，以后就永远不能相逢，他虽然吩咐大家回去，但大家总是跟在他的身后。舍利弗并不喜欢他们有这样依恋不舍的态度，又再断然拒绝他们的送别，大家无法，只得目送长老舍利弗背影，仍然不想回去。想到以后再也见不到智慧第一的舍利弗，眼泪滔滔地流个不停，他们虽然是已经觉悟，但人情还是不会变的。

舍利弗走后，佛陀在室内坐禅，更加发挥精神力，默默地和世间挑战，室内充满着静寂凄清的气氛。

舍利弗离开佛陀和僧团以后，起伏在心里的思潮，不禁感慨万千，但并不紊乱，更是增加心内的澄明，他此刻像站在雪山的峰顶，全宇宙都浮现在他的心中。

舍利弗一步一步地向前走，均头默默地一步一步地在后面跟随。

舍利弗到达故乡的村庄，已将近日落黄昏的时候，他遇到他的外甥优婆离婆多，舍利弗问他道：

“祖母在家吗？你去告诉她说我回来了，请她把生养我的房间打扫洁净，我休息一下就来。”

“好的！”优婆离婆多见到舅父的归来，非常欢喜，他即刻就先去祖母的住处将舅父回来的消息告知。

舍利弗回来做什么，他的外甥是不知道的。

舍利弗的母亲听到很久没有回来的儿子回来，非常高兴，舍利弗虽然是将近八十岁，但在他已有百岁的母亲心中，仍然是把他看成小孩子。

把生养舍利弗的房间打扫清净，他的母亲觉得很奇怪，但母子的相逢使她欢喜兴奋得不再考虑个中的缘故。

舍利弗回到家了，和家人一一地问好，全家都异常欢喜，他的外甥替他洗足，送他进入净室，舍利弗入净室后，才把回来涅槃的消息告诉大家。

他的母亲和家人大惊，均头则不慌不忙地照顾。

“这是没有关系的，你们放心。”舍利弗说，他再加重语气认真地说道，“母亲！我的心很落实也很安稳，我今生逢到我的老师救世主佛陀，接受他的教导而依着实践的我，已经从生死的迷海中得救，我已经从烦恼囚笼中解脱，没有什么可恐惧的事。我所以归来，就是为了进入涅槃。我是佛陀上座的弟子，我应该先佛陀而进入涅槃，请你们安心，人间谁没有死？像我从苦中解脱出来进入涅槃实在是最幸福的事！”

舍利弗又把佛陀的法语转诵一些给母亲听，他的母亲很懂得他的意思，向舍利弗道：

“你讲得很对，不迷进入涅槃，没有生死之患实在是无上的幸福。那就请你安静一回吧！”

舍利弗的母亲虽然这么说，但她退归自己的房中，内心禁不住一阵悲哀，眼泪也流下来！

舍利弗对沙弥均头道：

“你到那边房中去，我一个人在这里就好。”

舍利弗回来涅槃的消息传遍村庄的时候，已是半夜三更，但居住在左近皈依过佛陀的人都聚集而来，他们要拜见舍利弗向他问好，并要听他的说法。

均头引大家坐在一个地方等候，告诉他们等尊者休息一会儿再见。

更深夜静，舍利弗的净室中没有一点声音。

东方发出晨曦，黎明渐渐地到来，舍利弗喊均头的名字，问道：

“有什么人来了吗？”

“是的，听到尊者要入涅槃而来求见的人。”均头回答。

“那么，你去把他们请来。”

“好的，他们很喜欢见到尊者。”

均头对大家说，尊者愿和大家相见。

大家以为不能见到舍利弗尊者的生容，听到这个消息极为兴奋。大家静静地，放低声音，不敢咳嗽，集合到舍利弗生养的室中来，这是神圣的相逢，舍利弗对大家说道：

“你们来得很好，我也想和你们见一面。四十多年来，我接受佛陀的教示，到各地弘法，在这之间，万一我有罪过，希望大家最后给我宽恕。我在老师救世主佛陀的身边四十余年，我对恩师从来没有生过一念的不快，或是一念的不满，我是越来越感激佛陀。我在这个世间上，对有如大海那么深广的恩师的教示，还有深深不解的地方，今天想起来对救世主的恩师实在无限地抱歉。不过，以我被人称誉的那一点智慧，我了解到了佛陀的慈悲，我遵照佛陀的教示而行，努力精进，我也获得了正觉。我没有我执，我今日向你们告别，我要进入寂静的涅槃境界，我愿跟随佛陀之后，永远不生不死地长住在宇宙之间。”

大家听到舍利弗的说法，看他那安静的样子，想到这就是将要去世的人吗？真叫人不解！

大家很恭敬佩服，又很感伤，均头请大家礼拜出室，舍利弗安住禅定，右胁而卧，遂入涅槃。

舍利弗的百龄老母很悲伤，但又感到这样美地去世进入涅槃是很幸福的，她对于自己的将来之死，也自信能欢喜迎接它的来临。

舍利弗涅槃后的七日，把他的遗骸荼毗，均头沙弥捧着他的遗骨回到竹林精舍，把一切经过先告诉阿难，阿难流着眼泪带着均头详细地报告佛陀，佛陀默默地听着。

佛陀知道阿难起初看到目犍连被裸形外道暗害，现在又看到舍利弗涅槃，心中一定万分伤感，佛陀就问道：

“阿难！你悲哀挂念什么呢？难道舍利弗涅槃不可贵吗？难道他接受我的教法，把我的真理带走没有留下来吗？”

阿难恭敬合掌回答道：

“不是！佛陀！我不是这样的悲哀挂念。尊者舍利弗，奉持戒仪，智慧很高，善于说法，勇于布教，他永远是那么热忱地为教工作，这不但是我们知道，连异教徒都在赞叹的。想到现在尊者舍利弗既然不在，为了正法的流布，为了千万年后的教团，受他早于佛陀涅槃的影响，这不是我一个人的悲哀挂念，我想也是大家的悲哀挂念。”

佛陀知道这个事实，但佛陀静静地说道：

“关于这个你不要挂念，舍利弗虽然不在，法是不会失的。无常本来是世间的实相，生灭是自然的道理。大树要砍倒以前，先要砍掉大的树枝；宝山在崩坏以前，先要崩倒大岩，目犍连和舍利弗在诸比丘之内先入涅槃，这也是法的自然顺序。佛陀不久也要顺着法性进入涅槃，你们不要失望；佛陀的教法是不会与人去的，佛陀千千万万年永久活在信的人的心中，佛陀会永久照顾他。你们要皈依法，皈依我所说的真理，不要皈依其他。进入涅槃，去极乐世界，是第一重要的工夫！”

佛陀说了以后，集合诸比丘，从均头沙弥的手中，接过舍利弗的灵骨，对大家说道：

“诸比丘！这个灵骨，在数日前，就是为众生说法施教的大智舍利弗。他的智慧广大无边，除佛陀以外无人可比，他证悟法性，少欲知足，勇猛精进，常修禅定，为教为人，没有我执，不喜相诤，远避恶人，降伏外道，宣扬正法，他已获证解脱，无诸苦恼。

“诸比丘！你们看，这就是佛陀亲弟子的遗身！”

佛陀讲说时，大家不知不觉地对舍利弗的灵骨都五体投地地恭敬顶礼。

神通第一目犍连

目犍连尊者是佛陀十大弟子中的神通第一！

当初他和舍利弗尊者同是婆罗门的种姓，听闻佛陀的因缘法而带领一百弟子和舍利弗同时皈依佛陀。

目犍连尊者在佛陀的座下，是最激进的弟子，凡是推动佛法遇到阻力的时候，他是最反对妥协忍让的人，他有神通，和外道斗法是百战百胜。

但是，神通不是根本之法，佛陀常常呵斥自恃神通的弟子，因为神通对于了脱生死毫无关系。

目犍连尊者不听佛陀的指示，迦毗罗城被围困时，他以神通往救释迦族，结果他才知道神通敌不过业果。最后他为了布教殉难，神通不能救他，这正是他现身说法，给后人的警诫。

目犍连的神通，耳朵听声音，不分远近都能听到；眼睛看东西，不分内外都能看到；甚至人心中的念头，他也能知道。

关于能看到人的心，目犍连和莲华色女有过一段故事：

有一次目犍连经过一座园林，有一个中年的美人莲华色女，带着媚态走近目犍连，也向目犍连点头招呼道：

“目犍连尊者！有时间吗？我可以和你谈谈吗？”

目犍连注意一看莲华色女，不但看到她的面容，而且看到她的心。原来莲华色女是一个卖笑的女人，她有着一段传奇的经历，现在受外道的煽动，想以她的美色来诱惑目犍连，破坏目犍连的戒行。

莲华色女虽然是半老的徐娘，但她的美色却是世间稀少的，假若是别的男人，在她的魅力之下，一定会动心，可是在目犍连面前，她却找错了对象。

莲华色女的心地不完全是黑暗罪恶的，不过，她不知道她有善美的良心，因为她过去有不幸的遭遇，所以助长她玩弄世间的性情。

神通第一的目犍连尊者，看清莲华色女心中的企图，因此就站下来说道：

“可怜的女人！你的遭遇已经是那么不幸，你怎么还不知道自己的苦恼？你现在打扮得这么妖媚，自以为你很美丽，可是我看你的身体不但是丑陋的、是污秽的，而且我更知道你的心中有着非法的企图！

“你的身体，骨与骨的相连，筋与筋的交错，全身像弯曲的蛇一样。赤的血、黑的血，流动在你的体内。在你的皮肤当中，汗液、泪水、粪便，从九孔中不时地排泄出来。你不知道人的身体不净，装饰着外表自以为得意，迷于虚妄的美丽，好比老象沉溺于污泥，越陷越深。”

莲华色女用惊奇的眼光看目犍连，她不觉忏悔似的流泪说道：

“尊者！你说的话很对，我装饰着污秽的身体来迷惑人，实际上我自己也讨厌自己的身体，不过，我是一个没有办法的人，无论怎样我已经不能得到救济，我将来会给恐怖的因果所缠。”

目犍连又安慰她道：

“你不要自暴自弃，不管过去如何，只要忏悔前愆，是没有不可救的。衣服污秽时用水洗，身体肮脏时也可以水洗，心里不净时，可以用佛法洗。再污浊的百川，只要流到大海里去，大海水总会洗清百川流入的那些水，我的老师，大圣佛陀的教示，能够洗净污秽的人心，使每一个人都能够悟道得救！”

莲华色女很欢喜，又像不信似的说道：

“佛陀的教示真是这么慈悲伟大吗？尊者！你还没有知道我的过去，我说出来你一定避而不愿听，我的过去实在是太不幸太罪恶了。”

“你说出来听听也好。”

莲华色女就很羞惭地叙说她的过去道：

“尊者！我的名字叫莲华色女，是德叉尸罗城中长者的姑娘，在我二八年华的时候，父母为我招赘了夫婿。

不久，父亲不幸去世，失去丈夫的寡母，就同我的丈夫私通，我知道时，真是肝肠寸断。我那时已和我的丈夫生养一个女孩，一气之下，我就舍弃女孩出走。脱离家庭后，我在人海中漂泊了几年，我又改嫁一个丈夫，过了几年幸福的日子。有一次，我改嫁的丈夫出外经商，他从德叉尸罗城回来时，瞒着我以数千的黄金购买一个小妾，他起初守着秘密，不给我知道，把那个姑娘藏在他朋友的家中，后来我知道时，哭闹着要看看那姑娘是长得什么样的人，为什么她要夺去我丈夫的爱情？可是，尊者！我不看则已，一看差点使我闷绝倒地，原来那个小姑娘就是我和前夫所养的女儿。

“尊者！当我知道这样的事实后，叫我如何不悲伤呢？我想到我的罪恶怎么是这样深重。当初，我的母亲既争去了我的丈夫，现在，我的女儿又和我合争一个丈夫，我还有什么面目见人呢？从此我又离家出走了。我讨厌世间，我讨厌人类，我做了卖笑的淫女，我要玩弄世间，玩弄人类，我就是这样打发着我罪恶的生活。

“尊者！只要有钱，我什么事都做得出来，不用我说，尊者已经知道我为什么来此要向你的戒行挑战，现在我该如何向尊者忏悔才好？”

目犍连听莲华色女叙述她的身世以后，他并没有轻视她的心，反而他看到莲华色女的心此刻很真、很善、很美。他用怜悯同情的语言对她说道：

“莲华色女！我听完你所讲的关于你的身世，虽然是一段可恨的因缘，但能依着佛陀的教示而行，这样的因缘是有结束的时候，遥阔的大海，无边的大地，是能藏纳污秽的。只要你能忏悔过去，精进佛道，过去的一切没有问题，此刻你获得佛陀救济的机缘已到，你跟我去见佛陀吧！”

莲华色女很欢喜，她以这样的因缘做了佛陀的弟子。

后来，在佛陀女众弟子的僧团中，莲华色女成为模范的比丘尼；比丘中是目犍连第一，比丘尼中莲华色女神通第一！

改过自新，是离苦得乐的不二法门。在大圣佛陀的教法中，哪怕他过去是有十恶五逆大罪的人，只要他精进修道，回心忏悔，总是可以得救的。

目犍连是神通第一，大孝大慈更是闻名，他曾入地狱救母，七月十五日盂兰盆会相传至今。他曾劝弟布施，以神通力带弟往六欲天中，令其知道布施功德不会唐捐。他曾代佛陀讲说七佛通偈，七佛通偈就是“诸恶莫作，众善奉行，自净其意，是诸佛教”。他和舍利弗好像是佛陀的左右手，佛陀特别信赖的就是舍利弗和他。

目犍连和舍利弗献身推动佛陀的法轮，贡献最大，佛陀的教法能于很短的时期遍及全印，他俩实有不可磨灭的功劳。光荣归于佛陀，他们从未为自身的利益着想。

佛陀教法的隆盛，信仰的人当然欢喜，但不喜欢佛陀教法隆盛的不但是提婆达多，还有更多的异教徒。尤其自从阿阇世王皈依佛陀以后，他对其他的异教很是排斥，这更增加异教徒憎恨佛法的兴隆。

异教徒是不敢来压迫佛陀，他们现在不但畏惧佛陀的威德，而且也畏惧国王的势力。最后他们想到先除去佛陀的两臂，那就是舍利弗与目犍连。

目犍连传法的途中，经过到伊私阇梨山，他在山中静坐时，给当时的裸形外道见到，他们就集合很多的人从山上投下石头，石头如雨般地下来，目犍连的肉身被打成肉酱，但裸形外道两三天中不敢走近目犍连的地方，他们惧怕目犍连的神通力。可是目犍连为了传播佛法的种子，为了给后世做个为法牺牲的榜样，他的色身真的是与世长辞了。

比丘们不久知道目犍连殉教的消息，有的垂头丧气，有的要为目犍连向异教徒报仇，有的就请问佛陀道：

“佛陀！目犍连是那么了不起的人，他过去在跋伽国布教时，恶魔以神通进入他的腹中，他能安静地告诫恶魔说，佛陀的弟子，除非业力现前，恶魔是不能害的，恶魔惧怕他的神力就又出来。现在这么一位有神通的尊者，真的是业报现前吗？他的后果怎么这样不幸呢？”

佛陀体证到宇宙的真理，他没有像比丘们那么激动，佛陀安静地告诉大众说：

“对啦！肉体是无常的，业报是要了结的。只有目犍连尊者，亡身的时候不迷而进入涅槃。生死的问题，在觉悟者之前是不成问题的。有生就有死，死是不必惊慌惧怕的，要紧的是对于死时有无把握？目犍连为着宣扬如来的教法，他的牺牲真是无限之美！”

知道目犍连被害的阿阇世王大怒，下令搜捕杀害目犍连的凶手，很多裸形外道，在阿阇世王的激怒之下，都被投进火坑！

说法第一富楼那

富楼那尊者在佛陀十大比丘弟子中是说法第一！

佛陀的弟子中有着美妙的言辞、深厚的信心和威仪的态度，到处帮助佛陀宣化，受人热烈欢迎的比丘，其数实在很多，而富楼那能在大众中被大家推举为说法第一，这说明富楼那尊者说法不但有美妙的言辞、深厚的信心和威仪的态度，而且他更有布教家的精神。

有一次，富楼那尊者在听完佛陀的一座经后，等大家散去，就很恭敬地跪在佛陀座前，向佛陀顶礼后说道：

“佛陀！我们做弟子的人，能有佛陀做我们的老师，奉行正法，真感到机缘的难遇和无上的荣幸。我想，我和大家皈依佛陀，不是为了生活上的衣食问题，也不是为了把佛陀的教团当作我们避难的乐园，我们是为了救自己永久的慧命，宣扬佛陀的正法于人间，利益一切众生，才是我们的职志。我现在请求佛陀慈悲，允许我到输卢那国去布教！”

佛陀听富楼那说后，很欢喜他的请求，但伟大布教家的佛陀，知道布教的艰难，就照实告诉他道：

“富楼那！教化众生，利已利人、宣扬正法，我很嘉许你的志愿。但是我又不能不告诉你，布教不一定要到输卢那国去，你最好另外选择一个教区，明天就启程，我们欢送你！”

富楼那不明白佛陀的意思，怀疑地望望慈祥的佛陀，说道：

“佛陀！弟子不明白佛陀的意思，凡是有众生可度的地方，不是都可以去布教吗？现在弟子发愿到佛化尚未普及的输卢那国去布教，佛陀为什么要叫我另换其他的教区呢？”

佛陀解释道：

“富楼那！我告诉你，输卢那国是一个偏僻的小国，因为交通的不便，那里的文化还没有发达，民性非常暴戾，打骂成为风习，外国去的人，很容易在那里丧身失命，你现在要去那样的地方布教，难道是不怕危险吗？”

富楼那给佛陀的话一说，反而微笑着，坚决有力地表明他的志愿道：

“佛陀！您老人家慈悲爱护我们弟子，我们难以用言语来表达感激。我为了感谢佛陀的恩惠，我更欢喜愿意把我区区的一切奉献给佛陀，奉献给正法和一切众生。正是因为输卢那国是一个边地的野蛮国家，没有人发心前去教化他们，所以我才觉得非要到那边去传教不可。到那边去，我知道有一切危险随时会加之于我，但为了正法的宣扬，区区我的个人安危，实在不值得去顾虑。请佛陀慈悲允许，让佛陀之光庇护我，准我前去开辟人间的净土吧！”

佛陀面容放射出慈祥之光，感动并高兴富楼那为法忘躯的精神，但佛陀仍想试试富楼那有多大的毅力，所以又很亲切地问道：

“富楼那！你说得一点不错，做佛陀的弟子，布教和修行是第一！不过，我要问你，你到输卢那国去布教，假若他们不肯接受你的教导，破口大骂你，你的感觉如何呢？”

富楼那没有考虑地回答道：

“佛陀！他们骂我，我觉得他们很好，因为他们毕竟还不完全是野蛮的人，光是骂我，还没有动用棍棒打我！”

“假若他们用拳头、瓦石、棍棒打你呢？”佛陀又再慈悲地试问着。

“我仍然觉得他们很好，”富楼那回答，“因为他们只是用拳头、瓦石、棍棒打我，还没有忍心用刀杖刺伤我。”

“假若他们用刀杖把你刺伤呢？”

“我还是觉得他们很好，因为他们还有人性，并没有残酷地把我打死。”

“假若他们把你打死呢？”佛陀又再进一步追问。

“这我就要更感激他们，他们杀害我虚幻的色身，帮助我进入涅槃，帮助我以身命报答佛陀的恩惠，这对我虽无大妨碍，遗憾的就是这对他们并没有好处。”

佛陀大喜，称赞道：

“富楼那！你不愧是佛陀的真弟子，修道、布教、学忍辱，你的心境都能平安。做佛陀的弟子，从事弘法利生的事业，的确要有你这样的精神，布教师应具十德：

“一、善知法义德

“二、能为宣说德

“三、处众无畏德

“四、辩才无碍德

“五、方便巧说德

“六、随法行法德

“七、具足威仪德

“八、勇猛精进德

“九、身心无倦德

“十、成就威力德

“富楼那！帮助佛陀宣扬真理，布教师的精神与肉体的素质同时重要，在精神方面，先要对三宝确立不动摇的信仰，再以慈悲、沉着、才智、健康为助；在肉体方面，先要有健康的身体，再以品行、风度、声音、辩才为助，你都已具备了这些条件，你可以到输卢那国去布教，我很放心也很欢喜你去！”

富楼那听完佛陀的开示，受到佛陀很大的鼓励，他很感动，加强了他对布教不退转的决心，他顶礼佛陀以后，在比丘们欢呼送别声中向输卢那国而去。

不久，富楼那在输卢那国收有五百弟子，建有五百伽蓝，他在僧团中说法第一的美誉就这样传开了。

富楼那尊者不是只求自利的人，他精进佛道，勇猛修行，有一次佛陀特别告诉他成就菩萨的四种法门，佛陀道：

“富楼那！修学佛道的比丘，先要成就菩萨四法，才能于正法中得不退转，是哪四法呢？

“第一，听到未曾听过的法门，思量义理，不可即刻批评。

“第二，希求多闻，深生欲心；于空闲处，深生乐心；求断嗔恚，修集慈观；为断贪欲，修不净观；为断愚痴，修因缘观。

“第三，要善知五阴、十二入、十八界、十二因缘，即能成就无依止智，对于一切法不念不分别，才能为众生宣说大法。

“第四，要广行布施，严持戒行，勇于忍辱，精进菩提。

“富楼那！你能成就此菩萨四法，当能常为诸佛称赞！”

富楼那尊者是佛陀座下的名布教家，因此很得佛陀的欢心，常受到佛陀的赞美！

解空第一须菩提

佛陀的比丘弟子中，解空第一的是须菩提尊者。据说当须菩提出生的时候，他的家中就有空生的征兆，佛陀在般若会上，发挥究竟的空理，对它能彻底解悟的，也首推须菩提。

有一天，佛陀忽然不在僧团中，所有的人到处寻找，都不知道佛陀的去处。大家非常惊讶，阿那律以天眼观察，告诉大家说佛陀到忉利天去为母说法，大概要三个月的时间，佛陀才会回来，大家见不到佛陀，都非常思念，每个弟子们都有一日三秋之感。

三个月过去，佛陀重降临人间，佛陀还未到达僧团时，知道的人都争先恐后地出去迎接，此刻须菩提正在灵鹫山的崛中缝衣，他知道佛陀下降人间，当即放下衣服想赶快去迎接，正在这时候，他忽然又再回到自己原来的位置，心中想道："我现在去奉迎佛陀的圣驾，是为了什么呢？佛陀的法身，不是在眼耳鼻舌身意上可见的，我现在去迎接佛陀，把佛陀的法身当作地水火风四大种的和合，这是没有认识诸法的空性，不认识诸法的空性，就见不到佛陀的法身。因为佛陀的法身，诸法的空性，是没有造作主，也没有所造作。如果想见佛陀，则一定先要了解五蕴四大总是无常的，明白所有的一切东西是空寂的，知道森罗万象的诸法是无我的。没有我，也没有人；没有作，也没有所作。一切法是空寂的，法性是无处不遍的，佛陀的法身是无处不在的，我皈依奉行佛陀的教法，我想不应该被事相所迷。"

须菩提因有这样的认识，他就不去迎接佛陀，坐下来又再缝衣服。

佛陀的归来，在比丘尼中神通第一的莲华色比丘尼第一个抢先迎接佛陀，她对佛陀说道：

“佛陀！弟子莲华色首先前来迎接佛陀的圣驾。”

佛陀微笑着回答道：

“莲华色！我的回来，迎接我的不能算你是第一人，须菩提尊者观察诸法的空性，才是真正迎接见到我的人，见法的人才能第一个见到佛陀，第一个迎接佛陀。”

莲华色比丘尼听佛陀这么一说，才知道在佛陀的教法中，对宇宙人生真理的体会，自己很惭愧，还不及须菩提尊者。

有一次佛陀在般若会上，对须菩提说道：

“须菩提！你很有辩才，深能体会真空的道理，你可以向在场聚会中的菩萨们，解说般若波罗蜜相应之法，满足他们的所学，是很好的事。”

佛陀这么说时，在座的会众心中都在猜想道：“须菩提尊者是以自己的智慧辩才来宣说如是甚深之法呢？还是承受佛陀的威神之力来宣说呢？”

须菩提知道会众中的心意，他就说道：

“佛陀的慈命是不能违的，弟子们来说教，不论什么深浅的教法，如果要能说得契理契机，这皆是承受佛陀的威神之力。承受佛陀的威神之力说教，劝人修学，才能获证到法的本性，才能和法的实相相应，才能和佛陀的心意相通。我以佛陀的威神之力，现在来宣说修学菩萨道的般若波罗蜜多的相应之理，这不是以我的智慧辩才之力所能胜任的。”

须菩提说后，顶礼佛陀，对佛陀禀告道：

“佛陀！我受佛陀的敕命，来说明菩萨与般若波罗蜜多的相应之法，但是什么法才名为菩萨呢？什么法才名为般若波罗蜜多呢？我不见有法名为菩萨，也不见有法名为般若波罗蜜。即使这两个法的名称我也没有去分别。我以这样的认识来表达菩萨说般若波罗蜜的相应之法，佛陀！我能够满足菩萨们的所学吗？”

佛陀很欢喜地回答道：

“须菩提！菩萨只有名为菩萨，般若波罗蜜只有名为般若波罗蜜，所谓菩萨与般若波罗蜜的名称，亦只有名称而已。这个本是不生不灭，不过为了便于宣说才假为立名，这个假名，不是在内，不是在外，也不是在内外之间，本来就是不可得。譬如讲‘我’，亦唯有假名，‘我’的本体本来就是不生不灭的。有为的诸法，是如梦、如响、如影、如幻、如阳焰、如水中月的。可是，须菩提！菩萨要证得不生不灭，仍然要修学菩萨法与般若波罗蜜法的假名与假法。

“须菩提！菩萨修学般若波罗蜜，色受想行识的常与无常，乐与苦，我与无我，空与不空，有相与无相，有为与无为，垢与净，生与灭，善与恶，有漏与无漏，世间与出世间，轮回与涅槃，都是不可执着和分别的，其他一切诸法都是这样。

“须菩提！为什么要这样呢？因为菩萨修般若波罗蜜时，不应对诸法起分别之想，应住于空，住于无分别。菩萨修六波罗蜜等其他诸行，也是不见菩萨的名；不见般若波罗蜜，也不见般若波罗蜜的名。菩萨只有求一切智，知道一切是诸法的实相，而这个实相才是不垢不净的。

“假若菩萨能照这样修习般若波罗蜜，知道名相是权巧而假为安立，则对色受想行识和其他一切诸法，都不生起执着，对智慧不生执着，对神通也不起执着，对什么都不生起执着，为什么要对一切法都不执着呢？因为有执着就是不可得。

“须菩提！照这样修习般若波罗蜜时，对一切法都不起执着时，才能增加完成六波罗蜜的修行，才能进入修行者的正位，才能住于不退的地位，具足神通，畅游佛国，化益众生，供养诸佛，庄严清净佛土，自己安住自在解脱的境界。

“须菩提！你有这样想吗？色，是菩萨吗？受想行识是菩萨吗？眼耳鼻舌身意是菩萨吗？地水火风空识是菩萨吗？远离色受想行识、眼耳鼻舌身意、地水火风空识的人是菩萨吗？”

须菩提回答道：

“佛陀！这以上都不名为菩萨。”

佛陀明知故问地说道：

“须菩提！你说这以上都不名为菩萨，这是什么缘故呢？你可对诸修习菩萨法者说明。”

“佛陀！本来所谓众生者，是不可知不可得的，不论什么菩萨也是如此，色受想行识是不可得，说有这个法，说没有这个法，远离这个法性都不名为菩萨。”

佛陀听须菩提的回答，很高兴地称赞道：

“对啦！须菩提！所谓菩萨，所谓般若波罗蜜，皆是不可得，菩萨虽要修习，但本无修习。须菩提！我再问你，色受想行识等的诸法是菩萨义吗？”

“佛陀！色受想行识等都不是菩萨义！”须菩提深有了解地回答。

佛陀又再很欢喜地嘉许须菩提道：

“须菩提！你说得太对啦！菩萨修习般若波罗蜜时，色受想行识等的诸法或常或无常，或有为或无为等，皆是不可得，菩萨应以海阔天空的心情去修习般若波罗蜜。

“须菩提！你说你不见有菩萨与菩萨名的法，法与法界，法界与眼界，眼界与意界，这些相对的诸法并不是对立的。是什么原因呢？离开有为而说无为这是不能够的，离开无为而说有为也是不能成立的。须菩提！菩萨这样修习般若波罗蜜，不见什么法，就能无诸恐怖；把心不停于法，就没有后悔的事。须菩提！菩萨的心的作用，也是不可得和不可知的。因此，这个心，不停于任何一物，也才没有后悔的事。须菩提！如你所说，菩萨应如此修学般若波罗蜜。菩萨修习般若波罗蜜，不得般若波罗蜜，也不得菩萨的名，这才真名菩萨，真名般若波罗蜜，这是为菩萨所说之教。”

须菩提对性空的真理有深刻的了解和认识，他解空第一的盛名就这样在僧团中受着大众的尊敬。

论议第一迦旃延

迦旃延尊者在佛陀的比丘弟子中是论议第一！

真理不辩不明，迦旃延尊者能用很巧妙的方法，很简短的言辞，把问难的人说得心悦诚服。

有一次，迦旃延走在街上托钵行化的时候，迎面走来一婆罗门的修道者，他向迦旃延招呼以后就问道：

“迦旃延尊者！今天巧遇到你真是难得的机缘，我有一个问题想请教你，希望你以客观的态度破除我的疑惑！”

“你对什么问题生起了疑惑！”迦旃延问。

“尊者！我看世间上，刹帝利与刹帝利相争，婆罗门与婆罗门相争，这是什么原因才使他们相争呢？”

“是贪欲在蛊惑!”迦旃延回答。

“婆罗门和婆罗门相争，刹帝利和刹帝相争，是为了贪欲。那么，尊者！我再问你，你们沙门和沙门相争，又是为的什么原因呢?”

“是我见的执着!”

婆罗门的修道者闭起眼睛来想了一会儿，很满意迦旃延的回答，但他又再提出问题来问道：

“尊者！你的回答很公正，不过，我想知道世间上什么人才能够离开贪欲与我见呢?”

迦旃延毫不犹豫地回答道：

“现在舍卫城说法的我的老师佛陀，他是应供、正遍知、无上正觉者，他没有贪欲的烦恼，没有我见的执着，是人天的师范!”

婆罗门的修道者很感激迦旃延的说法，他当即要求他介绍皈依佛陀，做在家学佛的居士。

又有一次，也是有一位婆罗门的修道者，他听说迦旃延论议第一的大名很不服气，他从很遥远的地方特别赶来访问迦旃延，他想就以辩论来问倒迦旃延，他一见面就问道：

“尊者！我听人说，本是婆罗门的迦旃延，现在做沙门，不再拜耆宿的婆罗门，不起座相迎，也不与座，我听了这么说，深不以为然。所以我特地来问你，假若是真的这样，我想这不是正法，是不应该的。”

迦旃延尊者不慌不忙，胸有成竹地回答道：

“你说的属实，由婆罗门皈依正遍知佛陀的我迦旃延，是不再向婆罗门的耆宿礼拜，这是很合乎法理的。已经证得圣果的我，你不可用年龄的老少来衡量，假若是一个年龄八十或九十多的婆罗门，耽于爱欲，陷于贪嗔邪见之中，年龄虽长，这样的年龄有什么用呢？”

婆罗门给迦旃延这么一反问，无话可对，深感羞愧，他也舍弃邪见，请迦旃延介绍，皈投到大觉佛陀的座下。

迦旃延就是这么一位善于议论和巧说的尊者，和他谈话，不要几句，总会叫你心悦诚服地相信他的说法。

很多当时的外道，在迦旃延巧妙的议论之下而改邪归正，接受佛法的信仰。

有一次，迦旃延在阿槃提国宣化佛法的途中，遇到一位妇人手持水瓶，坐在河边啼哭，迦旃延看了后很不忍，怕她因为什么失意的事想不开而投水自杀，因此就上前去问道：

“妇人！是什么事使你伤心，在这里啼哭？告诉我，我是佛陀的弟子，我可以帮你解决问题！”

妇人更是放声哭道：

“你是不能帮助我解决困难的，告诉你有什么用呢？世间是不平等的，贫富如此地悬殊，我是一个苦命的穷人，一生都是受苦，我给贫穷的苦折磨得真不想活了。”

迦旃延很同情地开示她道：

“妇人！你不要伤心，世间上穷人很多，不仅是你一个人。同时，穷人并不一定是苦或不幸，富人也不一定是快乐。你看那些拥有奴婢田宅的富人，他们仍然天天为贪欲烦恼受苦。为人只要能够平安地生活就好，贫穷有什么值得悲伤呢？”

妇人不耐烦地哭着说道：

“你是一位出家的沙门，你能看得开世情而我不能。你要知道，我是一个大富人家的奴婢用人，穷年累月地做着苦役，衣食不周，自由没有。而我那黑心的主人，悭贪暴恶，没有丝毫慈心，我们做事稍有差池，打骂交加。想到我们求生不能，求死不得，这些痛苦都是由于贫穷所致，你想，我怎么不痛哭我的苦命呢？”

“妇人！”迦旃延说道，“既然如此，你不用悲伤，我告诉解脱贫穷发财的方法，这个方法很简单，你既是为贫穷受苦，那你可以把贫穷卖给别人！”

“贫穷可以卖给别人？”妇人奇怪得叫起来，她问尊者道，“贫穷可以卖给别人，那么世间上就没有穷人了，有什么人肯买穷呢？”

“卖给我！”迦旃延回答。

“贫穷可以出卖，而且也有你肯买，不过世人不懂出卖贫穷的方法。”

“要布施!”迦旃延开示道,“你要知道人生的贫富各有因缘,贫穷的人所以贫穷,是前生没有布施和修福;富贵的人所以富贵,是前生有布施和修福,因此布施和修福是卖贫买富最好的方法。”

妇人听后,智慧开朗,从此明白致富之道。但她又苦着脸向迦旃延尊者问道:

“你说得不错,我的确明白了发财的方法。不过,我极其贫困,我是一无所有的人,今此水瓶,还是我那爱财如命的主人所有,你叫我怎么好布施呢?”

迦旃延尊者把自己的钵交给妇人说道:

“你持此钵,取一点净水布施给我。”

妇人如教奉行,欢喜踊跃,后来妇人即生忉利天享乐。

迦旃延尊者长于议论,感化很多的人皈依三宝,奉行佛教。

头陀第一大迦叶

大迦叶尊者是佛陀弟子中的头陀第一!

头陀就是修习苦行的意思,凡是修苦行的人第一要选择空闲的地方,第二要过托钵乞食的生活,第三要常居一处，第四要一日一餐，第五要乞食不择贫富，第六要守三衣钵具，第七要常坐树下思惟，第八要常在露地静坐，第九要穿着粪扫衣，第十要住于坟墓之处。修学头陀苦行的人就是要过这样简单的生活，也是清净的生活。

这样理想的头陀修行者，就是尊者大迦叶。

大迦叶还没有皈依佛陀以前，他就被人称赞是志气清高，不着欲染的青年，及至父母为他娶亲，他竟和他妻子分床而卧。后来在竹林精舍听闻佛陀说法，生大信心，皈依佛陀，佛陀曾说过若非明彻宇宙的大觉者，是受不起他称老师的。

大迦叶尊者是过着舍富乞贫的托钵生活，有一次他在王舍城行化的途中，见到一位贫困的老母，穷得衣不遮体，食不解饥，卧在街巷阴暗的地方，大迦叶尊者很怜悯她，就向她行乞说道：

“老母！我看你穷苦的情形，心中很是难过同情，你为什么这么穷苦，都是你过去悭贪没有布施的关系，我是佛陀的弟子，是人间的福田僧，现在望你多少布施一点食物给我，让你种种福田，将来免除这贫困的生涯。”

穷苦的老母回答道：

“呵！你是一位尊者，我很荣幸你向我说法，不过你要我布施供养你食物，这是叫我感到非常困难的事情。

说出来不怕尊者见笑，我三日来没有粒米充饥，现在所有的是很少的米汁，臭恶难闻，人家将要弃去而为我讨来，这怎么可以用来供养你尊者呢？”

“这是没有关系的，”大迦叶说，“你就把米汁给我一点吧，我是舍豪富乞贫穷的大迦叶，我很欢喜地接受你的供养。”

贫穷的老母，闻言大喜，即刻取出米汁供养，大迦叶恐怕老母不信，就当着老母的面前，把米汁一饮而光，老母后来以此功德，寿终之时即生天享乐。

大迦叶尊者利人的悲心很值得人敬仰，但弘法的热情，比起舍利弗和目犍连等显然不如，当舍利弗和目犍连还没有涅槃前，就常劝说他忘去自我，来从事弘法利生的真理运动，大迦叶尊者总是坚定地回答他们道：

“我实在是不行了。弘扬正法，教化众生，全不是我的分内之事了。忘去自我，多么不容易啊！我充其量顶多在自己的生活中，树立起更艰苦卓绝的修行榜样，让后来者对于少欲知足的头陀苦行，知道尊重与实行。弘法利生那些艰巨的任务，全赖你们去担当了。”

舍利弗和目犍连听了这些话，并不感到失望，反而称赞道：

“长老能够在这一方面树立法幢，也是非常难得，佛法是多方面的，各人可以依着自己的志趣去实践自己的理想，我们为长老祝福。”

长老大迦叶对于他的头陀苦行，任何人的劝说，他都不会停止。

大迦叶尊者，不惧狂风暴雨，不怕日晒夜露，总是住在深山丛林的树下，或是白骨遍野的冢间，他的年龄逐渐地衰老，佛陀很同情怜悯他，有一天当他到祇园精舍的时候，佛陀就劝他安住在祇园精舍。

可是，他反而向佛陀说道：

“佛陀！不行，我不能住在祇园！佛陀的慈悲，弟子深深了解和感激。不过，弟子住在这里，一定非过团体的生活不可，那时我的头陀苦行，是会感到很大的不便。这里无论是静坐、经行、闻法，样样都合乎理想，清风明月，鸟语花香，环境真是太优美了。但我修头陀行者的人，住在这里是十二分的不宜。这里闻不到一点尸臭，看不见半根白骨，生活过得是这么适宜舒服，对于修无常、苦、空、无我、不净观等，无论如何不适合。我很乐于冢间的生活，那里，长年累月地独自一人，或在树下，或在露天，或经行观尸，或补破衲衣。欢喜乞食行化，得自由地进城，不愿意乞食行化，得随便找些野果草根充饥。我不为衣愁，不为食忧，没有人间的得失，我只感到清净解脱自由。

“当然，有人会说我这样的生活太过于自利，像舍利弗、目犍连、富楼那、迦旃延尊者等，他们负起代佛陀宣扬的任务，不惧阻难，不惜身命，推动着真理的法轮，让众生普沾法味，同获法乐。我虽然没有那一股勇气和毅力，但我不会忘记佛陀给我的恩德，为了报答佛陀的恩惠，我才更要过头陀的生活。因为众生能否得救，全靠僧团的弘法，僧团中布教的弘法者，是人民的亲教法师，他必须自身要健全，才能担当弘法的工作。僧团的本身如何才能健全呢？当然只有从严肃的生活中去培养自己的德行。头陀的行门，就是一种最严肃的生活方式，如能习惯于这种生活，便能吃苦，便能忍耐，便不贪名闻，不求利养，一心一德，为法为人！佛陀。我为了直接地巩固僧团，间接地利益众生，所以欢喜愿意居住深山丛林，或是冢间，决不舍弃苦行，决不能长住在祇园！恳求慈悲的佛陀，能够原谅我大迦叶的固执。”

佛陀听完大迦叶的禀告，很是欢喜同意，看看大迦叶，又看看诸比丘，说道：

“好得很啦！你们诸比丘听到长老大迦叶的话吗？将来佛陀正法的毁灭，不在天魔外道的破坏，而是在僧团的腐化与崩溃！大迦叶的话说得很对，要弘扬佛法，让真理之光永照着世间，则必先要巩固僧团。要巩固僧团，就必须严肃地生活。我的正法，如大迦叶尊者，就能负责住持。”

大迦叶尊者的修行，给佛陀称赞，从此，他在僧团中受着普遍的尊敬！

天眼第一阿那律

阿那律尊者是佛陀比丘弟子中的天眼第一！

阿那律和摩诃那摩（摩诃男）是兄弟，同是甘露饭王所生的王子，当初他弟兄二人约定，兄不出家，弟即出家；弟不出家，则兄出家。后来阿那律和跋提王子等七人同时皈依佛陀，披剃出家做了沙门。

阿那律长得很英俊，没有出家时就有很多王族的少女希望嫁给他，但阿那律却不易为爱情女色动心。

出家以后，有一次阿那律从祇园精舍往拘萨罗国去的途中，路上没有比丘的宿处，没有办法，他只好向民间投宿，这人家有一位年轻的少女。

阿那律走到少女的门前说道：

“天快黑了，路很远，想在贵府投宿一夜！”

少女一见大喜，即刻迎接阿那律入其内舍，阿那律尊者没有想到其他，他在内舍中结跏趺坐，一心地念佛念法念僧，希望早点天明，以便赶路。

夜半，灯光渐渐地黯淡，朦胧的月色照在窗前，门声响处，年轻的少女走到阿那律的床前，温柔多情地说道：

“你是一位沙门，我知道，但我见了你，怎样也压制不住我对你的爱情。近来有很多有名有财的长者婆罗门，向我求婚，都为我一一拒绝，但我看到你端正秀丽的容貌，我不怕羞地自愿将身许你，你就住在我的家中不要他去。”

阿那律尊者双目闭得紧紧的，像高耸的山岳，巍然不动，少女即以手向前推动他，阿那律严肃地把眼睁开，他就庄严地呵斥欲的种种不净，少女生大惭愧，当即皈依三宝，受持五戒，做了在家优婆夷。

阿那律尊者虽然不为爱欲所迷的美名令人敬仰，但有一次当他听闻佛陀说法因疲倦而打瞌睡，遭受到佛陀的批评。

佛陀讲法以后，把阿那律尊者叫到身边，问道：

“阿那律！你出家学道是为了畏惧王法恐怖盗贼吗？”

“不是！”阿那律回答。

“那么，你为什么要出家学道呢？”

“为着厌离生老病死，解脱忧悲苦恼。”

“我看你出家学道的信心很坚固，但是当我在说法的时候，又看到你在睡觉。”阿那律跪下来，合掌说道：

“佛陀！从今以后，尽形寿，我也决不在佛陀的座前睡眠，希望慈悲的佛陀原谅我一次懈怠的愚痴。”

从此，阿那律从清晨到黄昏，从黑暗又到天明，他都用功办道，决不睡眠，经过一段时间，阿那律的眼睛坏了。

佛陀很挂念，有一天佛陀找到阿那律，告诉他道：

“阿那律！修行不及固然不行，但太过了也是同样不行。”

“我在佛陀的座前已经宣过誓，我不能违背我的誓言！”阿那律恭敬而又坚决地回答。“你不要挂念这个，眼睛是大事。”

佛陀虽然慈悲地这么告诉阿那律，但阿那律仍然不肯睡眠。

佛陀又再叮咛劝说道：

“阿那律！一切众生为食物而生存，如果不食就不能存在，眼睛也要饮食，眼睛的饮食就是睡眠。所以，阿那律！你去睡，不要挂念其他，就是涅槃也要饮食。”

“涅槃吃什么？”阿那律怀疑着问。

“不放逸！”佛陀回答说，“不放逸能够到达无为的境界，但是在这以前仍然睡眠。”

“佛陀！眼睛是以睡眠为食物，不过我不睡眠没有关系，请佛陀放心！”

就这样，阿那律的眼睛不久就瞎了。

佛陀想到以自己对阿那律讲了一句话，能使他精进修行以至双目失明，阿那律对佛陀尊敬的心，到达什么程度不难想象而知。

佛陀打算着如何才能令阿那律重见光明。

有一天阿那律想缝衣服，但因眼睛看不到，无法把线穿进针孔，他很希望有一个人帮助他。

佛陀知道他的心意，走来说道：

“阿那律！你把针线拿出来，我来替你穿。”

阿那律很惶恐、惊慌，佛陀为他把针线穿好，看不见东西的阿那律，眼眶中浮出几滴晶莹的感动的泪珠。

佛陀把针线穿好，阿那律想请人来做衣服，佛陀阻止着他道：

“你不要烦心，我来替你做就好。”

在一天以内，佛陀就为阿那律把三衣缝好。

佛陀和失去肉眼的阿那律坐在一起，慈悲地安慰他，并教他如何修定就可以见到光明。

阿那律信任佛陀的话，他不久就得到天眼，不分远近，不论内外，他都能看到，在佛陀的弟子中，从此阿那律是有名的天眼第一！

阿那律很欢喜感激，佛陀的欢喜更是难以形容。

有一次，阿那律走到佛陀的座前，顶礼佛陀后说道：

“佛陀！我常这样想，少欲知足，常行精进，这是我们修道者必备的条件；忘记小我，弘法利生，这是我们弟子应尽的责任。佛陀！关于我如何修学觉道，进取涅槃，恳求佛陀多予慈悲开导！”

佛陀很欢喜地说道：

“你说的都是实在的话，你所挂念的问题是学大人（菩萨）的问题，我为你说八大人觉，你可于昼夜至心诵念：

“第一觉悟世间无常，国土危脆，四大苦空，五阴无我；生灭变异，虚伪无主，心是恶源，形为罪薮；如是观察，渐离生死。

“第二觉知多欲为苦，生死疲劳，从贪欲起，少欲无为，身心自在。

“第三觉知心无餍足，唯得多求，增长罪恶，菩萨不尔，常念知足，安贫守道，唯慧是业。

“第四觉知懈怠堕落，常行精进，破烦恼恶，摧伏四魔，出阴界狱。

“第五觉悟愚痴生死，菩萨常念，广学多闻，增长智慧，成就辩才，教化一切，悉以大乐。

“第六觉知贫苦多怨，横结恶缘，菩萨布施，等无怨亲，不念旧恶，不憎恶人。

“第七觉悟五欲过患，虽为俗人，不染世乐，常念三衣，瓦钵法器，志愿出家，守道清白，梵行高远，慈悲一切。

“第八觉知生死炽然，苦恼无量，发大乘心，普济一切；愿代众生，受无量苦，令诸众生，毕竟大乐。

“阿那律！前面所讲的八事，这是诸佛菩萨大人的觉悟，修学觉道的人，要用慈悲的心，多来修福修慧，乘着法身的船，划到涅槃的彼岸，再来人间，广度众生，就能脱出生死，永远安乐。”

阿那律含泪听着佛陀说法，更增强学道的决心，佛陀的爱，深深地藏在阿那律的心底。

持戒第一优波离

优波离尊者是佛陀弟子之中的持戒第一！

优波离还没有皈依佛陀以前，是出生在首陀罗种姓的族中，他本是理发匠，靠着替人剃除须发，维持生活。

虽然优波离是一个理发匠，但他心地纯良，本性忠厚，故能得到刹帝利的释迦王族的信任，着他在王宫为跋提王子等理发。

跋提王子因见优波离工作细心，很是喜欢他，优波离对跋提王子也很尊敬。

当初，佛陀成道后回到故乡迦毗罗城的时候，跋提王子等因为给佛陀德慧的感召，都毅然地舍弃虚妄的王子的尊荣，皈投到佛陀的座下出家。

尊贵的王子身份可以跟佛陀出家，优波离很悲哀，他怨恨自己不幸的命运，生在下贱的首陀罗族中做人，他不敢妄想，下贱的首陀罗是不会有资格皈依大圣的佛陀出家做弟子的。

所以当跋提王子等七人去出家披剃的时候，优波离除了伤心啜泣以外，他实在不敢说一句不平的语言。

适巧，他的哭泣给舍利弗尊者看到，舍利弗问明原委，就对优波离说道：

“优波离！请你不要伤心，佛陀之法是不分智愚、贫富以及身份的，关于这些，不是问题，请你不要挂在心上，佛法如大海，不厌众流，不弃涓滴，无论什么人，只要他信仰佛陀，他就有资格接受佛陀的慈悲，佛陀的庇护。佛陀的教示是持戒最要紧，证得涅槃正觉是第一！你跟我一起到佛陀的座前去，佛陀一定很欢喜地准许你出家。”

优波离畏缩地迷糊地走到佛陀座前，佛陀很欢喜就安慰他说道：

“优波离！我知道你的根器不小，过去在迦叶佛时，你就是在他的持律的诸弟子中最为第一！在我的教法僧团中，将来仍是你持戒第一！在你来此以前，跋提王子等七人向我要求出家，虽然我准许他们做我的弟子，但他们要经过七日的修行，我才为他们剃度。经过七日，等他们忘记王子的身份，知道是我的弟子，他们才有礼貌和你见面，我现在先许可你出家。”

优波离出家后，先知先觉者佛陀所说的预言没有错，优波离严持戒律，而且更懂得持戒的意义。

多闻第一阿难陀

阿难尊者是佛陀十大比丘弟子中的多闻第一！

阿难尊者在当时的僧团中年龄最轻，相貌非常端严，聪明而多闻，佛陀很喜欢他。

摩诃波阇波提夫人等当初要出家做比丘尼，佛陀的僧团制度，本来是不允许女人加入的，就是因为阿难一再地为她们请求，佛陀想到事实不可违背，只得方便允许，用八敬法来补救僧团中容纳比丘尼加入的缺点。

因为阿难对女子的出家，很是尽心地帮忙，加之他的人缘很好，女子对他非常恭敬。有时，阿难和大迦叶尊者同在行化的途中，路过比丘尼的兰若，比丘尼们总是请阿难最先开示，然后再请大迦叶，可是论大迦叶的年龄、法腊、戒行，总是强过阿难，而比丘尼们总是不管这些。

阿难很受女人的欢迎，他有一次托钵途中，曾给摩登伽女迷惑，佛陀很关心他，用方便叫摩登伽女也出了家。阿难常有这些事给佛陀麻烦，但阿难有善良的心地，强记的智慧，肯帮助人，所以很得到佛陀的欢心。

佛陀常常单独地和阿难说教，有一次佛陀住在跋耆国重阁讲堂的时候，曾教阿难对三宝要有坚定的信仰，不坏信仰比严持戒律更是要紧。又有一次，阿难遵照佛陀的指示，礼拜西方极乐世界阿弥陀佛，曾见阿弥陀佛大放慈光，他真是幸运的宠儿，他比别人更易受到佛光的庇护。

阿难是佛陀的侍者，他常常亲侍在佛陀的左右，当初大家请他出来侍奉佛陀，他曾提出三个希望要目犍连转呈佛陀。

第一，佛陀的衣服，无论新旧，他决不要穿着。

第二，如有信众恭请佛陀到家中供养，他不能侍奉前去。

第三，不是见佛陀的时候，他不去见。

目犍连尊者把阿难的希望转呈给佛陀，佛陀很欢喜地赞叹道：

“阿难真是很有品格的比丘，他所提出的要求，都是避免讥嫌的预防。因为阿难是怕比丘们批评说，阿难是为了穿衣才侍奉佛陀的，或是阿难是为了食物才侍奉佛陀的，他知道预防，才有这样的要求。信者来见佛陀的时候，佛陀说法的机缘是否成熟的时候，阿难都能够知道，他实在是一个很聪明贤能的人。”

阿难做了佛陀的侍者以后，他就经常地跟随在佛陀的身后到各地弘化，以这样的因缘，如大海似的佛法，完全流入阿难的心中。

佛陀的年龄渐渐地老了，有一天在布教的途中，佛陀坐在一棵树下休息，对阿难说道：

“阿难！为了挽救沉沦在苦海中众生的慧命，布教家是什么辛苦都不应该推辞的，你和我常在各地行化，你已逐渐养成信心、慧心、慈悲心。我现在渴得很，想喝一点水，你把我的钵拿出来，到那边的河流中盛一点水来给我喝。”

阿难走到河边，过一会儿，空着钵回来，禀告佛陀道：

“佛陀！我到那边的河流中看过，河水很混浊不清，我听人说，今天有很多车马在上流渡过，所以河流中的水，盛来洗脚是可以，但决不能够吃，拘孙河离这里并不远，到那边的地方再喝水，洗浴也可以。”

佛陀又再威严地吩咐道：

“阿难！拿水来！不要紧，你就把那样的水拿来！”

阿难没有办法，只得再去取水，不可思议地，这时候的河水澄清得如明镜一般，阿难一见大喜，他很为佛陀的威德神力感动。

有一天，阿难在一夜之中梦见七项稀奇古怪的事，心中很惊慌，他走到佛陀的座前，照实地禀告道：

“佛陀！我的心中有疑难的事要请佛陀开示，昨天夜里，我做了一个梦，梦本是独头意识的活动，或是日有所思，夜有所梦，我们本不必为梦计较。但我昨夜梦见的七事，都是很奇怪的，所以现在要恳请佛陀慈悲为我解说。我所梦的七事是：

“第一，我梦见大江河海，都给烈火焚烧起来。

“第二，我梦见太阳将没，娑婆世界上一片黑暗，我吃力地头顶着须弥山峰。

“第三，我梦见比丘不依佛制披搭袈裟。

“第四，我梦见比丘，法衣不全，踯躅在荆棘之中。

“第五，我梦见繁茂的旃檀大树，有很多山猪爬掘树根。

“第六，我梦见年幼的象子，不听信大象之言，践踏青青的绿草，搅浊清清的河流，大象无法，只得避而远去，独至清水美草之处，象子遨游不知，等到水草乏绝的时候，都因饥渴而死。

“第七，我梦见百兽之王狮子死去，飞虫鸟兽不敢接近侵食，但从狮子的身内，自有虫出，还食狮王身上之肉。

“佛陀！这都是些奇怪的梦，我真不明白，怎么会做这些怪梦呢？”

佛陀听完阿难所讲的梦中七事，像有很多忧愁似的，不胜感慨地回答道：

“阿难！梦境由心造，但有时梦境确是未来事情好坏的征兆。你梦中的七事，早在我意料之中。我现在分别为你解说：

“第一，你梦见大海江河都为烈火焚烧，这是象征着未来僧团中的比丘，违犯佛教，取得供养，复起斗争。

“第二，你梦见太阳将没，娑婆世界一片黑暗，你吃力地头顶着须弥山峰，这是说佛陀九十日后，当入涅槃，大众比丘，诸天人民，将要你来为他们启受经教。

“第三，你梦见比丘不依佛制披搭袈裟，这是说佛陀涅槃以后，未来比丘开演说经大会，持着佛陀深法，口头宣讲而不奉行。

“第四，你梦见比丘法衣不全，踯躅在荆棘之中，这是佛陀涅槃以后，未来世中，有很多比丘没有法衣，穿着俗人的服装，弃戒乐俗，育养妻子。

“第五，你梦见繁茂的旃檀大树，有很多山猪扒掘树根，这是说佛陀涅槃以后，未来比丘，不发心宣扬佛陀正法，只顾为自己的生活打算，贩卖如来，以经忏佛事为生。

“第六，你梦见年幼象子，不听信大象之言，践踏青草，搅浊河流，最后反而饥饿而死，这是说佛陀涅槃以后，未来僧团中有持戒长老，明经比丘，教诫年少后学，讲说罪福，追人如影，但年少后学之人不肯信受奉行，死后堕入地狱。

“第七，你梦见百兽之王的狮子死去，飞虫鸟兽不敢接近侵食，后为狮王的肉身之内，自有虫出，还食狮王身上之肉。这是说佛陀住世广说甚多经法，佛陀涅槃以后，没有外道能坏佛陀正法，但由我的在家出家七众弟子，自坏我法。

“阿难！你梦中的七事就是未来佛教的征兆。”

佛陀说后，那佛陀之光好像都要黯然的样子。

多闻的阿难，听佛陀叙说未来圣教的前途，心中很难过！

密行第一罗睺罗

罗睺罗尊者是佛陀十大弟子中的密行第一！

罗睺罗是佛陀在做太子时所生，他是净饭大王的王孙，佛陀离国出走，终于成就正觉的佛果，未来迦毗罗卫国国主的王位，本可以由罗睺罗继承，但在有公天下主张的佛陀，对年幼孩童做万民之主，很不以为然，所以佛陀就方便叫罗睺罗出家。

幼童出家，佛陀的僧团中当初没有这样的情形，为罗睺罗出家才开出沙弥的制度，佛陀并叫罗睺罗礼拜舍利弗为师。

罗睺罗出家只有十五六岁的年龄，佛陀的说法，他还不能完全领受，因此他还没有到达悟道的境界，对于新的僧团生活，他并不感到快乐，但也没有说过不满的话。在他幼小的心灵中，对父亲的教示，唯有尊敬服从。

罗睺罗每天早晨打扫庭院，清洁环境以后就研究修习佛陀的言教，有一天罗睺罗将外院扫除以后，回到自己的室中，就在这时，他自己的寝室为一个做客的比丘占去，把罗睺罗的衣钵都抛在门外。

佛陀的僧团中，是有一人一室的规定，别人把自己的寝室住去，应该怎么办，罗睺罗感到茫然无措。不过幼年的罗睺罗，很懂得佛陀忍辱的教示，他没有办法，就痴痴站在庭院之外。其时忽然落起滂沱大雨，罗睺罗没有去处躲藏，他就进入厕所，虽然空气不好，他也安静地端坐着，那时正有一条黑色的毒蛇从洞中爬出在厕所的上面，罗睺罗一点也没有留神注意。

佛陀在静坐中忽然想起罗睺罗，很快地就走来罗睺罗住的地方看他，室内没有罗睺罗，只见到一位旅行云游的比丘，佛陀就走到厕所的地方，先咳嗽一声，里面也咳嗽了一声，佛陀问道：

“里面是什么人？”

“是罗睺罗！”

“出来！我对你讲话！”

罗睺罗想不到这时能听到佛陀的声音，赶快从厕所中出来，不知不觉地就抱住佛陀，双目滔滔地流泪，但又知道自己用手拭去。

佛陀明知故问罗睺罗为什么坐在厕所里，罗睺罗照实地禀告，佛陀就叫他到自己住的室内。

罗睺罗的欢喜，像是在地狱里见到佛陀。

年幼的沙弥，确确实实要年长的比丘照顾，佛陀以此因缘就规定沙弥和比丘可以同室。

以后的罗睺罗，常常跟随在舍利弗的身后，舍利弗带着罗睺罗托钵乞食，曾给佛陀批评是不净食，因此舍利弗后来特别关怀到年轻沙弥所受的供养。又有一次，舍利弗带着罗睺罗在王舍城中乞食，路上一个恶汉用沙投入舍利弗的钵里，并且用棍棒打破罗睺罗的头。

舍利弗回过头看看罗睺罗，罗睺罗现出咬牙切齿的面容，鲜血一滴一滴地流出来。舍利弗安慰他道：

“罗睺罗！如果是佛陀的弟子，应有忍辱的精神，心中不怀嗔恨的毒，常以慈悲心怜悯众生。佛陀常教诫我们，对于个人的荣辱毁誉，要能忍辱的才算行着佛陀之教。所以，罗睺罗！压制着愤恨的心，严守忍辱，世间上没有比这更有勇气。天上人间，不管如何大的力量也不能胜过忍辱!”

罗睺罗听完师父舍利弗的开示，走到水边，水里现出他的颜面，他默默地掬水洗去血迹，见到这情形的舍利弗，心中很安慰又很难过。

罗睺罗忍耐着走到舍利弗的身后说道：

“我想到刚才的疼痛，此刻已不把它放在心中，不过，这个世间上有着太多的恶人，到处都布满了可厌的事物。我并不对世间生气，只想到这世间上没有办法的人太多。佛陀开导我们对人对世间要有大慈大悲，但世间上狂暴的人就轻视我们。沙门比丘守忍辱积聚高德，而狂愚的人反而轻蔑我们，他们反而尊敬那些残酷的人。佛陀真理的慈悲教示，他们倒反而以为是臭的死尸。天降甘露给猪，猪还爱在臭的地方。佛陀宣讲的真理，慈悲的言教，对那些凶恶的人来说，也没有什么效果。”

舍利弗听后欢喜，把罗睺罗说的话回来告诉佛陀，佛陀也很高兴，称赞罗睺罗今天很好，说的话很对，佛陀又再说道：

“不知道忍的人，就不能见到佛陀，是背法远僧，常堕于恶道之中轮回。能忍恶行才能平安，才能消除灾难之祸。有智慧的人，见到深远的因果，克服嗔心，多行忍辱，佛法的精神，佛法的真义，和世俗的看法不同。世间上认为珍贵的而佛法认为下贱。忠与佞不能兼容。

邪是嫉正的，恶的不喜欢善的，贪欲的人不高兴无欲之行。在这情形之下，修道者唯有忍辱。忍是助道的增上缘，可使你早得解脱证果。忍像大海中的舟航，能够渡一切灾难；忍又是病者的良药，可救人生命之危。我能够成就佛陀，独步三界，受人天的敬仰，是我心能安稳，知道忍辱德行的可贵！”

舍利弗和罗睺罗听佛陀这些法音，都含着眼泪，感激佛陀。

十七八岁的罗睺罗，性情很温和，品行很端正，但十七八岁的少年最喜欢调皮，罗睺罗有时候也常和人开玩笑。他虽不是害人，但讲虚妄的言语是真的。佛陀明明不在，国王大臣信者来拜访的时候，罗睺罗告诉他们说佛陀在那里，等他们去看佛陀时，罗睺罗就很开心地嬉笑。有一天，佛陀知道以后，特地走到罗睺罗修行的地方来。佛陀叫罗睺罗盛水洗脚，罗睺罗奉命把水拿来，佛陀洗后，指着水对罗睺罗说道：

“罗睺罗！这盆里的水可以喝吗？”

“佛陀！洗过足的水很污秽，不能喝的。”

“你就是同这个水一样，水本来是很清净的，好比你本来是王孙，远离世间虚假的荣华，出家做沙门，可是又不精进于道，不清净身心，不守口慎言，三毒的垢秽填满在你的胸中，等于清净的水里有着垢秽一样。”

罗睺罗低头不敢仰望佛陀，默默地不作声，佛陀招呼他把水拿去倒，等罗睺罗倒水回来，佛陀问他道：

“你拿这个盆盛饭来吃可以吗？”

“不可以的，佛陀！洗手足的盆是不净的，这上面有垢秽，不能装东西吃！”

“你就是和这个盆一样，虽然做了清净的沙门，不修戒定慧，不净身口意，大道之粮怎么能装入你的心中呢？”

佛陀说后，用脚把盆轻轻地一踢，盆就滚滚地转起来，罗睺罗很怕的样子，佛陀问道：

“你怕盆子坏了吗？”

“佛陀！不是！盆是很粗的用物，坏了也不要紧。”

“罗睺罗！你不可惜这个盆，正等于大家也不要爱护你一样。你出家做沙门，不重威仪，戏弄妄言，这个行为的结果，是谁也不爱护你，不珍摄你，就是到命终的时候也都不能觉悟，迷中更增加迷。”

罗睺罗全身流汗，他努力地想以后要来改变改变自己的心。

从此，罗睺罗一改既往调皮的习气，严持戒律，精进修道，每日勤于密行，但始终不能开悟。比丘们很觉不可思议，就问佛陀道：

“佛陀！罗睺罗热心修道，小罪都不犯，怎么不能从烦恼中解脱出来呢？”

佛陀坚决地回答道：

“守戒净心，持身端正，一定可以证道，获得解脱。”

佛陀对罗睺罗能否觉悟的问题，没有挂在心上。

罗睺罗二十岁的时候，已经取得比丘的资格，有一天他和佛陀同去乞食行化的时候，佛陀告诉他说道：

“世间上森罗万象的事物，以及人的身体心念，甚至称讥毁誉，利衰苦乐，都要作无常之想，千万不要执着。”

罗睺罗听到佛陀这么简单的几句话，廓然大悟，好像心地豁然开朗了。他告别佛陀，一人回到精舍中坐禅思惟。

佛陀行化乞食归来，走到罗睺罗坐禅的地方，佛陀又对他说道：

“用慈悲的心来对人对事，心量就可以大起来，把一切众生容纳在心中，就可以灭恶，数息观心，可以获得解脱。”

机缘成熟的时候，罗睺罗从此就觉悟了。

对于罗睺罗的觉悟，佛陀很欢喜，很安心，好像肩上放下了重荷！

佛陀是人间最圆满的人，不是颠倒人情的人，佛陀实在是有高度情感的圣者！

佛陀的大弟子实在不止这以上叙述的十人，而且这只限于比丘，兹再将佛陀最负盛名的四众弟子列之于下：

负有盛名的比丘：

法腊第一——憍陈如

姓贵第一——迦利豪陀子跋提

美言第一——罗鸠咤迦拔提

狮吼第一——宾头卢

解脱第一——周利槃陀伽

无想第一——摩诃槃提

禅定第一——疑者离婆多

精进第一——苏那考利毗沙

美音第一——二十亿耳

所得第一——斯波离

信心第一——婆迦利

得解第一——俱絺罗

幸运第一——鸠咤陀那

诗才第一——婆耆沙

领众第一——优楼频罗迦叶

交际第一——迦留陀夷

无病第一——薄拘罗

记忆第一——优婆离

教诲尼众第一——难陀迦

教比丘第一——劫宾那

负有盛名的比丘尼：

法腊第一——摩诃波阇波提

智慧第一——计摩

神通第一——莲华色

持律第一——波咤遮罗

说法第一——法与

禅定第一——难陀

精进第一——苏那

天眼第一——古俱罗

捷慧第一——跋陀若陀罗

信心第一——芝伽罗摩多

负有盛名的优婆塞：

布施第一——须达

说法第一——质多

供养第一——郁迦

医护第一——耆婆

信实第一——那鸠罗

不坏信心第一——修罗庵婆多

负有盛名的优婆夷：

布施第一——毗舍借

多闻第一——郁多罗

看病第一——须彼耶

信仰坚固第一——迦帝耳

传三宝第一——迦利

46　从越祇国到毗舍离国

佛陀有一次离开王舍城的耆阇崛山，渡过恒河进入越祇国，在那边说教的次数很多，经过很多的乡村，又经过很多的市镇，佛陀知道以应身佛陀住世度化的因缘，总要有完的时候，佛陀很想把要教示的完全教给大家。

佛陀在越祇国教化以后，曾把住在越祇国的比丘集合起来作过一次训话，无非是叮咛大家学道，要记好并遵守圣戒、圣定、圣智慧、圣解脱的四种微妙之法，然后转道毗舍离国去时，又先在巴连弗城说法。

巴连弗城的佛教信者，听说将近八十岁的佛陀，法驾亲自前来说法，想要逢佛陀的人，不分远近都抽暇赶来。佛陀端坐在一棵树下，见到佛陀圆满之相的人，没有一个不感动，没有一个不向前致最虔敬礼。

信者们商量，临时搭一个帐篷作大讲堂，敷设法座，请佛陀说法，佛陀很欢喜接受他们的善意。

佛陀在临时的大讲堂中对大众说法道：

“信仰我的教法的信众们！你们信奉我的教法，第一要皈依三宝，皈依佛陀、教法、僧伽，才是佛教的信徒。皈依三宝以后要严持五戒，不乱杀、不乱取、不乱淫、不乱说、不乱吃，是为五戒。受戒的人有五种功德：第一是所求皆能如愿，因为不正当的不求；第二是所有净财益发增加；第三是到什么地方都能获得众人爱敬；第四是美誉传播四方；第五是死后得生天上；守此五戒者若再加多培植福德因缘和念佛，便能往生不退转的西方极乐世界。若是不念佛又再犯戒，有五种损失，第一求财不能顺利，第二就是得财也易散失，第三到处受人轻视，第四恶名到处传遍，第五身坏命终之时堕落地狱。”

除此以外，佛陀又说些善因善果、恶因恶果的教理，增强他们的信心，佛陀的观机说教，听的人没有一个不感激。佛陀说完法后，大家都恋恋不舍地不肯解散，他们怕将来再不能逢到佛陀。

等到大家散去以后，已是更深夜静，佛陀带着阿难就在临时的讲堂中进入禅定。

第二天早晨，阿阇世王派大臣雨舍来访问佛陀。

因为阿阇世王和越祇国因不愉快的事在一气之下想发动战争，为了对战事有必胜的把握，阿阇世王想知道越祇国的情形，很多的臣下告诉王说，佛陀在越祇国说法很久，最好派人前去请问佛陀。

雨舍大臣奉了王命，他想到为了要和越祇国发动战争的事，去请问佛陀关于越祇国的情形，实在是很不恰当的事。但王命是如此，雨舍想不告诉佛陀关于战争的话，只问些越祇国的情形就好。

大智大觉的佛陀，并不是不知道雨舍的来意，佛陀等雨舍顶礼以后，先不向他讲话，对着在身旁为佛陀打扇的阿难问道：

“阿难！你见过越祇国的人集合在一起谈论过政治的事吗？他们的政治是不是自由平等呢？”

“我听过他们谈论政治的事，他们的政治非常自由平等！”阿难回答。

佛陀点头说道：

“是不错的，越祇国上下全国人民，非常团结，外国的侵略不会有胜利的把握。阿难！还有你听到过吗？越祇国的人很有教育，从来不做不法的事，一切都很合礼度，你有听过这样的话吗？”

“佛陀！我知道越祇国的教育非常普及，无论男女老少，他们都讲求知识，都很守法爱国。”阿难明白佛陀的意思，顺着佛陀的意思回答。

佛陀又再点头说道：

"如果是这样，老少都受教育，都知道守法爱国，他国的侵略，是不会胜利的。阿难！你还有听说过越祇国的人民，孝顺父母、和睦乡亲、尊师重道、敬老恤贫，一切都合乎义理人情的话吗？"

"佛陀！我知道越祇国的民风很厚，他们都奉行佛陀的上报四重恩，下济三途苦的教法。"

佛陀非常欢喜地再说道：

"阿难！如果是这样，他们的国家和人民以伦理道德行事，那就会平安幸福，不会畏惧外国的侵略。阿难！你还有听说越祇国的人民，信仰宗教、恭敬沙门，全国上下都讲究道德的话吗？"

"佛陀！我听说过的，越祇国的人民对佛陀的教法有着甚深的信仰，相信因果，受持五戒。"阿难知道佛陀的心，他不考虑地回答。

佛陀像是没有别人在身边，又叫阿难道：

"阿难！假使是这样，越祇国一定是国泰民安，他国的侵略者如要发动战争时，定有甚多的顾虑。阿难！你有听说过越祇国的人民，不说邪语、不谈妄言、家庭圆满、清净无缺的话吗？"

"佛陀！越祇国的人民，慈颜爱语，我是知道的，他们私人的事，隐恶扬善，公家的事，大家讨论得失。"

佛陀加重语气说道：

"阿难！假使是这样的话，公私分清，各人自爱，他国是不敢侵略的。阿难！你有听说过越祇国的人，喜欢供养沙门、多做功德慈善事业、乐于布施的话吗？"

阿难恭谨地答道：

"佛陀！我们比丘都喜欢行化在越祇国，在越祇国的佛化事业，很容易推动。"

佛陀慈悲严肃地结束对阿难的问话，佛陀再说道：

"阿难！你和我到过越祇国，知道那边的国情，你和我的意思一样，越祇国不畏惧他国的侵略！"

大臣雨舍，听到这里的时候，非常佩服，实际上佛陀的话很含蓄。

像这样给雨舍大臣的回答，真是一位大圣者的佛陀。

雨舍了解佛陀的意思，所以他作礼对佛陀告辞道：

"佛陀！我很懂得越祇国的人民，同一信仰，同一思想，同一意志，同一行为，他们全国上下团结一致，是不会被征讨而亡国的。像佛陀说越祇国有那七个条件，他国对它是无可奈何的。谢谢佛陀，你很忙，失礼得很，我先告辞了。"

佛陀知道这场战争可以避免，心中非常欢喜。

佛陀招呼阿难把巴连弗城的比丘、比丘尼及皈依过的信徒，再集合到临时讲堂中来，佛陀要以住世的余力教示弟子。

比丘等都集合好时，佛陀对大家说道：

“诸善男子善女人！我现在要和大家说七不退法，你们好好谛听，好好思惟，好好记着，什么是七不退法呢？

“第一，对正义的话要常常讲。

“第二，上下和爱，彼此尊重。

“第三，奉法做事，不要违背法制。

“第四，要尊敬学识渊博和努力弘法的比丘。

“第五，真心的信仰要坚固，主要的要有孝敬之心。

“第六，名利的事先人后己，财宝不要余留。

“第七，修学涅槃正道，不要顺从欲情。

“这七不退法，不管男女老少都应共同奉行，世间是无常的，但法是不坏的。另有七法也要记住，照这个进行，长养善心，就不会违背法理。

“第一，事要求少，但做得要多。

“第二，态度沉静，不好多言，说话仁慈，不出恶语。

“第三，睡眠要少，不要懒惰，身常行慈，不害众生。

“第四，为大众做事，不要把自己的利益放在前面。

“第五，不要自赞毁他，意常行慈，悲悯他人。

“第六，不要和恶人同在一起，多亲近善知识。

“第七，求法、守法、弘法，不忘真理运动。

“诸善男子善女人！我的弟子如能奉行此七不退法，千万年后佛陀的教法一定会和日月同光，普救世人！”

佛陀恳切地叮咛，无非是希望在他涅槃以后，他的弟子听到他的狮子吼声，心能清净，发起欢喜勇猛为法之心。

佛陀第二天要离开巴连弗城的时候，问阿难道：

“阿难！巴连弗城是谁设计建筑的？”

阿难回答道：

“这个城是雨舍大臣兴建的，他是恐怕越祇国前来攻打，为了防备，所以建设这座城。”

佛陀听阿难说后，对这座城下预言道：

“对啦！阿难！国防也很要紧。这个城很合乎正理，这个城是贤人住的地方，商业会繁盛，正法可实行，用来防守，不是用来侵略，敌人打来是不会破。如果将来城有坏的时候，必定是三事当中的一事：一是大水的泛滥，二是大火的焚烧，三是城中的人和敌人共谋，除此以外，巴连弗城是不能破的。”

佛陀渡过恒河，出了巴连弗城，雨舍大臣对佛陀深深尊敬，为了纪念佛陀，佛陀走过的城门，就改名乔达摩门，佛陀渡过的河，就叫作乔达摩河。乔达摩，那是佛陀在俗时的另一个姓名。

佛陀到达毗舍离国的时候，各地的比丘弟子中有不少的人都赶来跟随佛陀，佛陀带领着他们，就在毗舍离国展开布教的工作。

有一天，住在毗舍离国城内的一位女子，名叫庵摩罗，是当时有名的美人，而且家财万贯，拥有良田奴婢不知其数，当她听说佛陀和比丘们光临到毗舍离国的时候，她很欢喜地乘着宝车，带着侍女出迎佛陀和比丘。

佛陀过去就知道庵摩罗女的名字，人家都说她的魅力很大，现在远远地看她乘着华丽的马车，打扮得花枝招展，佛陀就告诉诸比丘说道：

“诸比丘！你们看到前面来了很多的女人吗？那个坐在车上的美女，她的聪慧丽色，很能燃起修道者的爱情之念。你们此刻要正心，用内省的功夫，观察无常、苦、不净、无我的真理，不要把自己的心给她夺去。”

庵摩罗女走到佛陀的座前，佛陀和比丘们端坐在树下，庵摩罗女下车一看，佛陀的慈容，那佛陀的威德之光，顿时将她娇媚的态度除去，她带着纯真的心情恭敬地以首接地，顶礼佛陀说道：

“佛陀！请慈悲接受信女庵摩罗的顶礼。”

佛陀等她礼拜以后，叫她坐在旁边，佛陀说道：

“庵摩罗！你的心很纯真善良，表现到面容上来的也是美貌端庄。你年龄很轻，积有财宝，具有女德，更增加你的美丽。而且，听说你很信仰我的正教，真是难能稀有的事。男人有智慧，乐好正法，这没有什么稀罕，但女人意志比较薄弱，虚荣心重，爱欲情深，而能信仰正法，这真是可贵之至！

“在这个世界上，法喜之宝充满在人间，但是那被一般人追求着的财和色，并不是不坏的宝，正法才是永远不变之宝。赫赫威名的英雄，病的时候就会失去他的威武；青春的年华，也是向着年老和死亡之途而去。修道的人才会处理生命，才不会给无常老死侵害。

“有爱的欢聚，就有别离的痛苦，不爱的在我身边而不离开，世间上的万事不能完全满足人类的心意，只有把正法长存我们的心中，才真正能听我们的话。靠住正法的力，才能离开与生俱来的苦恼。女人要坚强起来，精进正法的道行，努力正法的事业，不要为女人的弱点打败，要紧的是能有向女人的弱点挑战的精神！”

庵摩罗女听佛陀的法语，像黎明的钟声，敲醒她昏迷的梦乡，心生欢喜，唤起了乐法的智慧，坚固了向道的信心，当即至诚恳切地皈依佛陀，受持五戒。

庵摩罗女临走的时候，恭请佛陀到她的家中受供，佛陀告诉以住世的因缘不久，还要向别的地方去教化推辞，庵摩罗女听了更是依恋不舍，再三地坚请佛陀，一定要到她的家中供养，佛陀察知庵摩罗女乐法的诚心，令众生喜，满众生愿，佛陀也就很欢喜地答应。

年老的佛陀，身旁绕着剃除须发的比丘；年轻的庵摩罗女，带领穿着华丽服装的侍女，这身份，好似在两个世界里的人物一样！

庵摩罗女先向佛陀拜辞，内心充满欢喜，急急地乘车回去准备，她在途中发生一件不寻常的事。

庵摩罗女的一行人走在途中，迎面遇到五百人穿着五色的服装，乘着五色的车马，双方都不避开，尤其庵摩罗女走在马路当中，她像是目中无人地直向前走，结果把那五百人车马之上的旗帜撕破不少。

这一行五百人，他们本是离车族的乡党，为了迎接佛陀，他们也是急匆匆地赶来，他们穿着白色的服装，就乘坐白马拉的车；穿着青色的服装，就乘青色装饰的马车；穿着赤、黄、黑的服装，车马也都是赤、黄、黑的装饰，以这样整齐的打扮来迎接佛陀，可以说是很隆重的场面。

一去一来的车马和人，都是洋洋得意，等到庵摩罗女这边把他们的车马旗帜相碰撕破时，离车族的人大怒，其中代表离车族的师子长者，大怒道：

"你们是哪里来的粗野的女人？依靠谁的势力这么目中无人？你看！把我们的车马上的旗帜都撕破了！"

庵摩罗女不慌不忙，很安静地说道：

"对不起得很！明天佛陀要行化到他国去，今天我恭请佛陀到我的家中供养，急得很，所以碰坏你们的旗帜，失礼！失礼！”

离车族的人，一听这话大惊，急忙问道：

“你说的什么话？佛陀今天住在你们的地方？”

“对啦！”庵摩罗女洋洋得意地回答。

“让给我们好吗？我们给你十万黄金！”

庵摩罗女摇摇头道：

“不行！我已经和佛陀约定！”

“那么再加十六倍以上的黄金给你！”

庵摩罗女又是骄傲地摇摇头：

“不行！你把国中所有的宝物给我也不行，佛陀已经答应我，不管你们怎样都没有办法，对不起得很！”

庵摩罗女说话的时候，她的面容一点抱歉的样子都没有，反而很高兴。离车族的五百人很生气，大家商量的结果是一起去恳求佛陀再说。

这样，他们就和庵摩罗女分别，当他们要走近佛陀时，佛陀像早就知道似的指着他们对弟子道：

“诸比丘！前面又来很多人，他们是离车族的乡党，假使你们要看忉利天的人游戏，看他们就可以知道。你们不要羡慕他们，那不过是外表而已。你们要紧的是正心诚意，精进不懈，如果能打倒贪心，驱除烦恼，到什么地方，遇什么场合，都不会失败。具备诸威仪，要行的时候行，要停的时候停，行住坐卧，适宜中道，治心不乱是第一，不是看表面就知道的。”

佛陀是怕弟子们看来人那么华丽的场面，心中就生起卑屈的念头，佛陀慈悲安慰大家的心，大家都是跟随佛陀多年的大比丘，就是佛陀不说，大家也并不感到卑屈，反而觉得有大圣佛陀做老师，是无上的光荣。

离车族的乡党，走近佛陀，急忙下车，向佛陀礼拜，并请佛陀开示，佛陀就向他们说教道：

“在这个世间上有五项难得之宝，第一是佛陀出现于世，能相逢听闻说法；第二是信仰佛陀的正法，能来修学不懈；第三是听闻佛陀说法，思惟考究，得光明智慧解脱；第四是一心奉行佛陀之教，脱出六道轮回；第五是听闻佛陀正法，知道生死因缘，断情绝欲，进入涅槃。你们现在逢到佛陀住世，亲闻佛陀说法，以后就看你们如何做法，而来精进勇猛到达彼岸。”

五百人离车族的乡党，听完佛陀的法语后，一致要求佛陀到他们的地方接受他们的供养，佛陀以庵摩罗女请约在先的话推辞了，离车族的人虽然感到非常遗憾，但能亲闻佛陀说法，也就很高兴地回去。

佛陀带领比丘们当晚住在庵摩罗女的地方，第二天，庵摩罗女拿出很多的东西来供养诸比丘，吃饭后洗手，都是用金瓶盛水注在佛陀的手上，佛陀洗完手后，庵摩罗女向佛陀说道：

“佛陀！毗舍离城中的花园，以我的这个花园最优美，我现在供养给佛陀，请佛陀怜悯到我，慈悲地纳受。”

佛陀很欢喜地接受下来，命令不少跟随的弟子留在毗舍离国说法度生，自己和阿难等，就和毗舍离城告别。

47 最后的弟子及遗教

伟大的佛陀，应身的年龄到了八十岁的时候，带着阿难行化到遮婆罗塔的地方，许多比丘也都来聚会在这里，佛陀就对大家说道：

“诸比丘！今天在这里和你们相遇很好。我告诉你们，自从我成道证得正觉以来，爱护比丘及一切弟子，教化大众，赐福给大众，把欢喜布施给人，以慈悲对待一切众生。我说法度生，没有想到过辛苦和休息。

“我要讲的，对你们都已讲过，我没有想你们弟子是我的，众生是我的，我可以命令大家，我不过是你们当中的一个，常常和你们大家在一起。我要讲的都讲，佛陀没有秘密，我不会给人压迫，要人来服从我。

“我应身的年龄老了，旧的车子要坏，用修理来保养，不是永久的办法。我在三个月后，于拘尸那迦罗城的娑罗双树间依着法性进入涅槃，获得无上的安稳，我会永久地照顾到你们，照顾到未来一切信仰我的众生。”

佛陀涅槃的确实日期一发表，弟子们大惊，在弟子们的心中，顿时觉得日月无光，天地旋转起来，佛陀又再说道：

“你们不要伤心，天地万物，有生就是无常之相，无论怎样逃不了这个定律。我过去不是向你们说过吗？所爱的必定有散失的时候，会合必有别离的时候，人间心物所合的身体，既是无常的，就不能如人们所想的自由。肉体的生命不能永久长存，我不是常这样说吗？

“要佛陀的应身永久地住于世间，这是违背法性的自然规则。我是宇宙真理的示现者，我当然不能违背法性。你们假若要我永久住于世间，而你们却不依着我所指示的教法而行，就算我活了千千万万年，又有什么用呢？你们若能依我的教法而行，就等于我永久活在你们的心中。我的法身慧命，会遍于一切处和你们及未来的众生共在一起。

“你们要坚定信仰，皈依法，依法而行，不要皈依其他。不懈怠地修学圣道，解脱烦恼，住心不乱，这就是我真正的弟子。”

佛陀说后，又启程经过波婆城的阇头园的地方，曾接受金银匠的淳陀供养的旃檀茸，旃檀茸是菌类，是不消化的食物，佛陀吃后觉得非常不好，但佛陀仍慈悲地为他解答四种沙门的不同，淳陀很是感动。

佛陀说沙门有四种：一是行道殊胜的沙门，二是善说道义的沙门，三是靠道生活的沙门，四是秽道的沙门。同一样的沙门，有真、有伪；有善、有恶；不能见到不善不贤的沙门就毁谤到整个的沙门。好像良田的禾苗，里面也会杂着几根稗草。站在在家信徒的立场，多亲近善知识，但不应批评沙门，好坏善恶在家信众最好不管。

以后，佛陀就在竹芳村的地方示疾，但佛陀没有停留，仍然在途中行化。有一天，佛陀的慈颜，现出不可思议的光辉，比平常更圆满、更清净、更庄严，像日月一样，光明灿烂；像大海一样，深广无边。阿难问佛陀说道：

"佛陀！自从我侍奉您以来，今天第一次见到佛陀的慈颜比往日更光泽，那无量之光像要遍满三千大千世界照透一切的样子。"

佛陀回答道："是的！佛陀的光色有两次特别不同，一是初成佛道证得无上正觉的时候，二是将要进入涅槃的时候。"

阿难听了，觉得欢喜，又觉得黯然！

佛陀在播撒真理种子的途中行走着，后面不少的人跟着，他们跟在又老又病的佛陀身后，好像都在流泪。

其实，假若世间上有真正健康的人，慧命永无老病死的人，那就是救世主大圣佛陀其人！

佛陀在路上行走着，阿难很畏惧地流泪问道：

“佛陀！您入涅槃以后，应该用什么方法来做葬式？”

佛陀安详地回答道：

“他们皈依的人都会帮忙，你不要管，放心做自己的事。不过，我也可以告诉你一些方法，供你参考，大家也都希望知道，免得在很多的人中，会生出异论来。所以我有讲给你们听的必要。那么，我就讲转轮圣王的葬法吧！”

“转轮圣王的葬法是怎样的呢？”阿难伤感流泪不止。

佛陀静静地答道：

“先以香汤洗体，然后用新的净的棉花包裹起来。在这之上再包五百毛毡，装入金棺，在棺内浇上麻油，然后把金棺纳入铁椁之中，外面再用旃檀的香廓围绕，上面堆积名香，四周放鲜花……”

佛陀说到这里时，像沉思了一会儿，又道：

“佛陀可以自己用三昧真火荼毗，你们收拾舍利，在十字路口建立塔寺，给过路的人知道思慕、信仰。”

佛陀不是自己要求塔寺的人，他是为众生才说建塔寺的遗言。

佛陀不久进入了拘尸那迦罗城，吩咐阿难道：

“你去为我在娑罗双树间敷座设床，头在北面向西，我的教法最近可以向北方弘传，未来也会盛行在西方。我于今夜将入涅槃。”

阿难和大家听了都流泪不止，后来大家商量光是这样啼哭没有什么用，要紧的是提出有关如何使未来正法久住的问题来请示佛陀才是。经过商量以后，公推阿难请问佛陀道：

“佛陀！我们弟子大家禁不住伤感之情，有四个问题最后请示佛陀：

“第一，佛陀住世的时候，我们大家依佛陀为师，佛陀涅槃以后，我们依谁为师呢？

“第二，佛陀住世的时候，我们依佛陀安住，佛陀涅槃以后，我们依什么而安住呢？

“第三，佛陀住世的时候，凶恶的人有佛陀调伏，佛陀涅槃以后，凶恶的人如何去调伏呢？

“第四，佛陀住世时，佛陀的言教，大家易生信解，佛陀涅槃以后，经典的结集，如何才能叫人起信呢？”

佛陀慈祥恺悌地回答道：

“阿难！你代表大家提出这四个问题来问我，确实非常重要。

“你们不要这么悲泣，要是舍利弗和目犍连还在世的话，一定不会像你们这样；大迦叶此刻还在途中，我涅槃前他是来不及赶到。你们要认识法性，佛陀如果以应身住世的话，这终是无常之相，唯有佛陀进入涅槃，你们依法而行，才是佛陀常住在世间！

“我现在答复你们的四个问题，你们好好地记着：

“第一，你问我涅槃以后，依谁为师，应依波罗提木叉（戒）为师。

“第二，你问我涅槃以后，应依何安住，应依四念处安住。

“第三，你问我涅槃以后，恶人如何调伏，应默摈置之。

“第四，你问我涅槃以后，经典如何叫人起信，应在一切经首安‘如是我闻’之句。

“阿难！你们应常常思慕佛陀的生处，佛陀的悟处，佛陀的说法处，佛陀的涅槃处。要紧的是身常行慈，口常行慈，意常行慈。别的不用挂心，现在不要悲伤，赶快去娑罗双树间为我敷座设床。”

佛陀的话，听得阿难和大家更感动！更伤心！

佛陀在娑罗双树间，左近有五百力士听说佛陀将要进入涅槃，大家都来向佛陀顶礼。这以后，又有一个外道须跋陀罗，年龄已一百余岁，在外道中是很有学识道德的长者，然未闻正法，始终没有开悟。这一天听说大觉佛陀要在这里涅槃，想到慧灯将要熄灭，法船将要沉没，他不得不带着勇气匆忙地前来向佛陀请教，以打破他胸中一向的疑团。

须跋陀罗到达娑罗双树，穿过重重跪在地下皈依佛陀的人，正当阿难侍奉着佛陀，阿难一见来者是个外道，怕他是来和佛陀辩论，赶快向前阻拦道：

“请你不要再来打扰佛陀，佛陀今夜将要涅槃。”

须跋陀罗向阿难尊者要求道：

“正是因为听说佛陀将要涅槃我才来的。我此时已感觉到佛世难遇，正法难闻，请你帮忙，我心中有个疑团一定要佛陀才能解决！”

这时候，阿难是再三地辞谢，须跋陀罗是再三地请求。大悲的佛陀，不舍众生，听到求道者的声音，即喊阿难道：

“阿难！他不是来和我论战的，他是须跋陀罗，是我最后的弟子。让我去除他的疑惑，让他来和我见面。”

阿难没有办法，只得带须跋陀罗引见佛陀，须跋陀罗很是欢喜地问道：

“佛陀！世间上所有的沙门、婆罗门、六师外道，都说自己是一切智人，又说除他以外，其他的宗教都是邪宗邪教。自己所行的是解脱大道，别人都是错入歧途。这样互相非难，这正邪究竟如何分别呢？是非究竟以什么为标准呢？我们究竟应该如何才能得到解脱呢？”

佛陀欢喜微笑着回答道：

“须跋陀罗！你问得很好，我很高兴为你解答，世间上无论哪一个修行者，如果他不知道诸行无常、诸法无我、涅槃寂静的三法印，他就不能认识诸法的根本；他如果不修学正见、正思惟、正语、正业、正命、正精进、正念、正定的八圣道，他就不是真正的修道者，就不能获得自在和解脱。

“须跋陀罗！世间上谁的法中有三法印和八圣道呢？我以真实的话告诉你，唯有佛陀的法中才有八圣道，唯有佛陀的教法中才有真正解脱的沙门，唯有佛陀才是一切智人。

“须跋陀罗！观察外道的教法，他们不依三法印，没有八圣道，当然就没有解脱的修道者。虽然他们说有，那不过都是妄言。

“须跋陀罗！我八十年前四月初八日降生在王宫，后来受教育时也曾被六师外道所迷。我十九岁的那年二月初八日出家，三十一岁的那年十二月初八日在菩提树下成道，今天是八十岁的二月十五日，我于午夜在此娑罗双树间涅槃。

“须跋陀罗！从我成道的时候起，这个世间上才真正地有沙门；我涅槃后，留正法于人间，信仰的人定能获得解脱，佛陀才真正是一切智慧之源。”

须跋陀罗听闻佛陀的真理之音，心中的迷雾顿时开朗，当即证得阿罗汉果，他顶礼佛陀的圣颜，发愿做佛陀住世最后的弟子，并就在佛陀身旁先入涅槃，大家见了都很感动。

佛陀以吉祥卧的姿势卧在娑罗双树之间床上，很多的弟子围绕在佛陀的四周，大家都是揩鼻抹泪。这时，风息林静，鸟兽没有鸣声，树木之皮流出水滴，百花都萎谢凋零。整个的世间都现出寂寞萧条的现象。

佛陀心如止水，和平常说法没有两样，静静地向诸弟子作最后的遗教：

“诸比丘弟子！我涅槃以后，你们要尊敬珍重波罗提木叉，善为受持，不要遗忘。戒就是指导你们的大师，你们持戒，如贫穷的人得到宝物，如黑暗中燃起明灯。这和我住世，没有什么不同。

“诸比丘弟子！你们要弘通正法，从事自利利他和救人救世的真理运动，不要贪图财利，不要贩卖贸易安置田宅。你们修道利人，自有人供养，不用为生活操心。

“诸比丘弟子！你们要奉行正法，不要占相吉凶和咒术仙药，不要结好贵人，亲厚媟慢，你们应该节身时食，清净自活；要端心正念求度，不要显异惑众。

“诸比丘弟子！你们更应该节制六根，不要让六根追逐六尘，以免放逸堕落。好像管理凶悍的恶马，一定要用辔制，不然，将会把人牵坠入陷坑之中。恶马之害，只有一世，六根之害，殃及累世，这是不能不谨慎注意的。

“诸比丘弟子！眼耳鼻舌身意的六根，是以心为主，大家要好好制心，心的可畏，甚于毒蛇、恶兽、怨贼。好像人的手中拿着蜜器，动转轻躁，观看到蜜，不见前面举步就有陷坑。放纵心意，好像狂象无钩，猿猴得树，能够丧失一切善事，所以你们要精进修道，把心栖于安静的境界。

“诸比丘弟子！你们接受到饮食供养，应当作服药之想，好和坏都不要增减。不要起贪嗔之心，饮食不过是为资养色身，除去身体的饥渴。受食要如蜜蜂在花上采蜜，但取其味，不损食香，不要多求，以免坏其善心。

“诸比丘弟子！假如有恶人前来伤害你们，你们当自摄心，不要起嗔恨的念头；更要护口，不要说恶毒的语言。你们要知道放纵嗔恚的心，就能妨碍修道，破诸善法，坏好名闻，失去一切功德之宝。忍的美德，持戒和苦行都不能及。能够行忍的人，才是有力大人！假若不能用欢喜之心，忍受恶骂之毒，如饮甘露，就不能称作有道的智慧之人。

“诸比丘弟子！你们不要有骄慢的心，不要有谄曲的心，不要有欺诳的心，不要有悭吝的心，心宜端正，以质直为本。

“诸比丘弟子！你们应当知道多欲的人，苦恼亦多；少欲的人，才是住于安稳的世界。你们要脱离苦恼，就要知足，知足之法，才是幸福安乐之道。

“诸比丘弟子！你们要勤于精进弘法修道，则事无大小，就没有困难之处，好像涓涓的细流，也能凿石穿山，进入大川巨海；否则，对于弘法的家务，利生的事业，常常懈废，如同钻木取火，未热而息，虽然要想得火，火怎能自动跑出来呢？

“诸比丘弟子！你们要不忘正念，一切烦恼恶魔就不能侵入。你们要做勇猛的将军，披着重铠，持着禅定的刀刃，征服六尘境界的魔军；佩着智慧的利剑，知道世间生灭的法相，降伏一切诸有的苦患。

“诸比丘弟子！在生死的大海中，你们要撑好智慧的法船，渡过愚痴爱执的浊流，燃着智慧的灯光，走过无明暗冥的世间。常以闻思修的智慧，才能进入三摩地。

“诸比丘弟子！你们要记好我说的法，不要忘失。我如良医，知病说药，服与不服，咎不在医；我又如善导，导人善道，闻者不行，过不在导。

“诸比丘弟子！我所说四圣谛十二因缘，是宇宙人生真理，今我将要涅槃，如有疑者，可速问我，我当为你们解答。”

夜是静静的，没有别的声音，只有佛陀说法的声音，月光分外明亮，流星划过长空，诸比丘弟子呼吸不敢有声，聆听佛陀最后的法语。最后佛陀问大家对四圣谛、十二因缘有不解的地方，可提出来问。如是三问，大家都默默无言，因为都没有疑惑，当时天眼第一的阿那律就对佛陀说道：

“佛陀！我们了解四圣谛和十二因缘的真理，在这个世间上，月可令热，日可令冷，佛陀的四圣谛和十二因缘的教法不可令异。”

佛陀非常安静，没有一点疲倦的样子，这就是将要进入涅槃的佛陀吗？叫人真难以了解，诸比丘弟子都在黯然地啜泣。

48 涅槃

西山上高悬着一轮满月，在二月十五日的午夜时分，它显得是更大更美，但谁也不去注意，大家只沐浴在佛陀的爱的慈光中。

伟大的救主佛陀，看看时间要到，他又慈祥地对诸比丘和皈依的弟子们作最后的叮咛：

“诸弟子！你们不要悲哀，我在世上就是把肉体的生命活上数千万年，和你们共同在一起，但有会合就有别离，这是不变的道理！这个世间上现在已有四圣谛和十二因缘之法，大家都会明白自利利他的道理，佛法已具备，我进入涅槃常在法性中照顾你们，还有什么可悲哀的地方呢？

“我所要度的众生皆已度尽，还未度的众生，皆已作了得度的因缘。现在已没有让肉体继续存在的必要，你们随顺我的教法而行，就是我佛陀的法身常在之处！”

多么有权威的声音啊！多么伟大崇高而永世长存的救主佛陀啊！

佛陀就这样安静地进入了涅槃，这时娑罗双树都变成白色，一片乌云遮蔽了月光，狂风从四方吹起，山川震撼摇动，火焰从地中冒出，清流都滚沸起来，天人擂鼓打锣悲叹传报，弟子们捶胸顿足号哭失声，百兽从山中狂奔而来，群鸟集在林间乱飞乱鸣。——这一切都是在为三界导师佛陀的涅槃致哀！

佛陀涅槃以后，弟子们用金棺收殓起圣体，上面装饰着宝幢幡盖，并以一切名贵的香花庄严在四周。这时在远方的大迦叶闻讯赶到，抚着金棺痛哭失声，佛陀不灭的灵光，知道首座的弟子大迦叶赶到，特从金棺中伸出足来，大迦叶见了更是感动流泪道：

“慈悲的救主！伟大的佛陀！请您放心，我们会依照您的足步来行！您永劫的寿命会长存世间，您的甘露之法会流布一切地方，您的慈悲德光会庇护一切，您像是永远不灭的太阳！”

大迦叶说后，佛陀的足收进金棺之中，弟子们又号哭起来，正当弟子们号哭时，佛陀用三昧真火荼毗了。

佛陀荼毗后，舍利为拘尸城的末罗族所得，各国的国王不服，都带兵前来征讨拘尸城，夺取佛陀的舍利，后经调解，由摩竭陀国阿阇世王领导，八国共分舍利造塔供养。

佛陀涅槃后的九十天，是五月十五日，由五百大阿罗汉的常随弟子，公推大迦叶为上首，离竹林精舍西南一里多的耆阇崛山的大石室中，由多闻第一的阿难诵出经藏，持戒第一的优波离诵出律藏，经过大众的印可，完成八万四千法门，永作生死海中的宝筏，这就是佛典的第一次结集。

佛陀的真理言教流传至今，依法修行而得救的人，其数之多，实在难以统计；受佛陀之光庇护的人，在今日世界上哪一个角落没有？佛陀实在是我们人格最高的模范，是我们三界众生的救主！

出版后记

星云大师说："我童年出家的栖霞寺里面，有一座庄严的藏经楼，楼上收藏佛经，楼下是法堂，平常如同圣地一般，戒备森严，不准亲近一步。后来好不容易有机缘进到藏经楼，见到那些经书，大都是木刻本，既没有分段也没有标点，有如天书，当然我是看不懂的。"大师忧心《大藏经》卷帙浩繁，又藏于深山宝刹，平常百姓只能望藏兴叹；藏海无边，文辞古朴，亦让人望文却步。在大师倡导主持下，集合两岸近百位学者，经五年之努力，终于编修了这部多层次、多角度、全面反映佛教文化的白话精华大藏经——《中国佛教经典宝藏》，将佛教深睿的奥义妙法通俗地再现今世，为现代人提供学佛求法的方便途径。

完整地引进《中国佛教经典宝藏》是我们的夙愿，

三年来，我们组织了简体字版的编审委员会，编订了详细精当的《编辑手册》，吸收了近二十年来佛学研究的新成果，对整套丛书重新编审编校。需要说明的是此次出版将丛书名更改为《中国佛学经典宝藏》。

佛曰：一旦起心动念，也就有了因果。三年的不懈努力，终于功德圆满。一百三十二册，精校精勘，美轮美奂。翰墨书香，融入经藏智慧；典雅庄严，裹沁着玄妙法门。我们相信，大师与经藏的智慧一定能普应于世，济助众生。

东方出版社

图书在版编目（CIP）数据

释迦牟尼佛传 / 星云大师 著. —北京：东方出版社，2015. 5
（中国佛学经典宝藏）
ISBN 978-7-5060-8662-2

Ⅰ. ①释… Ⅱ. ①星… Ⅲ. ①释迦牟尼（前 565~前 486）—传记 Ⅳ. ①B949. 935. 1

中国版本图书馆 CIP 数据核字（2015）第 267902 号

释迦牟尼佛传
（SHIJIAMUNIFO ZHUAN）

作　　者：星云大师
责任编辑：夏旭东
出　　版：东方出版社
发　　行：人民东方出版传媒有限公司
地　　址：北京市东城区朝阳门内大街 166 号
邮　　编：100010
印　　刷：华睿林（天津）印刷有限公司
版　　次：2016 年 4 月第 1 版
印　　次：2025 年 4 月第 10 次印刷
开　　本：880 毫米×1230 毫米　1/32
印　　张：15. 25
字　　数：261 千字
书　　号：ISBN 978-7-5060-8662-2
定　　价：66. 00 元
发行电话：（010）85924663　85924644　85924641